"十二五"国家重点图书出版规划项目
中国隧道及地下工程修建关键技术研究书系

中铁隧道勘测设计院有限公司

隧道超前地质预报技术指南

张先锋 等 编著

内 容 提 要

本书结合一些成功范例详细介绍了隧道超前地质预报的理论基础、预报大纲的编制原则、超前地质预报在各种地质条件下的实施要点。全书共分七章，内容包括：绪论、隧道超前地质预报概论、隧道超前地质预报工作的基本原则、隧道超前地质预报方案设计、隧道超前地质预报实施及其常用方法和综合预报实例。

本书可供隧道工程相关技术人员阅读使用，也可供高等院校相关专业学生阅读参考。

图书在版编目(CIP)数据

隧道超前地质预报技术指南/张先锋等编著. —北京：人民交通出版社，2013.3
ISBN 978-7-114-10070-3

Ⅰ.①隧… Ⅱ.①张… Ⅲ.①隧道工程—工程地质—预报 Ⅳ.①U452.1

中国版本图书馆 CIP 数据核字(2012)第 213553 号

书　　名：	隧道超前地质预报技术指南
著　作　者：	张先锋　等
责任编辑：	卢　珊
出版发行：	人民交通出版社
地　　址：	(100011)北京市朝阳区安定门外外馆斜街3号
网　　址：	http://www.ccpress.com.cn
销售电话：	(010)59757973
总　经　销：	人民交通出版社发行部
经　　销：	各地新华书店
印　　刷：	北京市盛通印刷有限公司
开　　本：	787×1092　1/16
印　　张：	15.75
字　　数：	369千
版　　次：	2013年3月　第1版
印　　次：	2013年3月　第1次印刷
书　　号：	ISBN 978-7-114-10070-3
定　　价：	89.00元

(有印刷、装订质量问题的图书由本社负责调换)

中铁隧道勘测设计院有限公司系列丛书编委会

主　　任　张先锋
副 主 任　杜道龙　王洪勇　宋　仪　徐福东　朱世友　张　存
　　　　　吕剑英　李彦军　王社成　赵晋友
委　　员　(按姓氏笔画排序)
　　　　　王　宁　王怀东　王昌洪　韦秀燕　刘卫国　刘永中
　　　　　刘建飞　孙俊利　孙晓科　邢永辉　闫高翔　张金伟
　　　　　张美琴　杨军生　杨祝华　陈长江　陈海军　陈　燚
　　　　　周书明　周华贵　段悟哲　费曼利　贺维国　徐玉峰
　　　　　袁真秀

本书编委会

主　　编　张先锋
副 主 编　王洪勇　李彦军　闫高翔
参　　编　杨军生　袁真秀　侯爱君　韦秀燕　许亚军　詹龙飞
　　　　　贾祥雨　李立功　马克利　杨仁春　佘林辉　于　强
　　　　　赵　鹏　田洪义　韩振武　赵正蓉　焦　娟

序

  隧道工程修建的重点和难点之一是对其欲穿越的围岩特性进行了解。受自然地质条件的影响，围岩经常发生塌方、突涌水、涌泥沙等突发性地质灾害，这给隧道施工带来极大阻碍。而目前国内外地质勘察的精度都满足不了施工过程中对不良地质情况的准确预见，因此造成了许多重大地质灾难，影响了地下工程建设工期，甚至成为隧道能否安全建成并运营的关键。隧道建设迫切需要能够准确预报施工前方地质条件的科学技术方法，从而科学地指导施工。随着人类对自然界认识水平的提高，科学技术的不断发展，超前地质预报技术作为一门学科逐渐兴起，在一定程度上对预防地质灾害的发生起到了积极作用。

  国外在20世纪40、50年代就开展了隧道施工超前地质预报工作，日、法、英、前苏联、德、美等国早已将其列为隧道工程建设必须开展的工作之一。我国隧道施工超前地质预报研究开始于20世纪50年代末，正式应用于隧道工程建设始于20世纪70年代。20世纪80年代以来，由于铁路建设大发展的需要，铁路系统各设计院、科研单位均对隧道施工超前地质预报技术进行了研究与实践。进入21世纪，隧道施工超前地质预报技术在国内得到了飞速发展。以渝怀铁路圆梁山隧道、宜万铁路各岩溶隧道为代表，科研人员针对施工中存在的岩溶、高压突泥涌水、软弱破碎带等工程地质问题，开展了以地质分析为基础，弹性波反射、电磁波反射、红外探测等物探方法与超前钻孔探测相结合的综合超前地质预报方法的探索，奠定了目前超前地质预报的基本思路与方法，为隧道安全施工起到了保驾护航的作用。

  超前地质预报是地质勘察工作在施工阶段的延续，是涉及物理探测、地质、钻探、试验等多专业的一个综合学科。在施工中进行超前地质预测预报工作，既是保证施工安全的需要，也是保证工期、节约工程造价的需要。

  作为一项超前的安全施工措施，超前地质预报可以降低地质灾害发生的几率，确保隧道施工安全。进行超前地质预报，可进一步查清因前期地质勘察工作的局限而难以探查的、隐伏的重大地质问题，能够提前了解开挖面前方围岩的地质情况，并在施工中有针对性地采取预防措施，由此，便能够有效地防止突泥、涌水、涌沙、坍方等地质灾害的发生，从而避免或减少由此造成的人员及设备的损伤。

超前地质预报还可作为动态设计基础资料的获取手段,进而保证设计的质量。通过地质预报,可以获知开挖面前方存在的特殊地质现象,以及岩层的物理性质和力学参数,为设计支护参数的合理变更提供必要的依据。

超前地质预报能够及时了解隧道前方围岩存在的地质情况,提前对软弱岩层进行预加固,合理变更施工参数,确保隧道连续掘进,防止灾害发生,基于此,须将其作为必要工序列入施工组织之中,保证隧道安全、顺利建成。

在长期的理论研究与现场大量应用实践过程中,超前地质预报综合配套理论和应用,已成为中国中铁隧道集团有限公司、中铁隧道勘测设计院有限公司的一项核心技术。超前地质预报技术的实施,具有广泛的适用性,在隧道超前地质预报策划实施中,要根据隧道的工程情况与水文地质条件选择不同的超前地质预报方法。预报方法的选择,既要考虑预报技术人员的技术条件、仪器设备的保有量、现场的施做条件等因素,也要结合隧道的地质条件复杂程度、设备对隧道地质条件的适用性等因素。中铁隧道勘测设计院有限公司在工程实践中总结出了多层次、多手段的综合超前地质预报方法,并将其贯穿于施工全过程。

中铁隧道勘测设计院有限公司在施工超前地质预测预报领域已形成了一套较为完善的理论体系。本书是对隧道超前预报技术进行的一次系统全面的概括总结,对预报技术的基础理论、设计、施工、管理进行了全面的论述,在一定程度上为隧道超前地质预报技术人员提供了操作的方法、依据和实例。希望本书的出版能够在不断巩固现有技术水平的基础上,促使广大技术工作者大胆探索、积极攻关,在技术进步与仪器研发领域再上新台阶,为我国的隧道建设作出更大的贡献。

中国工程院院士

2012 年 2 月

前言

本书为中铁隧道设计院有限公司系列丛书之一,是为有效指导隧道施工超前地质预报工作编写的,论述的主要内容有:绪论、隧道超前地质预报技术概论、隧道超前地质预报工作的基本原则、隧道超前地质预报方案设计、隧道超前地质预报实施和超前地质预报常用方法及综合预报实例。本书阐述超前地质预报工作在地下工程施工过程中对安全的重要作用,详细介绍了超前地质预报的理论基础、预报大纲的编制原则、超前地质预报在各种地质条件下的实施要点,并通过一些成功范例为有效开展超前地质预报工作提供参考。

本书按内容分为四部分。第一部分绪论主要介绍了开展隧道超前地质预报工作的重要意义及写作由来;第二部分(第一章至第四章)主要论述了超前地质预报技术的产生、发展过程,超前预报方案设计及超前预报实施要点;第三部分(第五章)论述了超前地质预报各种方法的理论基础及操作要点;第四部分(第六章)介绍了国内铁路建设中的重、难点及隧道在建设过程中利用超前地质预报技术解决重大不良地质问题的范例。

全书由张先锋任主编,王洪勇、李彦军、闫高翔任副主编。具体编写分工如下:绪论由李彦军编写,第一章由闫高翔、袁真秀编写,第二章由侯爱君、李立功编写,第三章由韦秀燕、佘林辉编写,第四章由杨军生、袁真秀编写,第五章由王洪勇、李彦军、杨军生、闫高翔、许亚军、詹龙飞、贾祥雨编写,第六章由杨仁春、马克利、赵鹏、田洪义、于强等编写。全书图片由中铁隧道勘测设计院有限公司各超前地质预报项目部绘制。

西南交通大学王磊教授对本书的编写提出了宝贵的意见和建议,在此表示衷心的感谢。

由于编者水平所限,书中的缺点、错误在所难免,热忱欢迎读者提出批评和指正。

编者

2011 年 12 月

目录

绪论 ··· 1

第一章 隧道超前地质预报概论 ·· 3
第一节 隧道超前地质预报的意义 ·· 3
第二节 隧道超前地质预报发展状况 ··· 5
第三节 隧道超前地质预报的特点及主要内容 ··· 6
第四节 隧道超前地质预报方法 ·· 8
第五节 隧道超前地质预报存在的问题与研究方向 ······································ 11

第二章 隧道超前地质预报工作的基本原则 ·· 14

第三章 隧道超前地质预报方案设计 ·· 16
第一节 设计依据 ·· 16
第二节 设计原则 ·· 17
第三节 设计内容及要求 ··· 20

第四章 隧道超前地质预报实施 ·· 21
第一节 隧道超前地质预报实施大纲编制 ·· 21
第二节 隧道施工超前地质预报施作 ·· 23
第三节 隧道超前地质预报技术的理论基础 ··· 26
第四节 超前地质预报技术的物探理论 ··· 32

第五章 隧道超前地质预报常用方法 ·· 35
第一节 工程地质调查法 ··· 35
第二节 超前水平钻孔法 ··· 42
第三节 超前导洞(坑)法 ··· 61
第四节 TSP 探测法 ··· 62
第五节 地质雷达法 ··· 89
第六节 高分辨电法 ··· 113
第七节 红外探测法 ··· 124
第八节 其他物探方法 ·· 142

第六章 综合预报实例 ··· 160

附录 ··· 222

   附录 A   地质年代表 ··· 222

   附录 B   地层符号 ··· 223

   附录 C   第四系沉积成因分类符号 ··· 226

   附录 D   土和岩石图例 ··· 227

   附录 E   全新活动断裂分级 ··· 229

   附录 F   矿物硬度表 ··· 229

   附录 G   岩土体工程分级基本条件 ··· 230

   附录 H   岩土施工工程分级 ··· 232

   附录 I   隧道围岩分级 ··· 233

参考文献 ··· 236

编后记 ··· 238

绪论

在隧道建设中,对工程地质及水文地质条件的认知和掌握程度是确保隧道快速、安全修建的决定性因素之一。隧道超前地质预报技术就是在分析既有地质资料的基础上,采用地质调查、物探、超前地质钻探、超前导洞(坑)等手段,对隧道开挖工作面前方的工程地质与水文地质条件及不良地质体的工程性质、位置、产状、规模等进行探测、分析判释及预报,并提出技术措施建议。在以往的隧道建设中,地质预报技术运用较少,且手段单一,对隧道施工指导作用极其有限。2003年,世界性地质难题——渝怀铁路圆梁山隧道胜利贯通。在圆梁山隧道的施工过程中,利用综合超前地质预报技术,成功准确地预报出了宽大断层、大型溶洞、岩溶突泥突水、石油天然气等诸多地质难题,为隧道的最终胜利贯通起到了保驾护航的作用。由此,铁路隧道综合超前地质预报技术愈来愈引起铁道部、隧道各参建方及社会各界的高度重视。

超前地质预报技术是地质勘察工作在施工阶段的延续,是在复杂地质情况、工程安全事故多发条件下,为满足施工安全的需要而新兴的一门学科,是工程地质学的一部分,是覆盖物理探测、地质、钻探、试验等专业的一个综合学科。超前地质预报技术的实施具有广泛的适用性,在隧道超前地质预报策划实施中,要根据隧道的工程与水文地质条件选择不同的超前地质预报方法。目前国内外采用的超前地质预报方法主要分为地质分析法、超前导洞(坑)预报法、超前钻探预报法、物探方法四种。地质分析法包括地质素描法、地层分界线及构造线地下和地表相关性分析法、地质作图法、数码成像技术、位移向量分析法等;超前导洞(坑)预报法包括平行导坑法、正洞导坑法;超前钻探预报法包括深孔水平钻探(需要时孔内摄影)、5~8m加深炮孔探测;物探方法包括地震波反射法、声波反射法、地质雷达、红外探测、跨孔CT、高分辨率电法、声监测法、电测法、核磁共振法、陆地声呐法、TRT真地震反射成像技术、水平声波剖面法(HSP)、TST超前预报技术、地震负视速度法等。

隧道超前地质预报方法的选择,既要考虑预报技术人员的技术条件、仪器设备的保有量、现场的施作条件因素,也要结合隧道的地质条件复杂程度、设备对隧道地质条件的适用性等因素。目前国内外在现场方案制订中,方法选择的依据主要有地质条件复杂程度与在隧道地质条件下适用哪种方法两个因素。在长期的理论研究与现场实践过程中,中铁隧道勘测设计院有限公司确定了超前地质综合预报的方法组合原则,即坚持隧道洞内探测与洞外地质勘探相结合、地质方法与物探方法相结合、多种物探方法相结合、物探方法与超前水平钻探相结合、辅助导坑与主洞探测相结合,开展多层次、多手段的综合超前地质预报,并贯穿于施工全过程。

近十年来,在施工超前地质预测预报领域取得了卓越成绩。①参与了多项铁路、公路、水利水电隧道及地下储气库工程的超前地质预报工作。包括:衡广铁路复线大瑶山隧道

(14.295km)、渝怀线圆梁山隧道(11.068km,被地下工程界公认为"具有世界性难题的隧道",涌水量高达 $14.5×10^4 m^3/d$,水压高达 4.9MPa)、龙厦线象山隧道(15.898km)、宜万新建铁路线野三关隧道(13.841km)、襄渝Ⅱ线新大巴山隧道(10.638km)、新疆铁路吐库二线 SK2 标段中天山隧道(22.467km)、厦深铁路大南山隧道(12.679km)、西格二线关角隧道(32km)、山西中南部铁路通道南吕梁山隧道(23.441km)、厦门翔安海底隧道(我国修建的第一座海底隧道)等几十座长大复杂隧道及汕头 LPG 地下储气洞库工程(我国修建的第一座地下大型储气洞库工程)的超前地质预报工作。内容涉及岩溶高压富水、突水突泥、硬岩岩爆、软岩变形、煤层瓦斯突出、放射性、采空区、特殊岩土等多种复杂地质课题,累计完成隧道工程约 200km,在建约300km。②创造了大批超前地质预报科研成果。吸引了一大批科研、生产人才,培养了一批中青年专家,共发表相关论文逾百篇。参与完成的"高压、富水、岩溶特长隧道修建技术"研究,获得河南省科技进步一等奖,"直流电法三极超前探测在隧道内超前探水的应用研究"获得科技进步二等奖。带动了全国几十家相关单位开展此项工作。在总体上达到了国内领先水平,并形成了一套较为完善的理论体系。2006 年,铁道部建设管理司委托对"铁路隧道工程超前地质预报技术"开展技术攻关,进行科学研究。经过技术人员艰苦努力,2007 年 10 月,"铁路隧道工程超前预报技术"研究通过建设管理司鉴定验收,与会专家认为该技术达到国内领先水平。之后,建设管理司又委托在此研究成果基础上,主持编写《铁路隧道超前预报技术指南》(铁建设[2008]105 号)。该指南已于 2008 年 8 月 1 日起施行。该指南填补了国内隧道及地下工程领域超前预报专项技术标准的空白。至此,隧道超前预报技术做到了有章可循。目前,铁路、公路、市政、水利等诸多行业的隧道施工中,隧道超前预报技术的开展,基本都以《铁路隧道超前预报技术指南》(铁建设[2008]105 号)为基础。③积极开展了国际间交流合作。2009 年,派遣多名技术骨干赴瑞士参观考察了瑞士安伯格技术公司,并与之签订战略合作协议,就 TSP 技术的发展开展合作。2010 年,安伯格技术公司派遣技术人员在中铁隧道院贵广项目工地进行了三大岩类的测试,并与技术人员进行了交流。

中铁隧道勘测设计院有限公司经多年的技术创新和实践应用,已将隧道超前地质预报技术发展为中国中铁隧道集团有限公司、中铁隧道设计院的一项核心技术。为进一步引导相关工程技术人员将该方法正确应用于隧道领域,由中铁隧道院院长张先锋发起,众多同仁附议,应对隧道超前预报技术进行一次系统全面的概括总结,以满足科研和生产的需要。

基于此,中铁隧道院总结多年的工程实践经验和理论研究成果,历时一年,完成此部专著,对预报技术的基础理论、设计、施工、管理进行全面的论述。希冀此书对相关从业人员起到一定的指导和借鉴作用。

第一章
隧道超前地质预报概论

第一节　隧道超前地质预报的意义

一、隧道超前地质预报的必要性

随着我国国民经济和社会的高速发展,铁路、公路、水利等关系到国计民生的基础建设迎来了新的建设高潮。特别是在铁路建设方面,以客运专线、高速铁路为主的铁路建设更是掀起了前所未有的新高潮,四纵四横、区域城际轨道交通及重要路段客运专线相继开工或即将开工建设,部分区段已建成并投入运营。

"逢山凿洞,遇河架桥",隧道作为道路的重要工程,在项目中所占比例越来越大。在目前已建设的铁路工程中,隧道工程所占比例一般在20%~30%,有的高达50%以上。隧道工程的规模也在不断扩大,长度大于10km的隧道随处可见。在建的大瑞铁路中,最长的高黎贡山隧道达到了39.6km。

随着隧道工程的广泛应用,建设过程中遇到的地质条件也越来越复杂,曾经被认为是隧道修建难以逾越的禁区的高压富水岩溶隧道、过江隧道、过海隧道等相继建成。

但在这些复杂地质条件隧道成功建成的同时,建设过程中安全事故时有发生,隧道建设安全形势严峻。由于受勘探技术水平、工期、资金等限制,对隧道所处地区的工程地质条件及水文地质条件了解不清,经常会因遇到大规模断层、软弱围岩、溶洞暗河、高地应力、采空区、松散堆积体、有害气体等不良地质体而导致塌方、涌水、突泥、岩爆冒顶、瓦斯爆炸等地质灾害发生。这些灾害的出现,轻则影响施工进度,导致施工工期延长,工程投资增加;重则造成人员伤亡,给国家和人民生命财产带来巨大损失。如雅砻江锦屏二级电站地质探洞施工中曾三次遇到大规模高压涌水,造成施工设施被冲毁,地表泉水被疏干,使用该泉水发电的电站被迫关闭;衡广复线南岭隧道施工,多次发生涌水突泥,导致地表塌陷,井水枯竭,河水断流;2005年,都汶公路某隧道施工发生瓦斯爆炸,造成44人死亡,11人受伤;2006年1月,宜万铁路某隧道发生突水、突泥,突水总量约18万m^3,事故造成10人死亡,1人失踪;2006年6月,大理至丽江铁路某隧道发生局部塌方,致使正在进行施工作业的一台挖掘机和一名驾驶员被困,经紧急抢救,被困驾驶员获救;2007年3月,甘肃静宁隧道施工发生坍塌,造成3死5伤,附近村民房屋倒塌;2007年4月,太中银铁路某隧道发生塌方,塌方量约8m^3,造成4人死亡,1人受伤;2007年8月,宜万铁路某隧道发生突水、突泥,总突水量约15万m^3,突泥量5.4万m^3,事故造成3

人死亡,7人失踪。

分析上述事故发生的原因,除了在隧道建设施工中存在安全防范意识不强、安全管理体系运行不良等管理缺陷外,最重要的还是没能查明隧道所处地区的工程地质及水文地质条件,特别是可能引起重大地质灾害的重大不良地质隐患。

隧道所处地区的工程地质条件及水文地质条件难以完全查明的原因有如下两个原因。

(1)深埋长大隧道、过江过海等水下隧道、穿越岩溶区等复杂地质条件隧道的修建越来越广泛,隧道修建所遇到的地质问题越来越复杂。由于人们对地球认知还存在一定局限,再加上我国幅员辽阔,各地地质条件变化差异很大,这就在客观上决定了不可能完全查明隧道所处地区的工程地质条件与水文地质条件。

(2)隧道勘察受勘察手段及勘察技术水平所限,同时受经费、工期、地形条件等因素影响,勘察工作量投入及勘察精度有限,勘察仅能做到对隧道所处的地质背景进行宏观把握,不可能对地质情况作出微观的把握。

针对隧道施工可能遇到的重大不良地质情况,如何从源头上消除或降低发生安全事故的风险?理论上认为,一是通过优化选线方案对重大不良地质地段予以绕避;二是对于无法绕避或绕避代价太大的重大不良地质地段,通过加强勘察投入,以详细查明其规模、性质及对施工的影响程度,从而在源头上消除或降低发生安全事故的风险。

但是,即便在国外,勘察工作投入力量与勘察精度远比国内大,灾害性地质事故的发生仍难完全避免。日本东海道干线旧丹那隧道施工时,曾遭遇6次大规模高压突涌水,致使该隧道施工工期严重滞迟,建设工期长达16年之久;日本的万之赖川引水隧道,施工时遇到严重涌水,致使5次改变施工方案,工期延误近2年;穿越阿尔卑斯山的辛普伦隧道,施工时发生大规模涌水,涌水量达$13.4m^3/s$,水温高达$47\sim56℃$。

现实情况表明,要在勘察阶段完全查明隧道施工可能遇到的所有重大不良地质问题,存在着一定的难度。

如何弥补隧道勘察精度的不足,最大限度地查明隧道的工程地质及水文地质条件,减少隧道施工中地质灾害的发生及降低灾害损失,从而确保隧道施工安全成为隧道工程施工的难点。随着科技的进步,隧道施工超前地质预报技术作为一门新兴学科逐渐发展起来。

隧道超前地质预报是指通过地质调查、钻探、物探等探测手段获得的隧道掌子面前方的地质信息,以地质学理论为基础,借助于物理学、数学、逻辑学、计算机科学等多学科手段,通过综合分析判断,对隧道施工可能遇到的岩体的工程特性和分布位置作出判断,并给出指导施工意见的一门新兴学科。此技术可进一步探明开挖面前方围岩地质情况,有效弥补因前期地质勘察工作的局限而难以探查的隐伏重大问题。因此,在隧道施工中开展超前地质预报十分必要。

二、隧道超前地质预报的重要作用

1.为安全施工创造条件

通过超前地质预报,可及时发现开挖面前方地质异常情况,对于可能引起隧道涌水、突泥、突气等重大不良地质情况的,可以及早采取有针对性的施工措施及制订可行的应急预案,从而避免和减少地质灾害损失,为安全施工创造条件。

2. 为信息化设计提供基础地质资料

超前地质预报可对开挖面前方不良地质体的位置、产状及其围岩结构的完整性与含水性进行预测,以此为正确选择支护参数和优化施工组织提供依据。

3. 为编制竣工文件和运营维护提供基础资料

系统的超前地质预报工作,既可对开挖面前方的地质条件进行探测,又可对隧道开挖揭露的实际地质情况进行详实客观的记录,这为编制完整、客观地反映隧道实际地质状况的竣工文件提供了基础资料,为将来的运营维护提供了第一手资料,同时也为地区类似工程提供了可借鉴的宝贵地质资料。

综上所述,开展有效的超前地质预报工作,可指导隧道安全科学施工,从而提高施工效率,节约工程投资。

第二节 隧道超前地质预报发展状况

国外早在20世纪40年代就开展了隧道施工超前地质预报工作,日、法、英、前苏联、德、美等国早已将其列为隧道工程建设必须开展的工作。目前,超前水平钻孔法主要用于水工隧道的施工超前地质预报工作,国外应用已较为普遍,如英吉利海峡隧道、日本青函海底隧道,均大量采用了超前水平钻孔进行施工超前地质预报工作。日本在20世纪80年代末开始了采用物探方法进行超前地质预报工作的研究。

我国隧道施工超前地质预报研究开始于20世纪50年代末,正式应用于隧道工程建设始于20世纪70年代。

大秦线一期工程军都山隧道采用地质分析法在隧道施工超前地质预报方面进行了大量的工作,取得了较好的效果;西康线秦岭隧道采用超前平行导洞(坑)法,利用二线隧道施工所得的岩体资料对一线隧道将要遇到的岩体状况进行预测,为一线隧道掘进机的施工提供了科学的依据。我国也一直致力于采用物理探测方法进行施工超前地质预报的研究。早在大瑶山隧道、南岭隧道、军都山隧道和其他一些隧道的施工中,就采用物探方法进行了超前地质预报的试验和研究。如在大瑶山隧道施工中首次成功地采用了钻孔声波测井及跨孔声波透射法超前探测,同时结合超前导坑以及洞内素描和赤平投影等方法进行隧道超前地质预测预报;在军都山隧道施工过程中,采用以地质素描为基础配合钻速测试和声波测试,进行掌子面前方短距离超前地质预报;采用声波反射法,在侯月线云台山隧道1号揭煤点、南昆线康牛隧道DK555+801断层、四川巴彭公路铁山隧道及深圳坪西一级公路雷公山隧道施工中开展的超前地质预报工作,均取得了较理想的效果。

进入21世纪后,隧道施工超前地质预报技术在我国取得了飞速发展。以渝怀铁路圆梁山隧道施工为代表,针对该隧道施工中存在的岩溶、高压突泥涌水、软弱破碎带等工程地质问题,施工中开展了以地质分析(地质素描为主)为基础,弹性波反射(TSP探测法)、电磁波反射(地质雷达法)、红外探测等物探方法与超前钻孔探测相结合的综合超前地质预报方法,奠定了目前超前地质预报的基本思路与方法。

隧道施工地质超前预报技术方法基本经历了这样几个发展阶段:地质分析法阶段→超前平行导洞(坑)法阶段→超前水平钻孔法阶段→超前钻孔声波测井及跨孔声波透射阶段→综合

超前地质预报阶段。我国施工地质超前预报工作在大力开展的同时,也带动了施工超前地质预报技术手段的发展。

在仪器设备方面,地质分析法、超前导洞(坑)法和超前水平钻孔法基本沿用了地质工作中的地质素描、地面地质调查及相关分析方法,前两者仅采用了地质工作中最简单的工具——罗盘、铁锤和放大镜,后者则采用了地质勘察工作中最常用的工具——钻机和钻速测定仪,当然也不可避免地要使用隧道施工机具;超前钻孔声波测井及跨孔声波透射法中,钻孔施工主要利用了钻孔凿岩台车,声波测孔可利用超前水平钻孔方法的设备,预报实施采用了孔中发射接收换能器、声波信号采集系统——声波探测仪,及声波信号储存系统——便携式计算机;综合超前地质预报法广泛应用了现代化测试仪器,包括:信号采集系统——声波探测仪、地震仪(TSP系列探测仪等)、地质雷达探测仪、瞬变电磁仪、高分辨电法仪等,及信号储存系统——高性能便携式计算机,实现了信号采集系统的计算机控制和信号储存计算机化,改变了早期探测原始波形、波谱照相储存、数据现场判读、记录的状况。

在数据处理技术方面,随着计算机成图软件的迅速发展,我国目前已实现了隧道掌子面地质素描图、探测原始波形及波谱图、计算分析图件的计算机成图;专用软件的开发,大大加快了探测数据分析处理的速度和精确度。

随着近年来超前地质预报技术越来越广泛地应用于隧道工程中,我国超前地质预报技术在引进、吸收国外先进设备的基础上进一步发展和进步,目前已达到了国外同行的水平。但在隧道施工超前地质预报队伍建设方面,还存在明显的不足,突出表现在施工队伍中普遍缺乏专业施工超前地质预报技术人员,多数需要聘请专业人员协助完成施工中的超前地质预报工作。

第三节　隧道超前地质预报的特点及主要内容

一、隧道超前地质预报的特点

隧道超前地质预报是基于地质学的基本理论,利用物探、钻探等手段对隧道开挖面前方未知的地质条件进行判断,其具有以下特点。

1. 综合性

学科和专业的相互渗透、相互融合是现代科学发展的必然趋势,隧道超前地质预报除了需要掌握丰富的地质学知识外,还需要掌握地球物理学等相关理论,并在预报工作中借助于数学、概率学等学科的分析手段,因而决定了该技术具有综合性的特点。

2. 系统性

隧道超前地质预报的对象是复杂的地质体,其表现形式多种多样,如破碎带、软弱夹层、空洞、岩溶、有害气体等。从宏观上来讲,这些不良地质体的形成及其工程性质特征遵循一定的客观规律,对其进行预测预报需要采用多种方法、多种手段,相互验证、系统论证,因而使得隧道超前地质预报又具有系统性的特点。

3. 时效性

隧道超前地质预报的主要任务与目的,是通过对隧道开挖面前方地质条件的超前探测,指导施工方案及应急预案的制订。把探测信息及时向施工、设计等部门传递,确保信息传递的时效性具有十分重要的意义,特别是对于重大异常信息的快速反馈更是如此,因而具有时效性成为隧道超前地质预报的又一特点。

4. 实用性

隧道超前地质预报直接服务于隧道施工,隧道超前地质预报的有效开展对于保证隧道施工安全、提高施工效率、节约工程投资具有现实意义。这决定了超前地质预报实用性特点。

二、隧道超前地质预报的主要内容

隧道超前地质预报属于工程地质学三大基本部分之一的工程地质勘察,它可以定义为狭义的工程地质勘察的延续,也可以定义为广义的工程地质勘察中的施工地质勘察。它是利用地质理论、物探方法、钻探方法等技术手段,预测隧道工作面前方工程地质及水文地质条件,特别是工作面前方不良地质的性质、规模等,以指导隧道施工,确保隧道施工安全的一项新兴技术手段。

严格意义上讲,隧道超前地质预报的工作内容是:根据掌握的隧道所处区域工程地质和水文地质条件、隧道开挖揭示的洞身围岩条件的变化趋势、洞内外构造相关分析结果、隧道施工掌子面及已施工的地球物理探测结果、超前钻孔揭示的隧道施工掌子面前方的地质情况、超前导坑揭示的地质情况(施工阶段),运用地质学、数学、物理学、逻辑学、概率学、计算机科学、工程机械学等各学科知识,结合预报人员经验,对隧道施工掌子面前方可能遇到的各种不良地质体及其对工程的影响进行判释,并根据判释结果提出指导施工的建议。具体内容如下。

1. 地层岩性预报

地层岩性的预报包括对地层岩性的种类、岩体的完整性及均一性、岩石的坚硬程度的预测预报,重点是对软弱夹层、破碎地层、煤层及特殊岩土的预测预报。

2. 地质构造预报

地质构造预报主要预测预报构造的种类,如断层、褶皱、节理密集带等;构造的性质,如断层是张性、压性还是压扭性等;构造的规模,如断层破碎带、影响带的宽度;构造的空间分布,如断层、褶皱的产状及与隧道的相对位置关系等。

3. 不良地质预报

不良地质预报包括岩溶、人为坑洞、瓦斯、硬岩岩爆、软岩变形、不均匀风化等的预报,主要预报其规模、空间分布位置等。对于有害气体,主要预报其成分、含量、赋存位置、动态变化等。

4. 地下水预报

地下水的赋存受地层岩性、地质构造等控制。地下水预报主要是对岩溶水、富水断层、富水褶皱、富水地层中的裂隙水进行预报,包括洞内突、涌水量的大小及其变化规律。

大量的隧道工程建设实践表明,由于受勘察精度、经费等诸多条件的限制,隧道施工中揭示的地质条件与实际不符的情况屡有发生,由此导致的隧道塌方、涌水、涌泥、涌沙、岩爆、瓦斯爆炸等地质灾害时有发生,给隧道施工安全带来极大危害。因此,在隧道施工期间,通过超前地质预报对隧道工作面前方地质条件(情况)进行及时的预测判定,以便及时调整施工方案和采取预防措施,避免灾害发生或在一定程度上减少因灾害造成的损失,是保证隧道施工安全的需要,同时也是隧道施工生态环境保护的需要。

隧道超前地质预报的定位是勘察阶段的地面综合勘探在施工阶段、施工场地条件下的延续,是为规避施工风险对能引起较大型工程地质灾害的不良地质体的空间位置和空间形态进行探查而增加的一道施工工序。

隧道施工超前地质预报,应重点做好以下隧道的地质预报工作:
(1)深埋长大隧道;
(2)地质复杂的隧道;
(3)水下隧道;
(4)可能存在大断层、岩溶、大量涌水涌泥、岩爆、废弃矿巷、瓦斯突出等严重工程地质灾害的隧道;
(5)可能因开挖造成生态环境破坏的隧道;
(6)覆盖层太厚、植被良好等不易进行地质调查和勘探的隧道。

第四节 隧道超前地质预报方法

隧道施工超前地质预报的主要内容是掌子面前方围岩的工程地质特征,包括地层岩性、构造、地下水状况、地应力状况和围岩级别等。隧道超前地质预报的重点对象是给施工带来不利影响的不良地质体,如断层破碎带、溶洞、暗河、煤层等。隧道施工超前地质预报的技术方法针对对象特征产生,目前可以分为地质分析法、现场测试法、地球物理方法和数值模拟法4大类。

一、地质分析法

地质分析中常用方法包括工程地质调查法、超前导洞(坑)法、超前水平钻孔法、断层参数预测法四种。

1. 工程地质调查法

工程地质调查法是隧道施工超前地质预报中最早使用的方法。该方法通过调查与分析地表和隧道内的工程地质条件,了解隧道所处地段的地质结构特征,从而推断前方的地质情况。这种预报方法在隧道埋深较浅、构造不太复杂的情况下有很高的准确性,但是在构造比较复杂的地区和隧道埋深较大的情况下,该方法工作难度较大,准确性较差。

2. 超前导洞(坑)法

超前导洞(坑)法,包括超前平行导洞(坑)法和超前正洞导洞(坑)法。超前平行导洞(坑)法是在与隧道正洞轴线相距一定距离的位置,平行于隧道正洞开挖一导洞(坑),一般为施工和运营的服务洞,地质情况特别复杂时也有为探明地质情况而设的地质探洞。利用该方法预测正洞地质条件非常直观,准确率也比较高,是我国隧道工程中常用的一种预报方法。在大秦线上12座15km以上的隧道中有9座采用了平行导坑;秦岭隧道为了保证Ⅰ线隧道TBM安全、顺利的施工,在Ⅱ线隧道中线位置上先期利用平行导坑贯通,对Ⅰ线正洞作出了直观、高精度的地质超前预报。

超前正洞导洞(坑)法则是先沿隧道正洞轴线开挖小导洞(坑),探明前方的地质情况后,再将导洞(坑)扩至隧道断面。在国外,在一些特殊地段为了探明地质情况往往不惜花费高昂代价,利用正洞导洞(坑)来进行超前地质预报,但在国内采用正洞导坑法的并不多见。北京八达岭高速公路隧道部分地段的施工过程中采用了超前正洞导洞(坑)法。

3. 超前水平钻孔法

超前水平钻孔法与超前导洞(坑)法的原理基本相同,是用钻探设备向掌子面前方钻探,从而直接揭示隧道掌子面前方地层岩性、构造、地下水、岩溶洞穴充填物及其性质、岩石(体)的可钻性、岩体完整程度等资料,还可通过岩芯试验获得岩石强度等定量指标,是最直接有效的地质超前预报方法。目前,国内在岩溶隧道中广泛采用此法。国外应用也较为普遍,英吉利海峡隧道、日本青函海底隧道更是大量采用了超前水平钻孔进行施工期地质超前预报。

4. 断层参数预测法

断层参数预测法的原理是基于前苏联著名地质学家ИІСІ葛尔比耳的断层影响带理论,是石家庄铁道学院刘志刚结合地质力学理论总结出来的一套超前预报隧道隧洞断层的预报方法。该方法是在确定了断层破碎带厚度(宽度)与两个异常带展布厚度(宽度)关系的经验公式以后,应用经验公式超前预报工作面前方隐伏断层的位置和破碎带厚度(宽度),并且通过断层产状与隧道走向和隧道断面高度及宽度资料预测其影响隧道的长度。

二、现场测试法

现场测试法中常用方法有钻速测试、压水试验和地应力现场测量。

1. 钻速测试

钻速测试是让钻机在钻进过程中保持压力不变,测试钻进速度,根据钻进速度的不同来确定软弱层的位置。该方法优点是设备简单、操作简单、不占开挖时间,缺点是在硬岩破碎带中钻速变化不大,预测效果不佳。

2. 压水试验

压水试验是通过现场压水试验来测定岩体的单位吸水量,从而了解岩体的破碎情况和裂隙的充填情况。该方法优点是所需设备简单、操作方便,缺点是测试时间较长。

3. 地应力现场测量

地应力现场测量依据测量基本原理的不同,可以分为直接法和间接法两大类。直接测量法是由测量仪器直接测量和记录各种应力量,并由这些应力量和原岩应力的相互关系,通过计算获得原岩应力值,在计算过程中并不涉及不同物理量的相互换算,应用较广泛的有扁千斤顶法、水压致裂法、刚性包体应力计法和声发射法等;间接测量法不是直接测量应力量,而是借助某些传感元件或某些媒介,测量和记录岩体中某些与应力有关的间接物理量的变化,然后由测得的间接物理量的变化,通过已知的公式计算出岩体中的应力值,目前国内外普遍采用的发展较为成熟的是套孔应力解除法。

三、地球物理方法

常用地球物理方法包括声波法、电测法、电磁波反射法、地震波反射法和红外探测法。

1. 声波法

声波法是利用声波在岩石中的传播规律来判别岩石性质的一种方法。声波法占用的施工时间短,但预报距离受孔深限制,一般小于15m。

2. 电测法

电测法是根据岩石与电阻的关系来推断其性质的一种方法,可以分为电位法和电阻率法。

电测法简便、成本低,但必须是以各层间电阻值有一定的差别为前提。

3.电磁波反射法

电磁波反射法即利用无线电波检测地下介质分布和对不可见目标或地下界面进行扫描。常用仪器为地质雷达(Ground Penetrating Radar,简称 GPR),地质雷达能发现掌子面前方地层的变化,对于断裂带特别是含水带、破碎带有较高的识别能力。在深埋隧道和富水地层以及溶洞发育地区,利用地质雷达探测是一种很好的预报手段。但是地质雷达探测的目标距离较短,在 20~30m 以内,对于长距离隧道的预报只能分段进行,同时雷达记录易受洞内机器干扰,探测分析中要特别注意波相识别,排除干扰。

4.地震波反射法

地震波反射法是利用地震波在地层中传播、反射,通过信号采集系统接收反射信号,根据波在介质中的传播速度,计算判断隧道掌子面前方反射界面(断层、软弱夹层等)距隧道掌子面的距离来进行隧道施工期地质超前预报的,是利用地震波的反射原理来进行地质探测。地震波由若干个特定爆破点上的小规模人工爆破激发产生,并由电子传感器接收;当地震入射波遇到岩体结构或其强度有变化时,在不同介质的界面处(图 1-1)部分入射波的能量将被反射,此时反射地震波将由地震接收器(RCV)接收,由数字记录仪放大、输出和记录。由于地震波以固定的声波速度传播,故反射信号的到达时间与入射波到达不同岩体界面的距离成正比,因此能作为间接度量测定地质变化区带距测点的距离,并判定其与隧道之间的几何关系。

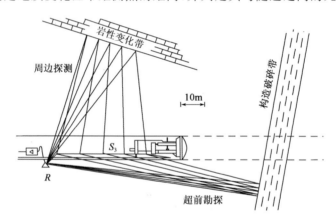

图 1-1 地震波反射法测量原理(据肖书安,GISattel)

5.红外探测法

在隧道中,围岩每时每刻都在向外部发射红外波段的电磁波,并形成红外辐射场,场有密度、能量、方向等信息,岩层在向外部发射红外辐射的同时,必然会把它内部的地质信息传递出来。干燥无水的地层和含水地层发射强度不同的红外辐射,红外线探测仪通过接收岩体的红外辐射强度,根据围岩红外辐射场强的变化值来确定掌子面前方或洞壁四周是否有隐伏的含水体,即为红外探测法。

四、数值模拟法

常见方法有地应力场的数值模拟预测法和三维网络模拟法。

1. 地应力场的数值模拟预测法

在隧道施工中,为了对隧道整体原始地应力状态以及二次应力场的发育分布规律进行宏观预测,常采用数值模拟的方法来进行反演分析和研究。

2. 三维网络模拟法

三维网络模拟法,主要是通过对现场已开挖地段不连续面进行调查和量测,获得不连续面的网络结构图,对其进行节理优势组划分,以及节理产状、节理大小、节理密度的模拟,并利用节理产状、大小和密度的模拟结果进行蒙特卡罗随机模拟形成空间三维网络模型,对空间三维网络模型按一定要求切割形成节理切面图,再将断层截面图与节理切面图相叠加形成断层与节理的叠加图,通过对叠加图的净化、块体的搜索及稳定性分析,由分析结果进行块体危岩的预报。

该方法最大的优点是能较为准确地定位块体危岩的空间位置,为锚固支护提供很好的参考,避免了支护的盲目性。该方法的关键在预报模型的选择及叠加断层的确定,常需要其他一些方法的配合。

第五节 隧道超前地质预报存在的问题与研究方向

目前,虽然隧道超前地质预报工作的重要性已在地下工程界得到了普遍共识,超前地质预报工作的开展也在近几年获得了长足的发展和进步,但由于超前地质预报工作目前尚处在起步阶段,在管理、技术、应用等诸多方面仍存在很多不足及有待改进完善的地方。

1. 超前地质预报工作的管理工作亟待完善

目前,如何组织、实施、管理超前地质预报工作,以促使超前地质预报工作有效开展还处于一个探索阶段。近几年伴随铁路建设高潮,铁路行业做了许多有益的尝试,但仍存在如下问题。

(1) 超前地质预报工作由谁来完成

超前地质预报工作是一项专业性很强的工作,需要由专业的作业队伍来完成。同时,超前地质预报工作作为隧道施工有机整体的一部分,又不能完全把它与隧道施工割裂开。目前的隧道施工队伍中只有个别有实力的队伍具有独立完成超前地质预报工作的能力,大部分的超前地质预报工作需要由专门聘请的专业队伍完成。那么,如何通过合理、合法的途径,选择、确定有实力的队伍完成超前地质预报工作是目前需要解决的问题。

(2) 如何确定划分参与超前地质预报工作各方的责任

超前地质预报工作,一般涉及建设单位、设计单位、施工单位、超前地质预报单位及施工监理单位。设计单位是超前地质预报方案的制订者,施工单位、超前地质预报单位是超前地质预报工作的实施者,建设单位、监理单位是超前地质预报工作实施的监督者。超前地质预报工作管理是一个动态管理的过程,如何在实际工作中做到各方权责明确、各司其职,有效开展超前地质预报工作是工作中的一个难点。

(3) 如何协调施工单位与超前地质预报单位的关系

超前地质预报工作的顺利实施,离不开施工单位与超前地质预报单位的密切配合。目前的铁路管理中,超前地质预报费用由施工安全费用部分支出,即超前地质预报单位的费用需要由施工单位支付。此外,超前地质预报工作又需要占用一定的隧道施工作业时间,对隧道施工工期造成一定影响。目前,在个别施工单位对隧道施工超前地质预报工作认识不到位的情况下,超前地质预报单位有效开展超前地质预报工作存在一定的难度。如何协调好施工单位与超前地质预报单位的关系,以便有效开展超前地质预报工作是管理中的一个难题。

2. 超前地质预报工作的很多技术问题有待解决

(1) 规范、标准有待完善

目前,关于超前地质预报工作的规范、标准只有铁道部2008年颁布的《铁路隧道超前地质预报技术指南》(铁建[2008]105号)和湖北省2009年颁布的《公路隧道施工地质预报技术规程》(DB42/T561—2009)。这些标准均为初版,尚存在很多不足,并且这些标准偏重于超前地质预报方案制订方面,欠缺对超前地质预报实施的监督、考核方面的内容。

(2) 技术手段有待提高

受技术发展水平的限制,目前还没有哪一种超前地质预报技术方法和手段能解决施工超前地质预报中的所有地质问题,因此超前地质预报工作需要进行综合超前地质预报。但即使是采用了综合超前地质预报手段,目前对某些不良地质的预报仍存在一定困难,如对岩溶、地下水等的预报。

在需要提高预报精度的同时,提高预报效率,特别是提高超前钻探效率,也是目前需要解决的一个重大技术问题。

(3) 对超前地质预报作用的认识有待提高

对超前地质预报作用的认识有待提高,表现为客观认识超前地质预报的作用。首先,一定要认识到超前地质预报工作对隧道施工的重大指导作用,对隧道施工安全的保证作用。另一方面,也应认识到超前地质预报不是万能的,不能期望通过超前地质预报工作解决隧道施工中的所有地质问题,甚至是施工技术问题。比如,有的人希望通过超前地质预报工作准确确定隧道工作面前方的隧道围岩级别。我们知道,隧道围岩级别的确定受多个因素影响,需综合考虑,尤其受人为因素影响较大,即使面对同一揭示暴露的岩体不同人的判定也可能会不尽相同。超前地质预报工作的重点是对隧道工作面前方的不良地质体进行判断,对围岩的判定只能是一个概略、相对的判定,因而不能期望通过它达到准确判定围岩级别的目的。

另外,超前地质预报是在了解地质条件基础上的推测。是否构成灾害,还需要结合施工方案以及施工技术综合考量。不良地质条件和地质灾害之间存在一定联系,但没必然联系。某些人甚至把隧道已支护段发生的一些工程问题归咎于超前地质预报工作的不足,就更不切实际了。因此,对超前地质预报工作作用的正确认识有待进一步提高。

(4) 施工技术人员的地质知识有待提高

目前隧道超前地质预报工作中所用的新仪器一般均是基于地球物理理论的仪器,提供的是相关的地球物理信息。对该地球物理信息的解释需要物探工程师和地质工程师联合作业,把地球物理语言变成地质语言。

但在实际工作中,施工单位配备有专门地质工程师的情况并不常见,这就出现一个问题,土木工程师看不懂或不能完全理解地质语言。因此,施工技术人员有必要加强基本地质理论知识的学习,同时也需要隧道超前地质预报工作人员在报告编写时,尽量把"纯地质语言"变成"工程地质语言",以实现超前地质预报工作与隧道施工工作的充分沟通,充分发挥超前地质预报工作对隧道施工的指导作用。

3.隧道超前地质预报下一步研究的重点及方向

作为隧道施工工序的一个重要组成部分,隧道施工超前地质预报既要实现确保隧道施工安全的根本目的,即达到对各种不良地质体,特别是重大、灾害性不良地质体的准确预报,同时又要满足目前隧道快速施工的需要,即预报便捷、快速,对施工干扰最小。因而,如何实现长大距离、高精度、快速准确的超前探测是隧道超前地质预报下一步的研究重点。鉴于目前的技术手段与水平,利用现有的技术和设备是难以快速、准确做好隧道施工超前地质预报工作的,尤其对于复杂的探测对象,如溶洞、暗河、复杂断层等。为此,亟待加强以下方面的研究。

(1)加强隧道地质超前预报的基础理论研究

加强隧道超前地质预报技术的基础理论研究,重点在于加强隧道超前地质预报物探基础理论的研究。如果不从根本上弄清在复杂探测对象地质条件下地震波、电磁波及电场传播的机理、特性,则隧道地质超前预报技术不可能有重大突破。因此,在对现有技术方法完善的同时,应集中精力研究地震波、电磁波及电场向隧道工作面前方复杂岩体介质传播穿透过程中,岩体介质对地震波、电磁波及电场的反射、散射、衍射、色散和传播衰减等机理特性,建立从回波信号反演隧道工作面前方复杂岩体介质内部结构的三维立体几何结构成像和物性结构成像的基础理论体系。

(2)加强隧道超前地质预报正反演技术研究

可利用新的数学模型和已经建立的试验平台,对接收到的来自隧道工作面前方岩体介质的反射回波信号进行正反演数值模拟和物理模拟,以验证三维立体几何结构成像和物性成像反演方法的可靠性。同时运用现代先进的信号分析与处理技术手段,如高阶统计量分析、遗传算法、模拟退火、小波分析、神经网络、同伦反演等对接收信号进行全参数非线性反演处理,提取所需的多参数信息,推断隧道工作面前方岩体介质的几何参数和力学参数等信息。

(3)加强对岩溶、地下水等预报难点的攻关力度

目前的地质预报技术手段对规则结构面的预报精度已经达到了一定水准,但对岩溶、地下水的预报还存在一定困难。在这一方面,宜走产、学、研结合的道路,多方联合,充分发挥各方优势,共同攻关,开发、研制新型设备,以达到攻克预报难点的目的。

(4)加强新型超前钻探设备的开发研究

目前,应用于超前地质预报的钻机有很多种,既有国产的,也有进口的。国产钻机普遍具有效率低的缺点,进口钻机普遍具有价格昂贵、机型大的缺点。如何做到经济、高效、移动便捷、适应性强的有机统一,以适应隧道施工环境与技术要求的需要,是新型钻机开发应遵循的基本原则。

(5)加强国外新技术和新手段的追踪、引进、消化、吸收

在全球经济一体化的大潮下,每个领域的技术进步都离不开国际大家庭的相互支持与合作。在超前地质预报技术领域方面,应时刻紧密关注国际新技术、新手段的开发动态,适时引进、消化、吸收国际先进的理念与设备应用,以促进国内超前地质预报技术水平的快速提高与发展。

第二章
隧道超前地质预报工作的基本原则

一、勘测设计阶段应进行隧道超前地质预报方案设计并纳入设计文件

隧道施工超前地质预报工作作为隧道施工地质勘察工作的延伸，应在勘测设计阶段进行方案设计并纳入设计文件。

（1）作为隧道的勘测设计方，掌握着隧道的第一手地质资料，对隧道存在的工程地质问题及水文地质问题认识最深刻、把握最准确。因此，由隧道勘测设计方依据隧道存在的地质问题进行的超前地质预报方案设计，对隧道工程实施超前地质预报最具指导意义。

（2）受目前勘测手段及勘测水平的限制，在勘测设计阶段不可能查清工程的所有地质问题。作为勘测设计方，在进行超前地质预报方案设计时，可以依据自己掌握的资料，针对前期勘测工作的不足，采取有针对性的方案设计，做到重点突出、目标明确，以最大限度发挥超前地质预报对隧道施工的指导作用。

（3）目前，在铁路行业，隧道施工超前地质预报已经作为隧道施工必不可少的一个工序纳入到了隧道施工管理当中。在勘测设计阶段，进行超前地质预报方案设计，可以把超前地质预报所需相关费用纳入施工概预算，为超前地质预报顺利实施提供资金支持和物质保证。同时，在进行施工组织设计时，可以把超前地质预报一并纳入到施工组织设计中，确保超前地质预报的实施有必要的作业时间。

二、施工阶段应依据超前预报方案设计编制预报实施大纲并纳入施工组织设计

在施工准备阶段，施工单位应依据设计文件确定的超前地质预报方案以及现场补勘成果，编制详细的隧道超前地质预报实施大纲。大纲应明确实施超前地质预报所需的设备，包括设备数量、型号等，还应明确人员的配备、具体实施方案及技术、质量要求等。大纲应内容详尽，具备可实施性与可操作性。

三、隧道施工超前地质预报应作为隧道施工的正常工序进行管理并遵循动态设计原则

隧道施工超前地质预报，应作为隧道施工的正常工序，纳入隧道施工管理。隧道施工过程中，在超前地质预报工作未完成前，隧道施工不得进入下一道工序。同时，施工单位应严格按照审批的超前地质预报实施大纲确定的预报方法、预报频次实施超前地质预报工作，监理单位应严格进行监督监理。

在隧道超前地质预报实施过程中,应依据隧道地质条件变化与超前地质预报方案实施效果,对超前地质预报方案实施动态管理。预报方案应根据实际地质情况进行优化,预报工作量,特别是与实际地质条件密切相关的超前地质钻孔的工作量及布置方式,更应依据实际地质条件实施调整。

超前地质预报方案的调整,涉及勘测设计、施工、监理等各方,各单位应各司其职,共同做好超前地质预报方案的实施和动态管理。

四、隧道超前地质预报应由专业队伍实施

隧道施工超前地质预报是利用地质理论、物理探测技术、钻探手段对隧道工作面前方未知的地质条件作出的科学判断,具有很强的专业性。因此,隧道超前地质预报的实施应由专业的预报作业队伍完成。

1. 预报作业人员专业构成应合理

超前地质预报的实施,涉及地质、物探、钻探等专业,超前地质预报作业队的人员结构应合理,作业队伍中应配备专业的地质人员、物探人员,必要时配备专业的钻探工艺技术人员。各专业间应相互配合,专业人员应具备精通本专业知识,熟悉其他相关专业知识的技术素质。

2. 预报作业人员应具备丰富的实践经验

超前地质预报,既具有较强的专业性,同时又具有很强的经验性。从事超前地质预报技术的作业人员,特别是关键岗位的技术人员,应具有丰富的超前地质预报从业经验,并熟悉掌握隧道设计与施工的一般方法。

3. 预报作业人员应具有吃苦耐劳的品质与敬业精神

隧道施工超前地质预报的工作环境一般很艰苦,要求从业人员必须具备吃苦耐劳的精神。同时,隧道施工超前地质预报工作的成败不仅关系到隧道施工能否顺利实施,而且关系到人民群众的生命与财产安全,这就要求从业人员不但应具备过硬的技术素质,更应具备高度的责任心与敬业精神。只有这样,才能从源头上保证隧道施工超前地质预报的质量。

五、隧道超前地质预报,应采用综合预报方法,并积极采用新技术、新设备和新方法

隧道施工超前地质预报的技术手段,特别是物探技术手段有很多种,各种物探技术手段都有自己的优势与不足。同时,隧道的地质条件与环境也千差万别,没有哪一种预报方法能解决隧道施工中的所有地质问题。因此,在隧道超前地质预报实施过程中,应遵循采用综合预报方法的原则。

现代科学技术的发展日新月异,应用于超前地质预报领域的新技术、新设备和新方法也层出不穷,在超前地质预报实施过程中,特别是对目前采用常规探测手段难以解决的地下水、岩溶等地质疑难问题的探测过程中,应积极尝试采用新的探测技术与设备,以不断提高超前地质预报的水平。

第三章 隧道超前地质预报方案设计

第一节 设计依据

一、相关标准及要求

目前国内还没有专门的关于隧道超前地质预报的标准。铁道部发布的《铁路隧道超前地质预报技术指南》(铁建设[2008]105号),在铁路行业以指南的形式发布并以规范的效力在执行使用,其他行业也可参考使用。

铁路隧道施工超前地质预报在执行《铁路隧道超前地质预报技术指南》(铁建设[2008]105号)的同时,还需参照执行铁路行业的相关勘察、设计规范。包括:

《铁路工程地质勘察规范》(TB 10012—2007)
《铁路工程岩土分类标准》(TB 10012—2007)
《铁路工程不良地质勘察规程》(TB 10027—2001)
《铁路工程特殊岩土勘察规程》(TB 10038—2001)
《铁路工程地质钻探规程》(TB 10014—1998)
《铁路工程物理勘探规程》(TB 10013—2004)
《铁路工程水文地质勘察规程》(TB 10049—2004)
《铁路工程土工试验规程》(TB 10102—2004)
《铁路工程岩石试验规程》(TB 10115—1998)
《铁路工程水质分析规程》(TB 10104—2003)
《铁路瓦斯隧道技术规范》(TB 10120—2002)
《铁路工程抗震设计规范》(GB 50111—2006)
《建筑抗震设计规范》(GB 50011—2001)
《铁路隧道设计规范》(TB 10003—2005)
《铁路混凝土结构耐久性设计暂行规定》(铁建设[2005]157号)

除执行上述规范外,还应遵循铁道部发布的各类文件。

公路、水利水电等行业隧道施工,参照执行《铁路隧道超前地质预报技术指南》(铁建设[2008]105号)的同时,还应遵循其行业的相关规范、规程和标准。

二、隧道工程地质及水文地质资料

不同区域、不同地质环境条件下的隧道,施工中存在的地质问题不同。隧道超前地质预报方案应依据隧道的具体工程地质与水文地质条件,针对隧道施工存在的地质问题进行有针对性的设计。隧道超前地质预报方案设计所依据的地质资料为区域地质资料和隧道各专项评估报告及风险分析。

1. 区域地质资料

(1)区域普查与勘探成果资料,包括地质说明书及相关图件,如区域地质图、区域地质矿产图、区域构造纲要图等。目前,比例为1:200000的区域地质图全国已基本覆盖,部分地区已经完成了比例1:50000的区域地质图或矿产图,基础地质工作更细的地区部分有比例1:25000或1:10000地质图或矿产图。

(2)区域普查与勘探水文成果资料,包括水文地质图及说明书,相关水资源评价报告等。水文地质图比例一般为1:200000。

(3)区域专项评估报告,如区域性地质灾害评估报告、环境影响评估报告等;相邻工程勘察、施工地质成果资料。

(4)其中包括:隧道勘察成果资料,包括隧道工程地质勘察报告、隧道水文专项勘察报告等。隧道工程的设计概况,包括辅助坑道的设置等,隧道穿越区域的自然地理特征,区域地层、构造及水文地质特征;隧道穿越的地层岩性、地质构造、地下水及隧道施工存在的主要地质问题,特别是断层、褶皱、涌(突)水、涌(突)泥、煤层瓦斯、岩溶、浅埋、松软土、膨胀性岩土等不良地质及特殊岩土类型及分布等。

2. 隧道各专项评估报告及风险分级

(1)项目(隧道)场地地震安全性评估报告。

(2)项目(隧道)地质灾害评估报告。

(3)项目(隧道)环境评估报告。

(4)隧道风险评估报告。

第二节 设计原则

一、综合预报原则

隧道施工超前地质预报,应针对隧道施工存在的地质问题,并依据其复杂程度,通过多种预报方法和手段的有效组合进行综合超前地质预报。

综合超前地质预报,可采用长距离宏观预报与短距离准确预报相结合、洞内探测与洞外调查相结合、地质方法与物探方法、钻探方法相结合、多种物探方法相结合的综合预报方法,开展多层次、多手段的超前地质预报。

二、分级原则

根据隧道的工程地质与水文地质条件,就地质因素对隧道施工影响程度及其诱发环境问题的程度等,分段对隧道进行地质复杂程度评价与分级。不同级别的地段、不同的地质问题采取不同的预报方法。

隧道地质复杂程度分为很复杂、复杂、中等复杂和简单四级,具体分级方法见地质复杂程度分级表(表3-1)。

地质复杂程度分级表　　　　表3-1

影响因素		很复杂	复杂	中等复杂	简单
地质复杂程度（含物探异常）	岩溶发育程度	强烈发育,以大型暗河、廊道、较大规模溶洞、竖井和落水洞为主,地下洞穴系统基本形成	中等发育,沿断层、层面、不整合面等有显著溶蚀,中小型串珠状洞穴发育,地下洞穴系统未形成,有小型暗河或集中径流	弱发育,沿裂隙、层面溶蚀扩大为岩溶化裂隙或小型洞穴,裂隙连通性差,少见集中径流,常有裂隙水流	微弱发育,以裂隙状岩溶或溶孔为主,裂隙不连通,裂隙透水性差
	涌水、涌泥程度	特大型涌突水(涌水量大于100000m³/d)、大型涌突水(涌水量10000～100000m³/d)、突泥、高水压	大型涌突水(涌水量1000～10000m³/d)、突泥	中型涌水(涌水量100～1000m³/d)、涌泥	小型涌水(涌水量小于100m³/d),涌突水可能性极小
	断层稳定程度	大型断层破碎带、自稳能力差、富水,可能引起大型失稳坍塌	中型断层带、软弱、中~弱富水,可能引起中型坍塌	中小型断层,弱富水,可能引起小型坍塌	中小型断层,无水、掉块
	地应力影响程度	极高应力($R_c/\sigma_{max}<4$),开挖过程中硬质岩时有岩爆发生,有岩块弹出,软质岩岩芯常有饼化现象,岩体有剥离,位移极为显著	高应力($R_c/\sigma_{max}=4\sim7$),开挖过程中硬质岩可能出现岩爆,岩体有剥离和掉块现象;软质岩岩芯时有饼化现象,岩体位移显著	—	—
	瓦斯影响程度	瓦斯突出:瓦斯压力$P\geq0.74$MPa,瓦斯放散初速度$\Delta P\geq10$,煤的坚固性系数$f\leq0.5$,煤的破坏类型为Ⅲ类及以上	高瓦斯:全工区的瓦斯涌出量大于或等于0.5m³/min	低瓦斯:全工区的瓦斯涌出量小于0.5m³/min	无
地质因素对隧道施工影响程度		危及施工安全,可能造成重大安全事故	存在安全隐患	可能存在安全问题	局部可能存在安全问题
诱发环境问题的程度		可能造成重大环境灾害	施工、防治不当,可能诱发一般环境问题	特殊情况下可能出现一般环境问题	无

注:R_c为岩石单轴饱和抗压强度(MPa);σ_{max}为最大地应力值(MPa)。

三、适用原则

隧道施工超前地质预报方法有多种,特别是物探方法,种类繁多,目前还没有任何一种物探方法能够适用于所有不良地质的探测。隧道施工超前地质预报方案设计,应针对不同隧道存在的不同地质问题,选择适用的预报方法,特别在物探方法的选择方面,应通过多种物探方法的有效组合,发挥不同物探方法的优势,以达到准确预报的目的。常用的超前地质预报手段、方法及其适用性见常用隧道超前地质预报方法一览表(表3-2)。

常用隧道超前地质预报方法一览表　　　　表3-2

预报方法		适用探测对象	预报距离	工序作业时间	作业环境要求	常用仪器
工程地质调查法		所有不良地质类型	长距离宏观预报	无需专门工序作业时间,可与其他施工作业工序同时进行	盾构法施工隧道无法对掌子面进行地质编录等工作	地质罗盘、地质锤等
物探方法	地震波反射法	适用破碎带、节理密集带、软硬岩界面(含煤层)等规则结构面的探测,对空洞(包括岩溶洞穴等)不规则地质体的探测存在一定局限性	100m左右	需在隧道边墙施做24个深1.5m的激振炮孔和2个深1.5m的检波器孔,钻孔施做可与其他隧道作业工序同时进行;现场数据采集需专门工序作业时间2h左右	施测现场地震波接收孔至隧道开挖工作面间需清场并停止洞内一切施工作业	TSP TGP
	电磁波反射法	适用破碎带、节理密集带、软硬岩界面(含煤层)等规则结构面的探测及岩溶、空洞等不规则地质体的探测,可弥补其他方法对岩溶、空洞等探测不敏感的缺陷	≤30m	现场数据采集需专门工序作业时间约0.5h	测线附近有金属构件、金属管线、通信线路等影响探测结果	地质雷达
	电测法	主要用于对开挖工作面前方含、导水构造分布和发育情况预报	100m左右	现场测试时间约1h		YD32(A)高分辨电测法仪
	红外探测法	主要用于对含水体的预报,但对水量大小无法确定	≤30m	无	对集中涌水效果较好;受隧道洞内空气温度影响明显	红外探测仪
超前水平钻孔法		所有不良地质类型	视孔深而定	工序作业时间长	无	各种类型坑道钻机

四、连续及全覆盖原则

隧道施工超前地质预报,应该覆盖全隧道,包括主(正)洞以及所有辅助坑道(平行导坑、斜井、横洞、横通道等)。隧道各段落的预报可依据其地质条件复杂程度选用不同的地质预报方法及手段,但整个隧道的超前地质预报工作应遵循连续预报的原则,即应避免地质条件差时重视开展超前地质预报工作,地质条件好时忽视超前地质预报工作的做法。

五、动态管理原则

隧道施工超前地质预报方案设计依据的基础地质资料是区域地质资料及隧道勘察成果资料等,隧道施工过程中隧道的工程地质条件与水文地质条件可能会发生一定的变化。隧道施工超前地质预报方案,应依据变化了的地质条件进行实时调整,调整的内容包括预报方法及手段的调整、预报工作量的调整等。

第三节　设计内容及要求

一、超前地质预报方案设计

进行超前地质预报设计前,首先要认真研究隧道已有的地质资料,包括区域地质资料、隧道勘察资料及其他专项评估报告等资料,进行隧道风险因素分析识别,识别隧道主要的地质风险因素,即隧道施工存在的主要不良地质及特殊地质现象,以及这些不良地质及特殊地质的具体分布段落。

依据识别出的地质风险因素,进行隧道地质复杂程度分级,确定隧道施工超前地质预报总体方案。隧道超前地质预报方案设计,应明确隧道施工超前地质预报选用的手段及方法,以及各种手段、方法应用的具体段落部位、施做频次、前后搭接长度、工作量大小等。

对于选用的预报方法,有特殊技术要求的,应在预报方案设计中明确技术要求,如超前钻孔的布置方式、外插角度、特殊地层的钻进方式、孔内测试要求等。

一般情况下,隧道施工超前地质预报方案设计,宜采用以下方法:

(1)断层、褶皱、软弱夹层等规则界面的预报,可采用地质调查法、地震波反射法(TSP、TGP),辅以验证性超前钻孔。

(2)对溶洞、暗河、岩溶裂隙的预报,可采用地质调查法、电法(直流电法、瞬变电磁)(红外探水)、地质雷达、超前钻孔。

(3)对含水或导水构造的预报,可采用地质调查法、地震波反射法(TSP、TGP)、电法(直流电法、瞬变电磁)、超前钻孔。

(4)其他地质条件相对简单的地段,可采用地质调查和一种物探方法(建议采用 TSP)组合。

(5)对含天然气、瓦斯、放射性物质等特殊地层隧道及深埋隧道内的地温、地应力等地质问题,按国家现行标准进行监测测试。

二、设计文件组成

超前地质预报设计应编制超前地质预报设计文件,基本内容包括:

(1)隧道工程地质及水文地质条件,着重说明不良地质与特殊地质、可能存在的主要工程地质问题及地质风险。

(2)隧道地质复杂程度分级。

(3)隧道超前地质预报方案设计,涉及超前地质预报设计原则、超前地质预报方案、分段预报内容、方法选择及不同方法的组合关系、技术要求(同一种预报方法或不同预报方法间的重叠长度、超前钻孔的角度及深度等),需要时应编制气象、重要泉点和洞内主要出水点(流量大于 1L/s 的出水点)、暗河流量等观测计划和观测技术要求等。

(4)超前地质预报实施工艺要求(必要时提出)。

(5)其他需要说明的问题。

第四章
隧道超前地质预报实施

第一节 隧道超前地质预报实施大纲编制

一、编制依据

1. 国家标准及行业标准、规范

目前,国家和行业还没有专门的关于隧道超前地质预报的标准、规范,铁道部于2008年发布了《铁路隧道超前地质预报技术指南》一书,作为铁路行业隧道超前地质预报的规范性文件执行。铁路或其他隧道在编制超前地质预报实施大纲时,可在执行本指南的同时,参考执行现行的一些技术标准、规范,如《铁路工程地质勘察规范》(TB 10012—2007)、《铁路工程不良地质勘察规程》(TB 10027—2001)、《铁路瓦斯隧道技术规范》(TB 10120—2002)等。

2. 勘察设计文件中关于隧道超前地质预报方案的设计与要求

根据铁道部规定,铁路隧道超前地质预报方案设计作为隧道设计文件的一部分,已经纳入到隧道设计文件之中,施工单位在编制隧道施工超前地质预报实施大纲时,应遵循设计的原则与方案。

3. 建设单位关于隧道超前地质预报工作的管理规定及要求

为了保证隧道超前地质预报工作的顺利实施,确保隧道超前地质预报工作的质量,杜绝隧道施工重大地质灾害的发生,建设单位往往会根据所管项目的特点,制订从地质预报招投标到地质预报实施管理的一系列管理办法和要求,施工单位在编制隧道超前地质预报实施大纲时,应充分遵守这些规定与要求。

4. 隧道的工程地质及水文地质资料

隧道的工程地质及水文地质资料是设计单位进行超前地质预报方案设计的基础,也是施工单位编制超前地质预报实施大纲的基础。施工单位在编制超前地质预报实施大纲时,可依据自己对隧道的工程地质及水文地质条件的认识,对超前地质预报设计方案进行补充完善。

5. 施工单位的经验及技术水平

施工单位在编制超前地质预报实施大纲时,应充分发挥自己在类似工程施工中积累的经验,充分发挥自己的技术装备水平。

二、编制原则

1. 针对性原则

目前的施工标规模大、标段长、跨度广,一个施工标往往穿越多个地貌、地质单元。隧道集中的施工标中,标段内的隧道数量多在五、六座,甚至十多座以上。不同的隧道可能所处的地貌、地质单元不同,遇到的地层岩性、地质构造及不良地质类型也不同。隧道施工超前地质预报实施大纲编制,应根据每个隧道的地质特征,进行有针对性的编制,编制中应突出重点,抓住影响隧道施工安全的关键地质风险因素。

2. 有效性原则

隧道超前地质预报实施大纲编制,应遵循隧道设计文件中确定的隧道超前地质预报方案及原则,对于具体仪器设备的选型,应遵循有效性的原则,即所选用的仪器设备应当对隧道存在的不良地质探测有良好的探测效果。如对于破碎带、软弱夹层等面状构造体的探测,设计文件往往会给出采用弹性波反射法探测的设计,目前的弹性波反射法探测仪器设备种类繁多,设备性能差别很大,在具体设备选型时,应充分考虑设备对被探测对象探测的有效性。

3. 可实施性原则

隧道超前地质预报实施大纲编制,应与隧道的施工方法、施工环境相结合,并综合考虑可行性、经济性、工期等因素。如盾构法施工隧道在选用预报设备时,应充分考虑盾构机械设备对预报探测的影响。超前钻探设备选型时,应综合考虑钻探工作量大小、钻机性价比等综合因素。

4. 动态管理原则

隧道超前地质预报实施大纲在实施过程中,需要根据隧道遇到的工程地质问题的变化以及探测手段方法的实际探测效果实施调整,实行动态化管理。

三、编制内容

隧道超前地质预报实施大纲的编制主要包括以下内容:

(1) 编制依据。

(2) 工程概况。

(3) 隧道工程地质及水文地质条件特征。

(4) 不良地质及预报关键技术点。

(5) 预报方法(方案)。

(6) 技术要求。

(7) 组织机构及职责分工。

(8) 仪器设备配置。

(9) 质量安全环保职业健康保证措施及应急预案。

(10) 成果资料。

第二节 隧道施工超前地质预报施作

一、组织管理

隧道施工超前地质预报是保证隧道施工安全、优化工程设计、实现施工信息化的重要基础。隧道施工超前地质预报的实施涉及建设单位、设计单位、施工单位、监理单位等,参建各方需明确分工、落实责任、协调一致、相互配合,确保做到信息传递顺畅、反馈及时、决策迅速、处理得当。

1. 组织机构

为确保隧道施工超前地质预报工作的顺利实施,建设单位、设计单位及施工单位应成立专门的隧道施工超前地质预报管理领导小组,建设单位、施工单位隧道施工超前地质预报管理领导小组宜由建设或施工指挥部领导、安质部、工程部相关人员组成,监理单位和设计单位指定专人负责此项工作。

施工单位需成立专门的隧道施工超前地质预报专业作业队伍(或委托专业的隧道施工超前地质预报队伍),配备专业的技术人员和仪器设备,开展隧道施工超前地质预报工作。

2. 职责分工

各参建单位应积极履行职责,齐心协力,共同做好隧道施工超前地质预报工作。

(1) 建设指挥部职责

①负责审批隧道施工超前地质预报方案。

②对超前地质预报方案的执行情况进行监督和检查。

③组织超前地质预报及相关单位对超前地质预报过程中发现的重大问题进行分析、验证和处理。依据超前地质预报成果,适时组织有关专家对重大技术方案,包括重大地质灾害设计预案及变更设计进行论证,并按规定报铁道部鉴定中心审查。

④组织设计单位、监理单位和施工单位审查隧道施工安全应急预案和逃生方案。

(2) 勘察设计单位职责

①进行超前地质预报方案设计,提出超前地质预报应采用的方法、频次、技术要求和费用,并对隧道超前地质预报方案的合理性、有效性和适用性负责。

②勘察设计单位在施工配合中,应做好隧道施工超前地质预报技术指导工作,依据地质条件变化及预报实施效果及时调整和完善超前地质预报方案。

③依据超前地质预报成果,结合设计阶段勘测资料综合分析,发布地质灾害警报,进行灾害评估,提出工程处理措施、加固方案,形成设计预案。

④配合建设指挥部共同做好施工超前地质预报管理工作。

(3) 监理单位职责

①组织审查超前地质预报方案及超前地质预报实施大纲。

②检查超前地质预报方案的落实执行情况,重点检查超前地质预报单位的人员、仪器和设备是否满足要求,物探及钻探的工程数量、超前地质预报工艺的规范性、数据采集的及时性和

准确性等。

③强化隧道施工超前地质预报过程监理,落实责任制。对超前地质预报实施全过程旁站监理,并做好旁站记录,对未按设计方案要求进行超前预报工作的掌子面不得下发下道工序施工通知单。

④负责协调处理超前地质预报参建各单位关系。

⑤配合建设指挥部共同做好超前地质预报管理工作。

⑥参加建设指挥部组织的对超前地质预报工作的考核。

(4)施工单位职责

①施工单位是超前地质预报的主体责任单位。负责检查落实超前地质预报单位的人员、仪器和设备是否满足要求;督促超前地质预报单位按设计规定和合同要求及时实施隧道超前地质预报工作。

②组织超前地质预报及相关单位对超前地质预报过程中发现的重大问题进行分析、验证和处理。

③将隧道超前地质预报纳入施工组织设计和工序管理控制,为超前地质预报实施提供作业时间与作业空间。

④配合超前地质预报单位做好超前地质预报工作,为预报单位顺利开展预报工作提供服务与支持。

⑤建立超前地质预报资料台账,并根据超前地质预报成果,负责提出完善设计方案的建议;制订隧道施工安全事故应急预案和逃生方案,并按级别分别报送监理单位、建设指挥部审批。

⑥及时对超前地质预报单位进行验工计价。

⑦参加设计变更会审、重大问题的分析、验证及处理。

(5)专业预报队伍职责

①按需要配足隧道超前地质预报工作所需要的技术人员及仪器设备。

②根据设计单位制订的预报方案,编制施工超前地质预报实施大纲,逐级报施工单位、监理单位和建设单位审批后组织实施。

③按要求开展各项超前地质预报工作,并对各种探测成果资料进行综合分析,提出最终超前地质预报成果,并对超前地质预报成果资料的真实性、准确性负责。

④保证预报成果的及时性,一般情况下,应在超前预报完成后24h内将隧道超前地质预报成果报监理单位、设计单位、建设单位,重大异常应即时报告。

⑤预报实施过程,应根据地质条件变化及预报实施效果,及时提出完善预报方案的建议,并上报建设单位、设计单位、施工单位、监理单位。

⑥根据建设指挥部要求参加重大预报方案、设计变更会审。

⑦做好超前地质预报施工现场劳动保护和安全保护。

二、工作程序

1. 总则

(1)设计单位应负责进行超前地质预报方案设计,并在预报方案中明确预报采用的方法、频次、技术要求,预报方法和频次应具体到每一座隧道的每一段落。

(2)超前地质预报单位依据设计预报方案编制预报实施大纲。预报实施大纲,应明确隧道超前地质预报的方法、预报内容、预报频次、实施计划,组织机构,资源配置,仪器设备操作要求、信息判释、数据采集与处理、预报成果报告编制等技术要求。

(3)超前地质预报实施大纲必须满足设计单位超前预报方案的要求,所采用的方法不能缺项,频次不能减少,但超前地质预报单位可以根据工程实际需要和单位技术水平,积极应用新技术、新手段,丰富预报方法。

(4)超前地质预报方案在实施过程中,应根据现场地质条件变化及预报效果实时调整与完善,超前地质预报方案的一般调整与完善,可由超前预报单位提出,监理单位审批;超前地质预报方案的重大调整由勘察设计单位完成,监理单位组织专家会审,报建设单位批准。

(5)施工单位在掘进过程中发现有重大地质异常情况时,须停止施工,并在第一时间向监理单位、设计单位和建设指挥部汇报,以便共同会商,及时采取措施,使隧道掘进安全始终处于可控状态。

2.工作流程

隧道超前地质预报组织应遵循以下工作流程(图4-1)。

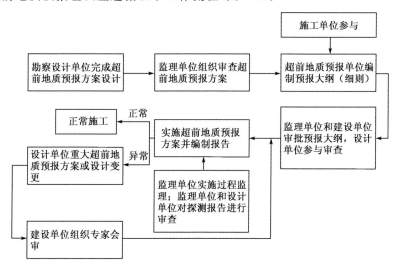

图4-1 隧道超前地质预报工作流程图

(1)超前地质预报单位应提前24h就预报的时间、方法书面通知施工单位和监理单位(地质素描及特殊紧急情况除外);施工单位提前做好各施工工序的安排,确保超前地质预报的实施,监理单位在约定的时间内到现场实施监理,并做好旁站记录。

(2)隧道内地球物理探测按次报送成果资料,正式成果报告一般在完成洞内探测后24h内报送监理单位和施工单位。地质编录每60m报送一次。出现重大异常时,预报成果资料应同时立即报建设单位及设计单位。

(3)监理单位负责组织对超前地质预报单位报送的探测报告进行审查,审查结论一般应在收到探测报告后6h内完成。对于审查中发现的可能对施工安全产生重大影响的因素,应在第一时间上报,并立即通知施工单位采取措施,确保安全。

(4)设计单位收到探测报告和监理审查意见后,须对其进行综合分析核查,6h内向超前地质预报单位、监理和施工单位反馈意见。

(5)对有重大异常,设计单位无法准确判识时,报建设单位,由建设单位组织设计单位、施工单位、监理单位等相关单位共同确认。

三、信息化施工

隧道监控量测与隧道施工超前地质预报是进行信息化施工、动态设计和动态管理的重要手段,也是保证隧道工程施工安全和施工质量的重要措施。

通过监控量测对围岩和支护、衬砌的力学行为以及它们之间的力学关系进行量测和观察,并对其稳定性进行评价,判断围岩和衬砌是否稳定,为制订和优化设计、施工支护参数提供依据;通过超前地质预报,可以对重大不良地质,如塌方、涌水、涌泥等地质灾害进行成功的预报预警,进而采取有效预防措施,对地质灾害进行有效控制,可以最大限度减小地质灾害可能造成的损失,避免人员伤亡和重大经济损失。

在超前地质预报工作实施过程中,通过多种地质预报手段获得的地质信息,经综合分析、判断,及时整理并上报,作为实时调整施工方案的依据。施工方案确立并实施后,又可从施工过程中获得最新的地质信息,指导下一步施工与超前地质预报工作的实施,如此循环往复,形成高效的信息化施工系统,使隧道施工中的地质情况及其他不良地质体始终处于可控状态,从而保证隧道施工的安全。地质预报信息化施工流程见图4-2。

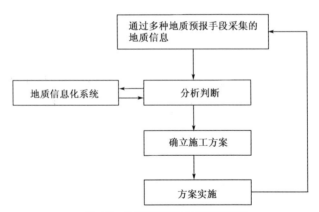

图4-2 地质预报信息化施工流程图

第三节 隧道超前地质预报技术的理论基础

一、地质学及其研究内容

地质学是人类认识自然、了解自然的基础学科,主要研究的是地壳及地质作用及其与人类的关系。

地质学的主要研究方法是在实践的基础上进行推理论证,推理的基本方法是演绎和归纳,其中归纳更是基本的方法。地质学的主要分类见表4-1。

地质学的主要分类　　　　　　　　　表4-1

研究内容和性质		主　要　分　科
地壳的物质组成、分类、成因及转化规律		结晶学、岩石学、矿物学
地壳运动、地质构造及成因		动力地质学、构造地质学、大地构造地质学
地壳的发展历史、生物及古地理演化规律		古生物学、地层学、地史学、第四纪地质学、区域地质学、古地理学、古气候学
地质学的应用	资源方面	矿床学、找矿及勘探学、地球物理探矿、地球化学探矿
	能源方面	煤田地质学、石油地质学、放射性矿产地质学、地热学
	环境人类生活和灾害、防护	工程地质学、环境地质学、地震地质学
	其他	水文地质学
边缘学科、综合学科及新兴学科		地球化学、地球物理学、地质力学、数学地质学、行星地质学、板块构造学、海洋地质学、实验岩石学、遥感地质学、深部地质学、同位素地质学

1. 地壳

地球是一个旋转的椭圆形球体,平均半径约为6371km。地表以上为外部圈层构造,分布有大气圈、水圈和生物圈;地表以下为内部圈层构造。地球内部构造由地表到地心可分为地壳、地幔和地核三个圈层(图4-3)。

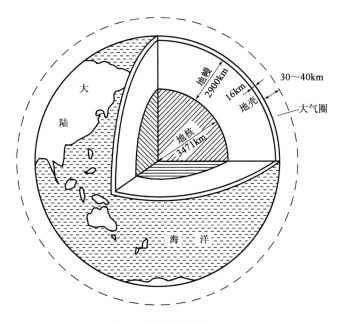

图4-3　地球内部构造

地壳是由各种化学元素组成的,地壳中的化学元素,往往集聚成各种化合物或以单质出现,形成矿物,矿物的自然集合体又形成岩石。因此,矿物和岩石是组成地壳物质的基本单位,它们都是在地壳发展过程中各种地质作用的产物。

(1) 矿物

矿物是在地质作用下形成的,具有一定化学成分和物理性质的单质或化合物。矿物通常以固体状态存在于地壳中,只有极少数呈液态(如石油)和气态(如天然气)。不同矿物由于其化学组成和内部构造不同,因而具有一定的形态和物理、化学性质,主要有:矿物的形态、颜色、条痕、光泽、透明度、硬度、解理与断口,除上述的矿物性质以外,还有一些矿物具有特殊的性质,这些性质同样是鉴定矿物的重要依据。如云母薄片具有弹性;绿泥石薄片具有挠性;磁铁矿具有磁性;滑石具有滑感;岩盐具有咸味以及方解石滴稀盐酸能剧烈起泡等。

(2) 岩石

岩石是一种或多种矿物组成的天然集合体。岩石的种类很多,按其成因可分为三大类,即岩浆岩(火成岩)、沉积岩和变质岩。

① 岩浆岩(火成岩)。岩浆岩又称火成岩,它是由岩浆冷凝而成的岩石,岩浆主要是由复杂的硅酸盐和一部分金属硫化物及氧化物、水蒸气和其他挥发性物质(F、Cl、CO_2 等)组成的高温、高压熔融体。处于地壳深处呈高温、高压状态的岩浆,常沿地壳薄弱带或断裂带等压力较低的部位上升,侵入到地壳上部或喷出地表。随着温度和压力的降低岩浆会在地壳中冷凝形成岩石。在地下深处(约在地表 3km 以下)冷凝形成的岩石称深成岩;在浅处(约在地表 3km 以内)冷凝形成的岩石称浅成岩。深成岩和浅成岩统称侵入岩。岩浆喷出地表(形成火山)冷凝形成的岩石称喷出岩。

岩浆岩的化学成分几乎包括了地壳中所有的元素,但其含量却差别很大。岩浆在不同的地质环境(如在地表或地下不同深度)冷凝时,由于物理化学条件(如温度、压力等)的不同和物质成分的变化而形成的岩浆岩,则具有不同的结构和构造。自然界的岩浆岩是多种多样的,它们之间在矿物成分、结构构造、产状及生成条件等方面都存在着差异。岩浆岩分类的主要依据是:以岩石的化学成分和矿物组成为基础,结合岩石的结构构造和产状等特征进行综合分类,一般可划分为深成岩、浅成岩和喷出岩。

② 沉积岩。沉积岩是指在地表或接近地表的先成岩石遭受风化剥蚀破坏的产物,经搬运、沉积和固结成岩作用而形成的岩石。

沉积岩的形成过程是一个长期而复杂的外力地质作用过程,一般可分为四阶段:松散破碎阶段、搬运作用阶段、沉积作用阶段、成岩作用阶段。沉积岩的矿物成分主要来源于先成各种岩石的碎屑和溶解物质。组成沉积岩的矿物很多,可分为三类:碎屑矿物、黏土矿物、化学及生物成因的矿物。

沉积岩的结构按组成物质的颗粒大小、形状和它们的组合关系可分为以下四种结构:碎屑结构、泥质结构、化学结构、生物结构。沉积岩的构造有:层理构造、层面构造、结核、含化石(根据化石的种类可以确定沉积岩的形成环境和地质时代)。

沉积岩根据其成因、组成成分可分为三类:碎屑岩、黏土岩、化学岩及生物化学岩。

③ 变质岩。地壳中已成岩石,由于构造运动和岩浆活动等所造成的物理、化学条件的变化,使原来岩石的成分、结构、构造等发生一系列改变而形成的新岩石,称为变质岩。这种使岩石发生质的变化的过程,称为变质作用。

变质作用的类型有:接触变质作用、动力变质作用、区域变质作用。组成变质岩的矿物很多,按其成因可分为两类:一类是与岩浆岩、沉积岩所共有的矿物,如石英、长石、云母、角闪石、辉石及方解石、白云石等;另一类是变质作用过程中新产生的矿物,称为变质矿物。

根据变质岩成因及变质程度不同,变质岩的结构可以分为:变晶结构、变余结构、碎裂结构。变质岩中除某些岩石外,大部分岩石都具特有的定向构造,这是区别于其他类岩石和鉴定变质岩的重要依据。常见的变质岩构造有:片理构造(片理又可分片麻状构造、片状构造、千枚状构造、板状构造)、块状构造。

2. 地质作用

地球形成至今,经历了 4600 兆年以上的发展历史,而地壳一直是处在运动和变化之中。地壳的组成物质、地壳构造和地表形态等发生变化的各种作用,统称为地质作用。按引起地质作用能源的不同,地质作用可分为内力(地质)作用和外力(地质)作用。

地壳运动根据其运动方式和方向可以分为两种基本类型:垂直运动和水平运动。垂直运动是地壳物质沿着地球半径方向运动,造成陆地上升(海水后退)与陆地下降(海水入侵)。所以垂直运动又称升降运动。水平运动表现为地壳岩层的水平位移,造成各种形态的褶皱构造和断裂构造(图 4-4)。

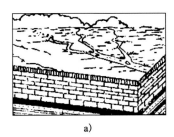
a)
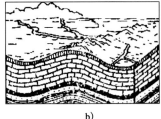
b)
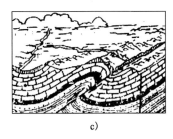
c)

图 4-4　褶皱构造与断裂构造形成示意图

(1)褶皱构造

原始产状的岩层在构造运动所产生的地应力(构造应力)作用下,形成一系列的波状弯曲,称为褶皱构造,如图 4-5 所示。

褶皱构造是岩层在地壳中广泛发育的地质构造形态之一,它在层状沉积岩中最为明显,在片状、板状变质岩中也有存在,而在块状岩体中则很难见到。褶皱构造的每一个向上或向下弯曲称褶曲。褶曲是褶皱的一个基本单位。褶曲可分为背斜和向斜两种基本类型,此外,还有几种特殊的褶皱构造,如穹窿和构造盆地。同一岩层在平面上的纵向长度与横向宽度之比小于3:1的圆形或似圆形褶皱,若是背斜则称穹窿;若是向斜则称构造盆地。

图 4-5　褶皱构造

(2)断裂构造

地壳中岩层受构造应力作用后将产生变形,当应力达到或超过岩石本身强度时,岩石的连续性和完整性遭到破坏,产生了破裂或沿破裂面发生了位移,形成断裂构造。根据沿破裂面两侧岩石有无明显的相对位移,把断裂构造分为两类:两侧岩石沿断裂面无明显位移的称节理(裂隙);有明显相对位移的称断层。断裂构造对岩体的稳定和渗漏有很大影响,而且常起控制作用。

①节理(图4-6)。节理是普遍存在于岩体中的裂缝,又称裂隙。自然界岩体中的节理,并非都是构造运动所造成的。根据节理的成因,可将其分为构造节理、原生(成岩)节理和次生节理三种基本类型。构造节理按力学性质,又可分为张节理和剪节理。另外,对岩体中那些形态细微、分布密集、相互平行排列的构造节理,称为劈理。

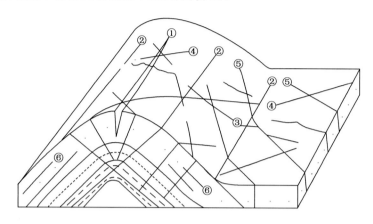

图4-6 节理
①、②为走向节理或纵节理;③为倾向节理或横节理;
④、⑤为斜向节理或斜节理;⑥为顺层节理

②断层(图4-7)。断层是岩石受力发生断裂、断裂面两侧岩体有明显位移的断裂构造。在地壳中分布广泛。断层种类很多,规模大小不一,小断层可见于手标本上,大的可延伸数百公里,影响范围很广。断层的基本组成部分叫断层要素。一般断层要素有断层面、断层线、断层带、断盘及断距等。

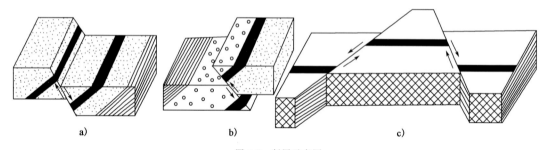

图4-7 断层示意图

按断层两盘相对运动的方向,可分为正断层、逆断层、平移断层。此外,在野外还常见到有些断层两盘相对移动是斜向的,属于平移断层和正断层或逆断层之间的过渡类型。在自然界中,有时断层不是单独存在的,而是成组成群有规律地出现。因为在同一构造应力场的作用下,它们具有成生联系。常见的断层组合形式有阶梯式断层、地堑、地垒、叠瓦式构造。

二、工程地质学及其研究内容

工程地质学是地质学的一个分科。它是调查、研究、解决与兴建各类工程建筑有关的地质问题的科学。其任务是:评价各类工程建筑场区的地质条件;预测在工程建筑作用下地质条件可能出现的变化和产生的作用;选定最佳建筑场地和提出为克服不良地质条件应采取的工程措施,为保证工程的合理设计、顺利施工和正常使用提供可靠的科学依据。

在进行工程建设之前,工程地质学的一项重要任务就是研究、评价建筑场区的工程地质条件。正确认识了工程地质条件,就能避免盲目性,做到认识自然、利用自然、控制自然、改造自然。

所谓工程地质条件,指的是与工程建筑有关的地质条件的总和,包括地形地貌、岩石与土的类型及其工程地质性质、地质构造、水文地质条件、物理地质作用及天然建筑材料等几个方面。应当强调指出,不能将上述诸点中的某一方面理解为工程地质条件而必须是它们的总和。

掌握了建筑地区的工程地质条件之后,工程地质学的任务并未就此结束。因为在勘察中所掌握的工程地质条件,对每一建筑来说,都只是它兴建之前的初始条件。在很多情况下,在建筑物的施工和运营当中,即在人类建筑工程活动的影响下,初始条件将遭受严重的变化,如地基土的压密、结构和性质的改变、地下水位的上升或下降及新的地质作用的产生等。因此,预测工程地质作用(现象)的发展趋势及可能为害的程度,提出控制和克服其不良影响的有效措施,便是工程地质学的第二项主要任务。

工程地质学的第三项任务是,根据对地质条件的评价和对可能出现的工程地质作用(现象)的预测资料,进行综合、分析、对比,结合建筑工程的要求选定最佳建筑场地。就现代科学技术发展水平而言,人们可以在地壳上的任何地点(哪怕是地质条件很是不利的地点)兴建任何类型的建筑物,并能保证其稳定和正常使用,只不过是所需代价有别而已。我们进行社会主义建设,要遵循节约的原则。对每一项工程,都应根据具体要求,尽可能利用有利的工程地质条件,避免为改善建筑厂区的工程地质条件而必须付出的昂贵代价。选定建筑场地后,应结合具体工程建筑的特点、规模、结构和类型,为保证其合理设计和顺利施工提出可靠的定性、定量的地质科学依据。

工程地质学研究的对象是复杂的地质体,所以其研究方法应是地质分析法与力学分析法、工程类比法与实验法等密切结合,即通常所说的定性分析和定量分析相结合的综合研究方法。

工程地质学的研究内容由它的任务所决定。可大体概括为研究、评价工程地质条件和分析、解决工程地质问题。目前发展为土质学、工程动力地质学与工程地质勘测等学科,其研究内容现简述如下。

1. 岩石与土的工程地质条件及工程动力地质作用

地球上任何类型的建筑工程都不能离开土和岩石,或是用做地基和围岩介质,或是用做建筑材料。因此,对构成建筑地区的岩石与土进行工程地质研究是工程地质学的一个主要研究内容。通过研究,确定和岩石和土的组成成分、组织结构(特别是微观结构)、物理—力学性质(特别是强度和变形方面的性质),及其对建筑工程稳定的影响,制订岩石工程地质分类和提出改良岩石与土的建筑性能的方法。

在地壳表层经常产生崩坍、滑坡、泥石流及地震等物理地质作用过程。由于人类建筑工程活动影响所导致的地壳自然平衡的破坏,还将产生一些十分严重的工程地质作用过程。所有这些作用过程都将给建筑工程带来危害。研究这些作用过程的发生、发展条件及其活动规律,拟订定性、定量的预测评价方法和防治措施。

2. 研究、解决各类工程建筑中的工程地质问题

所谓工程地质问题,系指研究地区的工程地质条件由于不能满足某种工程建筑的要求,在

建筑物的稳定、经济或正常使用方面常常发生的问题。概括起来,工程地质问题包括两方面:一是区域(地区)稳定问题;二是地基稳定问题。不同工程对工程地质条件的要求各不一样。即使是同一类型的建筑,其规模不同,要求也不尽相同。当谈论工程地质问题时,必须结合具体建筑类型、建筑规模来考虑。例如,工业民用建筑常遇到的工程地质问题主要是地基稳定问题,包括地基强度和地基变形两个方面;铁路、公路等工程建筑最常遇到的工程地质问题是边坡稳定和路基稳定问题;水坝(闸)常遇到的是坝(闸)基的稳定问题,其中包括坝基强度、坝基抗滑稳定和路基稳定、坝基和坝肩的渗漏和稳定以及坝肩稳定问题;隧道及地下工程常遇到的工程地质问题是围岩稳定和突然涌水涌泥问题等。工程地质问题,除与建筑工程类型有关外,尚与一定的土和岩石的类型有关,如黄土的湿陷问题,软土的强度问题、岩石的风化和构造裂隙的破坏问题等。

制订一套科学的勘察程序和方法,研制一些有效的测试仪器和手段,研究、解决工程地质问题,直接为各类工程的设计、施工提供地质依据,是工程地质学的又一研究内容。

第四节 超前地质预报技术的物探理论

地下工程超前地质预报技术应用的主要手段是 TSP(或 TGP)探测法、地质雷达和红外线探水仪及直流电法,涉及的主要物探理论有地震波探测理论、雷达与瞬变电磁探测理论,物理场探测理论和直流电法探测理论。

一、地震波探测理论

1. 地震波的传播规律

(1)费马原理

费马原理又称最小时间原理。根据费马原理,波总是沿射线传播以保证波到达时所用历时最少这个准则。在均匀介质中,地震波射线是从振源出发的直线,在其他介质中波射线性质便要复杂一些。

(2)地震波的反射和透射

当地震波在传播过程中遇到介质突然变化的界面(如岩体的节理、裂隙和断层等)时,地震波将会产生反射和透射,如图4-8所示。

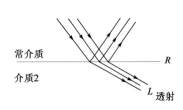

图4-8 入射波、反射波和透射波

(3)地震波的绕射

地震波传播过程中遇到地层的间断点和不整合接触点以及断层的棱角点等,这些不连续的间断点可以看作是新震源,就会产生一种新的扰动,向弹性空间四周传播,这种扰动称为绕射波,即地震波的绕射。

2. 地震波的散射

地震波在传播过程中振幅和能量随着离震源点距离的增加而减少的现象称为球面扩散。地震波的散射见图4-9。

3. TSP探测原理

作为地震波探测的一种方法,TSP探测时,在掌子面后方一定距离的隧道一侧边墙上布置一定数量的钻孔,通过 TSP 系统的爆破装置在钻孔中施以微型爆破来产生地震波信号,地震波沿隧道方向以球面波的形式传播,遇到反射界面反射回来由接收器接收,同时转换成电信号并放大(图 4-10)。由于反射波的传播速度、延迟时间、波形、强度和方向等均与相关界面的性质以及产状密切相关,经过 TSP 系统的数据处理软件分析处理后,结合具体的地质情况,预测不良地质体的位置、宽度和产状等。

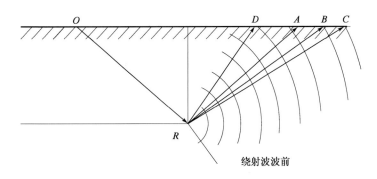

图 4-9　断层棱角点产生的绕射波

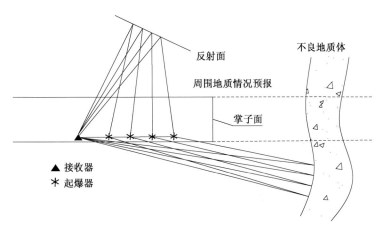

图 4-10　TSP 预报原理

瑞士按伯格公司开发的 TSP 数据处理软件,能将地震波信息转化到隧道掌子面前方及周围区域的坐标系统上。由于地震波从起爆、经反射被接收的用时与反射界面到起爆点和接收器的距离之和成正比关系,所以知道了地震波的传播速度和反射用时就可以确定反射界面的位置和与隧道轴线的夹角。

二、地质雷达与瞬变电磁探测原理

地质雷达技术(Ground Penetrating Radar,简称 GPR)利用主频为 $1MHz \sim 1GHz$ 波段的高频电磁波,以宽频带短脉冲的形式,通过天线发射器发送至地下,经地下目标体或地层的界面发射后返回地面,被雷达天线接收器所接收,通过对接收的雷达信号进行处理和图像解译,达到探测前方目标体的目的。

在雷达探测中,地下介质相当于一个复杂的滤波器。介质对电磁波不同程度的吸收以及介质的不均匀,使得雷达发射出去的电磁脉冲在到达接收天线时,综合了地下不同介质的物理信息,主要表现为波幅减小、频率降低、相位和反射时间发生变化等。因此,根据接收到波的时频特征和振幅特征进行分析,可以了解地下地质特征信息,建立地下介质的结构模型。图4-11是地质雷达工作原理示意图。

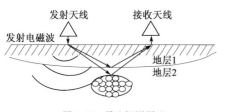

图4-11 雷达探测原理

三、红外探测基本原理

基于目前各种隧道地质预报方法,对水的探测预报有效方法很少,近年来,红外探水技术开展隧道掌子面前方含水体进行探测预报,取得了一定的成果。红外探测仪是一种非接触式防爆红外探测仪,其灵敏度高,可应用于煤矿井下进行红外探测——探水、探火、探瓦斯等防灾工作。

1. 红外辐射场的形成

物质由分子组成,分子处于不停的运动状态。由于分子振动或转动,地下岩体、水体每时每刻都在向外界发射红外波段的电磁波,从而形成红外辐射场。物理场具有能量、方向、动量等信息特征。地质体由内向外发射红外电磁波时,必然会把各种地质信息以变化场的形式传播出来。

有灾害必定有灾害源,有灾害源必定有灾害场。而"物理场"传播的距离永远大于"场源"。因此,在安全距离之外,根据灾害场的出现,可提前发现和预报灾害源的存在。

2. 正常场与异常场

(1) 正常场

当隧道掌子面前后的围岩较好时,即围岩的介质相对正常时,在掌子面后方(已开挖部分)探测时所获得的红外探测曲线将近似为一条直线,该红外辐射场就为正常场。其物理意义是被探隧道掌子面前方20~30m范围内无灾害源。因此必须要掌握正常场,不知道正常场就无法确定异常场。初期工作应把正常场测长一些。

(2) 异常场

当掌子面前方或隧道外围存在含水构造时,同样在掌子面后方(已开挖部分)探测时,红外探测曲线就会出现明显弯曲,曲线上的数据也将出现突变,即会出现含水构造产生的红外辐射场与围岩的正常辐射场的叠加,从而形成异常场;其物理意义是被探隧道掌子面前方20~30m范围内灾害源。

第五章
隧道超前地质预报常用方法

第一节　工程地质调查法

工程地质调查法是根据已有地质资料、区域地质资料、隧道勘察成果资料、隧道补充地质调查资料、已开挖段或超前导坑揭示的地质资料以及其他预报探测手段获得的地质信息，通过地质理论分析、地质作图等，预测开挖工作面前方地质情况的一种预报方法。

工程地质调查法的主要任务是收集、整理、分析既有地质资料，通过对各种地质资料的综合分析，提出预测预报分析报告。内容包括对工作面前方地质条件的预测评价及隧道施工措施的建议。隧道施工开挖后，依据隧道开挖揭露的实际地质条件进行反分析，完善进一步探测的方案。

工程地质调查法是地质预报最基本的方法，是其他一切预报方法的基础，是地质预报的中枢。

工程地质调查法常用的地质理论概括起来可以分为地层学理论、岩石学理论、构造学理论、水文地质学理论、地球物理学理论。这些理论，既自成体系，相互间又存在密切联系，只是各有侧重，在工作中不能完全割裂开来。

一、地层学理论

地层学主要研究地层的层序关系、接触关系和空间变化关系。利用已知的地层层序关系及各地层的岩性特征、地层产状、出露厚度，可以通过作图法预测开挖面前方的地层岩性特征。

根据多年施工经验，岩溶发育的规律为：质纯、层厚的灰岩岩溶发育；可溶岩与非可溶岩接触带岩溶发育；倾角较陡的可溶岩地段顺层面岩溶发育；褶皱核部、断层破碎带附近岩溶发育；地面塌陷、地表消水能力强地段对应的地下段岩溶发育。大型溶洞水体或暗河出现时的前兆：岩体裂隙、溶隙间出现较多的铁染锈或黏土；岩层明显湿化、软化，或出现淋水现象；小溶洞出现的频率增加且多有水流、河沙或水流痕迹；钻孔中的涌水量剧增，且夹有泥沙或小砾石；有哗哗的流水声；钻孔中有凉风冒出。断层破碎带出现时的前兆：岩体节理组数急剧增加；岩层产状变化大，出现揉皱等；岩石强度明显降低；压碎岩、碎裂岩、断层角砾岩等的出现；泥岩、页岩等明显湿化、软化或出现淋水和其他涌突水现象。人为坑洞积水出现时的前兆：岩层明显湿化、软化或出现淋水现象；岩层裂隙有涌水现象；开挖工作面空气变冷或发生雾气；有嘶嘶的水声；临近煤层老窑积水的前兆是岩层中出现暗红色水锈或渗水中挂红。大规模塌方的前兆：拱顶岩石开裂,裂缝旁有岩粉喷出或洞内无故尘土飞扬;支撑拱架变形或发生声响;拱顶岩石掉块或裂缝逐渐扩大;干燥围岩突然涌水等。煤与瓦斯突出的前兆:开挖工作面岩层发生鼓裂;瓦斯含量突然增大或忽高忽低;工作面有移动感;工作面发出瓦斯强涌出的嘶嘶声,同时带有粉尘;工作面附近,时常听到沉雷声或闷雷声。

二、岩石学理论

隧道超前地质预报的主要任务是预测预报开挖面前方可能存在的不良地质现象,而不良地质现象的发生往往与岩性有着高度的关联度,某些不良地质现象只能发生或大多发生在特定的岩性中,充分掌握和利用岩石学理论知识,是做好超前地质预报的重要环节之一。

如岩浆岩通常力学强度高,岩体完整性好,围岩工程地质条件与水文地质条件一般较好。但岩浆岩中的深成岩往往存在易风化的问题,特别是分布较为广泛的花岗岩存在的球状不均匀风化的问题,往往给盾构或 TBM 法隧道施工带来严重的困扰。同时全风化花岗岩地层的强透水性及围岩稳定性差的特性,也给隧道施工,特别是给南方富水区穿越花岗岩地层的山岭隧道洞口段的施工带来极大的困难。岩浆岩中岩脉问题为:脉岩同其他岩浆岩一样具有力学强度高、易蚀变风化特点,但区别于其他岩浆岩的特点是脉岩具有岩体小,呈带状、脉状产出的特点;脉岩的产状不规则,出露无规律,具有不规则穿插于不同岩石中的特点;脉岩一般节理裂隙发育、破碎、完整性差,脉岩产出部位母岩往往也裂隙发育,整体性差,同时脉岩出露部位往往也是隧道开挖出水部位。

沉积岩中灰岩的岩溶问题,泥、页岩等软岩的变形问题(部分存在膨胀性问题),白云岩的砂糖状风化问题,含石膏类岩石的膨胀性问题,含煤地层的煤层、瓦斯问题;变质岩中片岩、千枚岩等片理岩层的沿片理方向的稳定性问题;特殊土中,软土的沉降量大、承载力低问题,湿陷性黄土的湿陷性问题,盐渍土的溶陷性、盐胀性和腐蚀性问题,冻土的冻融问题,膨胀土的膨胀性问题,饱和砂土的地震液化问题等。

围岩的岩石性质和岩体结构通过围岩的强度来影响围岩的稳定性,是影响围岩稳定性的基本因素。从岩性的角度,可以将围岩分为塑性围岩和脆性围岩,塑性围岩主要包括各类黏土质岩石、黏土岩类、破碎松散岩类以及吸水易膨胀的岩石等,通常具有风化速度快,力学强度低以及遇水软化、崩解、膨胀等不良性质,故对隧道围岩的稳定最为不利;脆性围岩主要各类坚硬体,由于这类岩石本身的强度远高于结构面的强度,故这类围岩的强度主要取决于岩体的结构,岩性本身的影响不是很显著。从围岩的完整性(围岩完整性可以用岩石质量指标 RQD、节理组数 J_n、节理面粗糙程度 J_y、节理变质系数 J_a、裂隙水降低系数 J_w、应力降低系数 SRF 六类因素进行定量分析)角度,可以将围岩分为五级即:完整、较完整、破碎、较破碎、极破碎。如果隧道围岩的整体性质良好、节理裂隙不发育(如脆性围岩)即围岩为完整或较完整,那么,隧道开挖后,围岩产生的二次应力一般不会使岩体发生破坏,即使发生破坏,变形的量值也是较少的。这种情况下,围岩岩性对围岩的稳定性的影响是很微弱的,即一般是稳定的,可以不采取支护,能适应各种断面形状及尺寸隧道。如果隧道围岩的整体性质差、强度低,节理裂隙发育或围岩破碎(如塑性围岩),即围岩为破碎、较破碎或极破碎,则围岩的二次应力会产生较大的塑性变形或破坏区域,同时节理裂隙间的岩层错动会使滑移变形增大,势必给围岩的稳定带来重大的影响,不利于隧道洞室稳定;软硬相间的岩体,由于其中软岩层强度低,有的因层间错动成为软弱围岩而对围岩的稳定性不利。

从岩体的结构角度,可将岩体结构划分为整体块状结构(整体结构和块状结构)、层状结构(薄层状结构和厚层状结构)、碎裂结构(镶嵌结构和层状碎裂结构)、散体结构(破碎结构和松散结构)。松散结构及破碎结构岩体的稳定性最差;薄层状结构岩体次之;厚层状块体最好。对于脆性的厚层状和块状岩体,其强度主要受软弱结构面的分布特点和较弱夹层的物质成分所控制,结构面对围岩的影响,不仅取决于结构面的本身特征,还与结构面的组合关系及这种组合与临空面的交切关系密切相关。一般情况下,当结构面的倾角小于或等于 30°时,就会出现不利于围岩稳定的分离体,特别是当分离体的尺寸小于隧道洞跨径时,就有可能向洞内产生滑移,造成局部失稳;当倾角大于 30°时,将不会出现不利于围岩稳定性的分离体。而软弱夹层对围岩稳定性的影响主要取决于它的性状和分布。一般认为软弱夹层的矿物成分、粗细颗粒含量、含水率、易溶盐和有机质等的含量是决定其性质的主要因素,对不同类型的软弱夹层,这些因素是不大相同的。由于软弱夹层的抗强度较低,故它不利于隧道围岩的稳定。

围岩岩体的变形和破坏的形式特点,不仅与岩体内的初始应力状态和隧道形状有关,而且还与围岩的岩性及岩体结构有关,但主要的是和围岩的岩性及结构有关,见表 5-1。

围岩的变形破坏的形式及其与岩石性质及结构的关系　　　　表 5-1

岩石性质	岩体结构	变形破坏形式	产 生 机 制
脆性围岩	块状结构、厚层状结构及整体块结构	张裂塌落	拉应力集中造成的张裂破坏
		劈裂剥落	压应力集中造成的压致拉裂
		剪切滑移及剪切破裂	压应力集中造成的剪切拉裂及滑移拉裂
		岩爆	压应力集中造成突然而猛烈的脆性破坏
	中薄层状结构	弯折或曲折内鼓	卸荷回弹或压应力集中造成的弯曲拉裂
	碎裂结构	碎裂松弛	压应力集中造成的剪切松动
塑性围岩	层状结构	塑性挤出	压应力集中作用下的塑性流动
		膨胀内鼓	水分重分布的吸水膨胀
	散体结构	塑性挤出	压应力集中作用下的塑性流动
		塑性涌出	松散饱水岩体的悬浮塑流
		重力坍塌	重力作用下的坍塌

岩体的天然应力是岩体的自重应力、构造应力、变异及残余应力在某一个具体地区以特定方式作用的结果。已经有大量的实践资料证明,大多数地区的岩体的天然应力状态是以水平方向为主的即水平应力通常大于垂直应力。一般情况下,隧道轴向与水平主应力垂直,以改善隧道周边的应力状态。但水平应力很大时,则隧道方向最好与之平行以保证边墙的稳定性。

然而,岩体的天然应力对隧道的影响主要取决于垂直于隧道轴向水平应力的大小与天然应力的比值(ζ),它们是围岩内应力重分布状态的主要因素。例如,圆形隧道,当$\zeta=1$时,围岩中不会出现拉应力集中,压应力分布也比较均匀,围岩稳定性最好;当$\zeta\leq1/3$时围岩出现拉应力,压应力集中也较大,对围岩稳定不利。最大天然主应力的数量级及隧道轴向的关系,对隧道围岩的变形特征有明显的影响,因为最大主应力方向围岩破坏的概率及严重程度比其他方向大。因此,估算这种应力的大小并设法消除或利用非常重要的。

三、地质构造学理论

地质构造是影响岩石强度及岩体完整性的重要因素,也是影响地下水赋存的重要因素,地质构造学理论是施工超前地质预报最重要、最基础的地质理论之一。如褶皱核部、断层破碎带一般岩体破碎、富水;向斜核部一般较背斜核部富水,正断层一般较逆断层富水;褶皱、断层发育部位岩溶往往较发育;不同岩性接触带,如岩浆岩与沉积岩接触带,岩体一般破碎、富水;隧道通过缓倾或水平岩层时,隧道拱顶一般易产生塌方、掉块;隧道与岩层小角度相交时,易引起偏帮、边墙失稳等;褶曲和断裂破坏了岩层的完整性降低了岩体的力学强度。一般来说,岩体经受的构造变动的次数愈多,愈强烈,岩层的节理裂隙就愈发育,岩体的稳定性也就愈差。例如,围岩岩石强度不等的坚硬和软弱岩层相间的岩体在构造变动中,坚硬和软弱岩层常会在接触处发生触动,形成厚度不等的层间破碎带,极大的破坏了岩体的完整性。由于隧道通过坚硬和软弱相间层状岩体时,易在接触面处发生变形或塌落。因此,隧道应尽可能避免设在坚硬和软弱岩层之间的岩层破碎带、褶皱或断层带;在无法避免的情况下,隧道应尽量设在坚硬岩层中,或尽量把坚硬岩层作为顶层围岩。褶皱的形式、疏密程度、轴向与隧道轴线的交角不同,围岩的稳定性不同,这是由于褶皱的核部岩层受到强烈的张力和压力的作用,故核部的岩层就比翼部的岩层破碎的多。因此,隧道横穿褶皱翼部比横穿核部有利。在断层附近,因地层的相对位移会使破碎带的宽度很大,若岩层发生倒转,不仅节理裂隙十分发育,而且往往会出现大的逆断层。如果隧道通过断层,断层宽度愈大,走向与隧道轴向交角愈小,在隧道内出露的愈长,对围岩稳定性影响愈大。另外,断层破碎带物质的碎块性质及其胶结情况也都影响围岩的稳定性。破碎带组成物质如为坚硬岩块,并且挤压紧密或已胶结,比软弱的断层泥组成稀疏的糜棱岩或未胶结的压碎岩要稳定些。因此,可以把构造强烈的程度作为衡量围岩稳定性状况的一个基本因素,其影响程度见表5-2。

围岩受地质构造影响程度等级划分　　　　　表5-2

等　　级	地质构造作用特征
轻微	围岩地质构造变动很小,无断裂岩层,层状岩一般呈单斜构造,节理裂隙发育微弱或不发育
一般	围岩地质构造变动大,位于裂隙岩层或折曲轴的邻近段,在断裂岩层附近可能有小断层发育,节理、裂隙较为发育
严重	围岩地质构造变动强烈,位于断裂影响带内或折曲轴的轴部,有软岩,有扭曲及拖拉现象发现,节理、裂隙较为发育
很严重	位于断裂破碎带内,节理、裂隙十分发育,岩体破碎呈碎石、角砾状

四、水文地质学理论

突水、涌水是隧道施工中遇到的主要地质问题之一,也是对隧道施工安全影响最大的地质问题。利用水文地质学理论知识,通过对地下水形成及分布规律,地下水赋存形式,地下水补给、径流、排泄运移特征及地下水物理化学特征等方面的分析研究,可以很好地指导隧道超前地质预报工作。如根据地下水赋存与岩性的相关性,可知泥岩、页岩、凝灰岩、千枚岩等软弱塑性岩石,岩体节理裂隙延伸性差,裂隙间充填好,地层富水性差;石英岩、石英砂岩以及大多数侵入岩,石质硬脆,岩体裂隙普遍张开度好,延伸长度大,地层相对富水;白云岩、石灰岩等可溶岩,岩体构造裂隙张开度好,延伸性好,并常有喀斯特发育,溶孔、溶隙、溶洞含有丰富的地下水。

根据地下水赋存与构造的关系,可知张性和张扭性断裂是在低围压条件下产生的,一般其张开程度较大,断裂面粗糙不平,破碎带中的破碎物多为大小不等的棱角状岩块组成的角砾岩,糜棱岩少。断裂带内破碎物疏松,空隙发育,透水性和含水性较强;压性和压扭性断裂一般是在较高的围压条件下受强烈挤压作用形成的,闭合性好,断裂破碎带内物质多为压碎岩、强烈片理化和糜棱岩化的粉碎性物质(易风化成断层泥),透水性和含水性差;对于同一条断层而言,上盘较下盘旁侧裂隙发育,岩层破碎程度高,相对富水;断层一侧为坚硬脆性岩石,另一侧为软弱塑性岩石时,断层带一般充填较好,导水性较弱,坚硬岩层一侧,裂隙较为发育,含水性也较强。根据地下水水动力特性,通过地层水文地质参数,可以计算预测隧道施工地下水涌水水量。

五、工作方法及实施

1. 补充地质调查

补充地质调查是在研究区域地质资料及已有勘察资料的基础上,对隧道所处区域的地质条件进行的进一步调查与核实,贯穿于整个施工期间,如施工中遇到重大地质异常时,为了进行地下与地面对照,也需要进行地面补充地质调查。

通过补充地质调查,可以对隧道所处地区的地质条件有较直观的认识,可以较快、较好地了解、掌握隧道所处地区的基本地质条件,把握隧道施工可能遇到的主要地质问题;通过补充地质调查,可以对隧道所处地区的地质条件进行核查,特别是对构造、地层分界线、重大不良地质进行核对、确认,对新发现的不良地质现象进行补充;为更好地制订施工超前地质预报方案,抓住施工超前预报工作的重点与关键点,为做好施工超前地质预报工作打好基础。

通过补充地质调查,对地层岩性段落及分界线的核对,重点是对工程性质差异大的岩性段及界线的核对,如软、硬岩段及界线的核对,可溶岩与非可溶岩段的核对,土、石分布段及分界线的核对及标志层的核对等;构造种类、构造规模、构造性质、构造在地表出露的位置及产状变化的核对。不良地质的类型、规模、空间分布位置等的核对,包括岩溶的发育位置、规模及分布规律的核对;煤层、石膏层、膨胀岩、含石油天然气、含放射性物质等特殊地层的出露位置、宽度及产状变化的核对;人为坑洞位置、走向、高程及与隧道相对位置关系的核对等。重点井、泉、河流、暗河等水文点补给、径流、排泄特征的核对。

2. 洞内地质素描

现场进行地质素描时，应对掌子面及掌子面附近开挖段进行详细观察。首先从岩性、岩体完整性、出水量大小等方面进行大范围、前后左右对比，宏观把握地层岩性等的变化。对于地层颜色、软硬程度、节理裂隙发育状况、出水量与周围岩体发生明显差异的部位，进行重点详细观察，通过手触、锤击、采集样本详细观察查明差异的性质，分析造成差异的原因。

地质素描图应采用现场草图完成。记录必须在现场根据实际情况记录，不得回忆编制或室内制作。地质素描原始记录、图、表须当天整理。地质素描随开挖及时进行，地层岩性变化点、构造发育部位、岩溶发育带附近等复杂、重点地段应每开挖循环进行一次素描，其他一般地段一般10m进行一次。地质素描应记录以下信息。

(1) 地层岩性：描述地层时代、岩性、产状、层间结合程度、风化程度等。

(2) 地质构造：描述褶皱、断层、节理裂隙特征等。断层的发育位置、产状、性质、破碎带的宽度、物质成分、含水情况以及与隧道的关系；褶皱的性质、形态、地层的完整程度等；节理裂隙的组数、产状、间距、充填物、延伸长度、张开度及节理面特征，分析组合特征、判断岩体完整程度。

节理裂隙的描述，首先应根据其产状特征进行分组归类，一般产状差异不大的节理应划分为一组。对于成组出现的节理，应示意性地标示在图纸上，图纸采用的节理倾角应为换算的视倾角，标注的产状为真实产状，图示节理间距应能表明其真实发育程度（即不同发育程度的节理组，在图纸上显示节理间距应不同）。对于零星发育的节理应作为随机节理描述，贯通性好、对岩体稳定性影响大的随机节理（包括岩脉）应重点描述，并按其实际出露位置标示在图纸上。

(3) 岩溶：描述岩溶规模、形态、位置、所属地层和构造部位，充填物成分、状态，以及岩溶展布的空间关系。

(4) 特殊地层：煤层、沥青层、含膏盐层、膨胀岩和含黄铁矿层应单独描述。

(5) 人为坑洞：正在使用或废弃的各种坑道和洞穴的分布位置及其与隧道的空间关系。

(6) 地应力：包括高地应力显示性标志及其发生部位，岩爆、软弱夹层挤出、探孔饼状岩心等现象。

(7) 塌方：应记录塌方部位、方式与规模及其随时间的变化特征，并分析产生塌方的地质原因及其对继续掘进的影响。

(8) 有害气体及放射性危害源存在情况。

(9) 地下水出露信息，出水段落、出水点的层位、构造部位；出水形态及出水量大小[渗水、滴水、滴水成线、股水（涌水）、暗河]；水的补给来源、途径及连通关系；出水点间的时效关系及与地表径流、降雨的相关性；水压、水温、水色、含泥沙量。

(10) 围岩稳定性特征及支护情况信息，记录不同工程地质、水文地质条件下隧道围岩稳定性、支护方式以及初期支护后的变形情况。发生围岩失稳或变形的地段，详细分析、描述围岩失稳或变形发生的原因、过程、结果等见表5-3。

(11) 影像信息，对隧道内重要的和具代表性的地质现象进行摄影或录像。

3. 其他预报手段成果分析、研究

通过对物探、钻探等其他超前预报手段成果资料进行分析、研究，进一步获取隧道地质资料、丰富、加深对隧道地质条件的认识。

4.综合分析判断

根据补充地质调查、现场地质素描、物探及钻探等手段获得的地质信息,依据地质理论知识、工程地质现象发生的一般规律,通过地质作图法、相关性分析等方法预测预报隧道工作面前方地质条件,对于可能发生重大地质异常的地段,提出工程处理措施建议或进一步探测的措施手段。

5.成果资料

工程地质调查的成果资料为地质综合分析报告,一般包括如下方面:

(1)地质素描成果资料

①开挖面地质素描记录表,见表5-3;

②隧道洞身地质展视图;

③隧道相关地质监测与测试资料;

④相关影像资料。

(2)其他成果资料

①超前地质钻孔报告;

②物探专项探测报告。

开挖工作面地质素描记录表　　　　　　表5-3

工程名称：　　　　　　　　　　施工里程：

编号	项目名称	状态描述				
1	掌子面尺寸	开挖宽度(m)	开挖高度(m)	开挖面积(m²)	开挖方式	其他
2	掌子面状态	稳定	正面掉块	正面挤出	正面不能自稳	其他
3	毛开挖面状态	自稳	随时间松弛、掉块	自稳困难,要及时支护	要超前支护	其他
4	岩石强度(MPa)	30~60	15~30	5~15	<5	其他
5	风化程度	微风化	弱风化	强风化	全风化	其他
6	裂隙宽度(mm)	>5	3~5	1~3	<1	其他
7	裂隙形态	密集	部分张开	开口	夹有黏土	其他
8	涌水状态	无水	渗水	整体湿润	涌出或喷出	特别大

续上表

工程名称：		施工里程：
编号	项目名称	状态描述
9	围岩级别划分	
附图		 掌子面地质描述

填表单位：　　　　　　　　　填表：　　　复核：　　　　日期：

第二节　超前水平钻孔法

超前水平钻孔法是利用钻机在隧道开挖工作面进行钻探获取地质信息的一种超前地质预报方法。

超前水平钻孔法适用于各种地质条件下隧道的超前地质预报，主要用于对富水软弱断层破碎带、岩溶、煤层瓦斯、重大物探异常等的验证、确认。

一、超前水平钻孔法的主要特点

（1）能比较直观地探明钻孔深度范围内的地层岩性、岩体完整程度、岩溶及地下水发育情况等，必要时可测试孔内水压，取样进行室内试验。

（2）对煤系地层可详细探明煤层在洞身出露位置、煤层厚度及层数，并可进行孔内煤与瓦斯参数测定，评价煤与瓦斯突出可能性，为隧道施工采取适宜防治措施提供基础资料。

（3）费用高、速度慢、占用隧道施工时间长，且资料只是一孔之见。对断层等面状构造一般不会漏报，但对溶洞有漏报的可能。

二、方法分类及特点

1. 钻进方法分类

超前水平钻孔法主要采用冲击钻进和回转取芯钻进两种钻进方法。其中冲击钻进又有三种冲击方式:高压风冲击、高压水冲击、液压冲击。隧道中常用的是高压风冲击钻进方式。

2. 特点

(1)冲击钻进

优点是钻进速度快,成本较低;缺点是粉尘污染较严重,确定地层变化里程的精确度略差。

(2)回转取芯钻进

优点是回转取芯钻岩芯鉴定准确可靠,地层变化里程可准确确定;缺点是钻进速度较慢,成本较高。

三、常用设备及性能

隧道超前钻孔法常用钻机按产地可分为进口钻机和国产钻机,按行走可分为自行钻机和非自行钻机。

1. 进口多功能钻机

进口多功能钻机自动化程度高,扭矩大、钻进速度快,取芯完整,对施工影响小,钻机作业范围在水平面内可进行360°全方位作业,可以适应各种地质岩层的快速钻进。

常用的进口多功能钻机有下列几种:

(1)日本矿研 RPD－150C/RPD－180CBR 钻机(如图5-1所示,技术参数见表5-4)

主要技术参数 表5-4

型号		RPD－150C		RPD－180CBR
钻孔直径		$\phi65mm\sim\phi170mm$(最大$\phi225mm$)		最大$\phi225mm$
钻孔深度		$150m(\phi65mm)$		$150m(\phi65mm)$
钻孔角度	支撑油缸角度	$-17°\sim+45°$		
	支撑油缸摆动角度	左40°,右10°	钻臂角度	$-3°\sim+42°$
	推进梁仰角	$-90°\sim+45°$	钻臂旋转	$\pm95°$(正面方向、钻臂角度最大时)
	推进梁旋转角度	左右各90°	推进梁旋转角度	$\pm45°$(由销位置调整左右各$-5°\sim+90°$)
	推进梁行程	1400mm	推进梁行程	1400mm
动力头	形式	KD－800B	形式	KD－800B
	回转数	最高80r/min	回转数	最高80r/min
	扭矩	8000N·m	扭矩	8000N·m
	打击数	2200次/min	打击数	2200次/min
	打击能	750J	打击能	750J

续上表

型号		RPD－150C		RPD－180CBR	
推进装置	推进方式	油压马达和链条的组合方式	推进方式	油压马达和链条的组合方式	
	推进力	0～60kN	推进力	0～60kN	
	拔出力	0～60kN	拔出力	0～60kN	
	推进速度	0～6.5m/min	推进速度	0～4m/min	
	快速送进速度	最高30m/min	快速送进速度	25m/min	
	行程	2760mm	行程	2760mm	
行走装置	行走方式	履带式	行走方式	履带式	
	走行速度	0～3.0km/h	走行速度	发动机单元	0～1km/h(低速) 0～2km/h(高速)
				电动机单元	0～2.2km/h(低速) 0～4.4km/h(高速)
	爬坡能力	30°	爬坡能力	20°(低速时)	
钻孔用动力单元	电动机	111kW/1800rpm	电动机	75kW-4p(380V)	
	油泵 No.1	输出流量 145L/min	油泵 No.1	输出流量	162L/min
		输出压力 18MPa		输出压力	28MPa
	油泵 No.2	输出流量 168L/min	油泵 No.2	输出流量	150L/min
		输出压力 280MPa		输出压力	18MPa
	油泵 No.3	输出流量 41L/min	油泵 No.3	输出流量	23L/min
		输出压力 23MPa		输出压力	21MPa
	燃料罐容量	200L	燃料罐容量	200L	
	工作油容量	270L	工作油容量	270L	
行走用动力单元			发动机	4TNE88(24.1kW2000r/min)	
			油泵	输出流量	90L/min
				输出压力	28MPa
	主机外形尺寸（长×宽×高）	7.22m×2.45m×2.55m	主机外形尺寸（长×宽×高）	8.5m×2.6m×3.1m	
	质量	约12000kg	质量	约16000kg	

图 5-1 日本矿研 RPD—150C/RPD—180CBR 钻机示意图

(2)意大利卡萨格兰特(CASAGRANDE)C6 钻机(如图 5-2 所示,技术参数见表 5-5)

主要技术参数　　　　　　　　　　　　　　表 5-5

项　目	参　数
钻孔直径	$\phi40mm\sim\phi250mm$
发动机	德国道依茨 BF4M1013C 涡轮增压型水冷带(EMR2)电控柴油发动机,装有废气排放净化装置 最大功率:96kW(2300r/min),燃油箱容量:190L 额定功率下的耗油量:195g/kW·h(2300r/min)
动力头	T1200 型回转动力头＋D21 型液压锤(冲击回转动力头) Casagrande T1200 型回转动力头,动力头最大转速:530r/min 动力头最大扭矩:13.5kN·m,最大工作压力:250bar①,最大冲击频率:1800次/min,最大冲击功:450N·m
钻进推进梁长度	6m
钻架给进力	最大 35kN
提拔力最大	63.5kN
钻进有效行程	4m
双液压夹持器可夹管径	最大 $\phi305mm$
夹持力	M2Z＋M2SZ 型压力自动平衡式夹持系统,解锁力:45kN;夹紧力:145kN;夹持范围:40～254mm
标准配置动力头钻进扭矩	13.5kN·m
钻速	530r/min
最大起拔力	110kN
底盘	履带板宽度:400mm,履带长度:2990mm,最大行走速度:1.7km/h,最大爬坡能力:72%,接地比压:8.6N/cm²
空气—水混合供水管径	2.5cm(1 英寸)

续上表

项 目	参 数
爬坡度	72%
行走速度	1.7km/h
注油系统	8L混合比控制注油系统
水泵	NG530L型水泵,最大流量:170L/min,压力:24bar[①] 泡沫泵,最大流量:30L/min,压力:50bar[①]
液压系统额定压力	主泵:21MPa;副泵:17MPa
行驶速度	低速2.3km/h;高速4.6km/h
爬坡能力	20°
液压系统	最大压力(p1/p2/p3):220/250bar[①] 最大流量:80(p1)/80(p2)L/min
稳定支腿	前后收缩式液压支腿;液压支腿伸缩量为550mm
钻机外形尺寸	运输尺寸:7322mm×2250mm×2767mm(长×宽×高)
总质量	(标准配置)12.9t

注:[①] $1bar = 10^5 Pa$。

图 5-2 意大利卡萨格兰特 CASAGRANDE C6 钻机示意图

(3)瑞典阿特拉斯·科普柯(Atlas Copco)ROCF9钻机(如图5-3所示,技术参数见表5-6)

主 要 技 术 参 数　　　　　　表 5-6

项 目	参 数
钻孔深度	自动换杆30m
钻孔直径	ϕ89mm~ϕ140mm
空压机	阿特拉斯·科普柯,最大工作压力12bar[①],排量213L/s
发动机	CATC9,2000r/min,功率224kW
动力头扭矩	3000N·m~6000N·m

续上表

项　目	参　数
柴油箱	400L
推进梁	总长:8100mm,行程:4770mm,推进补偿:1300mm,最大推进速度:0.92m/s,最大推进力:20kN
行走	最大行走速度:3.6km/h,驱动力:166kN,爬坡能力:30°,履带架摆角:±10°,底盘离地间隙:405mm
液压凿岩机	COP2560/2560EX,最大冲击功率:25kW,最大工作压力:230bar[①],冲击频率:55/44Hz,最大扭矩:1810N·m,质量:195/249kg
钻机外形尺寸	12.3m×2.49m×3.2m(长×宽×高)
总质量	16400kg

注:①1bar＝10^5Pa。

图 5-3　瑞典阿特拉斯·科普柯(Atlas Copco)ROC F9 钻机示意图

2.国产自行履带钻机

常用的国产自行履带钻机有下列几种。

(1)回转取芯钻进、冲击钻进适用

①北京探矿机械厂生产的 DDL－300 型钻机(如图 5-4 所示,技术参数见表 5-7)

主要技术参数　　　　　　　　　　　　表 5-7

项　目	参　数
钻孔深度	300m(ϕ76mm),100m(219mm),30m(ϕ250mm)
钻孔直径	ϕ110mm～ϕ250mm
钻杆直径	ϕ73mm,ϕ89mm
动力头(钻杆)	转速、转矩:单马达低速 0～200r/min,2040N·m,高速 0～650r/min,640N·m;双马达低速 0～100r/min,4000N·m,高速 0～325r/min,1280N·m

续上表

项　目	参　数
动力头(套管)	转速、转矩:单马达0～60r/min,2500N·m,双马达0～30r/min,5000N·m,动力头给进行程3500mm
给进装置	液压马达＋链条,动力头提升能力80kN,动力头给进能力80kN,动力头提升速度6～30m/min,动力头给进速度6～30m/min
卷扬机	提升速度0.2～0.9m/s,提升能力20kN,钢丝绳直径φ12mm,容绳量50m
行走装置液压钢制履带	理论速度:2.0km/h,额定牵引力:10250kN
钻机外廓尺寸	水平4500mm×1800mm×2500mm,垂直2500mm×2200mm×6000mm
钻机质量	9000kg

图 5-4　DDL－300型钻机示意图

②西安探矿机械厂生产的GL－6000履带式全液压工程钻机(如图5-5所示,技术参数见表5-8)

主要技术参数　　　　　　　　　　　　表5-8

项　目	参　数
钻孔深度	50～200m
钻孔直径	φ110mm～φ400mm
钻杆直径	(φ60mm～φ89mm)×2500mm
动力头转速	低速8～38r/min,高速16～76r/min
动力头扭矩	3000N·m～6000N·m
动力头行程	3000mm
最大给进力	58kN
最大起拔力	110kN

续上表

项　目	参　数
立柱滑移行程	1200mm
立柱俯仰角度	120°
立柱摆动角度	0～90°
钻臂俯仰角度	仰角:35°,俯角:15°
水平孔高度	高3200mm,低450mm
液压系统额定流量	主泵:100L/min;副泵:30L/min 15L/min
液压系统额定压力	主泵:21MPa,副泵:17MPa
行驶速度	低速2.3km/h,高速4.6km/h
爬坡能力	20°
功率	电动机45kW,柴油机56kW
钻机外形尺寸	5.6m×2m×2.53m(长×宽×高)
总质量	7900kg

图5-5　GL-6000履带式全液压工程钻机示意图

③宣化潜孔钻机企业集团HTYM808多功能全液压钻机(如图5-6所示,技术参数见表5-9)

主　要　技　术　参　数　　　　　表5-9

项　目	参　数
钻孔直径(风压0.8～1.0MPa)	φ90mm～φ130mm,钻孔深度40m
钻孔直径(风压1.4～1.7MPa)	φ90mm～φ200mm,钻孔深度50～80m
钻孔直径(风压1.8～2.46MPa)	φ200mm～φ350mm,钻孔深度30～50m
用液压凿岩机(岩石普氏硬度f=5～10)	φ64mm～φ105mm,钻孔深度20～40m
在覆盖层用液压顶驱动力头打管棚	φ150mm,钻孔深度30m

续上表

项　　目	参　　数
用高压冲击器在岩石上钻孔	φ80mm～φ140mm,水平孔钻孔深度100m;垂直孔钻孔深度100m;掘进速度大于30m/h
用高压冲击器打管棚覆盖层	φ150mm～φ300mm,钻孔深度30～60m
液压顶驱动力头	德国原装进口HD系列动力头
回转扭矩及转速	5500N·m,86r/min
	11000N·m,43r/min
凿岩机的最高冲击频率	2400次/min
工作压力	16～20MPa
发动机功率	112kW(东风康明斯柴油发动机)
钻具一次推进行程	3500mm
推进力	45kN
提升力	95kN
钻具慢推进速度	0～11.7m/min
钻具慢提升速度	5.3m/min
钻具快推进速度	38m/min
钻具快提升速度	17.9m/min,最大提升速度23.2m/min
工作压力	可调至25MPa
液压油箱容积	360L
钻机牵引力	73kN
行车速度	1.8km/h
先导阀、多路阀	进口
爬坡能力	25°
除尘方式	水除尘
钻杆拆卸装置	钻机自带液压钳子
整机质量	14t
可钻凿水平孔	最低距地面0.5m,最高距地面3.4m

上述国产自行履带钻机钻进速度较快,扭矩大,对施工影响小,钻机升降灵活,钻机进场准备时间短,可以适应各种地质岩层的较快速钻进。

(2)冲击钻进专用

①开山集团KY100、KY120、KY130(主要技术参数见表5-10)

第五章 隧道超前地质预报常用方法

图 5-6 HTYM808 多功能全液压钻机示意图

主　要　技　术　参　数　　　　　　　　　　　　表 5-10

型号	KY100	KY120	KY130
钻孔直径(mm)	80～105	80～115	105～140
经济钻深(m)	20	25	25
工作气压(MPa)	0.5～0.7	0.7～1.4	1.0～2.4
排气量(m³/min)	≥10	≥13	≥15
回转转速(r/min)	0～65	0～65	0～70
提升力(kN)	15	17	18
钻杆规格(mm)	60×2000	63×3000/76×3000	76×3000/89×3000
爬坡能力(°)	30	30	30
离地间隙(mm)	254	254	320
行走速度(km/h)	2.0	2.0	2.0
钻臂升角(°)	−35～+60	−35～+60	−15～+50
钻臂摆角(°)			±45
滑架摆角(°)	−11.5～+36.5	−11.5～+36.5	±50
滑架俯角(°)	−118.5～+23.5	−118.5～+23.5	180
滑架补偿(mm)	900	900	1200
外型尺寸(mm)	4100×2030×2020	4100×2030×2020	5600×2340×2550
质量(kg)	3200	3300	5500

②张家口宣化恒泰工程机械有限公司 KQG110D 高风压隧道 180°潜孔钻机(如图 5-7 所示,主要技术参数见表 5-11)

51

主要技术参数 表5-11

项　目	参　数
钻孔深度(m)	水平向上30
钻孔直径(mm)	φ76～φ120
钻杆直径(mm)	φ73、φ89
钻臂摆动(°)	左右各20
钻臂水平向上(°)	0～45
滑架水平摆动(°)	扇形孔0～180
水平高度范围(m)	0.7～2.5
工作气压(MPa)	0.7～1.8
耗气量(m³/min)	8～16
行走速度(km/h)	0.8～2.2
一次推进行程(m)	1.2
提升力(kN)	20
爬坡能力(°)	>20
整机功率(kW)	15
钻机质量(kg)	4000

图5-7　KQG110D高风压隧道180°潜孔钻机示意图

上述国产履带式钻机，钻进速度较快，只适用于各种地质岩层的冲击快速钻进，而不能进行回转取芯钻进。

3.进口非自行钻机

非自行钻机即分体式钻机，机身小巧，适合小隧道和煤矿巷道施工，钻机作业范围在水平面内可进行360°全方位作业，可以适应各种地质岩层的快速钻进。主要机型如下。

日本矿研RPD－75SL－H2钻机（如图5-8所示，主要技术参数见表5-12）

主要技术参数 表 5-12

	型 号	RPD－75SL－H2(Ⅱ)
	钻孔口径	65～157mm
	钻孔角度	向上 10°,向下 90°
使用钻杆	钻杆尺寸	57～146mm
	钻杆长度	1.5m
动力头	型号	KD－610A
	打击数	2200 次/min(低),3000 次/min(高)
	打击能	0.5kN·m(高),0.35kN·m(低)
	转数	0～40r/min(低),0～80r/min(高)
	扭矩	6kN·m(低),3kN·m(高)
推进装置	推进方式	液压油缸和链条组合方式
	推进力	60kN
	牵引力	60kN
	推进速度	7m/min
	快送速度	20m/min
	冲程长	2060mm(衬砌内 1940mm)
移动装置	横移动	千斤顶和移动滚轴组合方式
	推进梁横滑动	350mm

图 5-8　日本矿研 RPD－75SL－H2 钻机示意图

4.国产非自行钻机
①回转取芯钻进、冲击钻进适用
a.AMGY-80 型锚固钻机(如图 5-9 所示,技术参数见表 5-13)

图 5-9　AMGY—80 型锚固钻机

主　要　技　术　参　数　　　　　　　　　　　　　　　　表 5-13

钻进能力		100m(ϕ110mm)
		80m(ϕ200mm)
泵站类型		电动机/变量泵
液压系统额定压力		20
动力头转速 (r/min)	Ⅰ挡	0～140
	Ⅱ挡	0～50
动力头扭矩 (N·m)	Ⅰ挡	1400
	Ⅱ挡	3500
提升速度(m/s)		0～0.12
给进速度(m/s)		0～0.19
最大提升力(N)		50000
最大给进力(N)		34000
最大行程(mm)		1800
钻进角度(°)		－10～90
主机外形尺寸(长×宽×高)(mm)/质量(kg)		3270×1100×1425/1100
动力站外形尺寸(长×宽×高)(mm)/质量(kg)		1555×1255×1335/500
操作台外形尺寸(长×宽×高)(mm)/质量(kg)		700×380×750/110
动力机 (电动机)	型号	Y1802M－2
	功率(kW)	22
	转速(r/min)	2950

b. 煤炭科学研究院西安分院生产的 ZDY600SG(MKG－4)/ZDY750G(MKG－5)/ZDY900SG(MKG－5S)钻机(如图 5-10 所示,技术参数见表 5-14)

图 5-10　ZDY600SG(MKG-4)/ZDY750G(MKG-5)/ZDY900SG(MKG-5S)钻机示意图

主 要 技 术 参 数　　　　　　表 5-14

型号	MKG-4	MKG-5	MKG-5S
钻孔深度(m)	200/300	250/350	250/350
终孔直径(mm)	75/60	75/60	75/60
钻杆直径(mm)	71/55.5	71/55.5	71/55.5
钻孔倾角(°)	0～±90	0～±90	0～±90
回转速度(r/min)	160～560	185～650	185～650
最大扭矩(N·m)	600	750	900
给进能力(kN)	36	38	46
起拔能力(kN)	52	38	46
功率(kW)	22	30	37
整机质量(kg)	1300	1900	2100
主机外形尺寸（长×宽×高）(m)	1.85×0.71×1.40	2.5×0.8×1.62	2.5×0.8×1.56

上述钻机钻进速度较多功能自行钻机慢，但可以适合各种地质岩层的钻进。

②冲击钻进专用

a.宣化潜孔钻机企业集团 100B(D)、120A 潜孔钻机(如图 5-11 所示，技术参数见表 5-15)

图 5-11　100B(D)、120A 潜孔钻机示意图

主要技术参数　　　　　　　表5-15

型号	100B	100D	120A
钻孔直径	68～100mm	68～100mm	68～100mm
适应岩种	$f=8\sim16$	$f=8\sim16$	$f=8\sim16$
钻孔深度	垂直20m,水平40m	垂直20m,水平40m	低气压:向上120m,向下40m；中气压:向上140m,向下60m
使用风压	0.5～0.7MPa	0.5～0.7MPa	0.5～1.2MPa
耗气量	12m^3/min	9m^3/min	7～8m^3/min
一次推进	1m	1m	1m
钻杆	50～1000mm	50～1000mm	50～1000mm
回转形式	气马达	4kW电机	液压马达
主机质量	195kg	210kg	1200kg
防爆泵站			11kW防爆电机或普通电机

b. 黄石风动机械厂YQ100C钻机(如图5-12所示,技术参数见表5-16)

图5-12　YQ100C钻机示意图

主要技术参数　　　　　　　表5-16

型号	风动潜孔钻机
适用岩种	8～16
钻孔直径(mm)	65～130
钻孔深度(m)	30
一次推进长度(m)	1
使用气压(MPa)	0.5～0.7
耗气量(m^3/min)	10～12
最大提升力(N)	9600
最大推进力(N)	6000

上述钻机的钻进速度较多功能自行钻机慢,只适用于各种地质岩层的冲击钻进。

四、钻孔布置与实施

1. 钻进方式的选择

超前水平钻孔法主要有冲击钻进和回转取芯钻进,两者应合理搭配使用,这样既可以提高预报准确率又可提高钻探效率,减少钻探作业占用开挖工作面时间。

(1)一般地段采用冲击钻进。采用冲击钻进时可通过冲击器的响声、钻速及其变化、岩粉、卡钻情况、钻杆振动情况、冲洗液的颜色及流量变化等基本探明岩性、岩体强度、岩体完整程度、溶洞、暗河等工程地质及水文地质条件,同时可以通过天然气和瓦斯检测器等仪器,查明地层中天然气和瓦斯等的赋存状况。尽管冲击钻确定地层岩性等地质参数的精度没有回转取芯钻进高,但在一般情况下,均能完全满足确保隧道安全生产的需要。

(2)特殊地段采用回转取芯钻进。回转取芯钻进对岩芯鉴定准确可靠,地层变化里程可准确确定,一般只在需要对地层岩性等地质条件进行精确判定的特殊地层、特殊目的地段使用,比如煤层取芯及试验、溶洞及断层破碎带成分的鉴定、岩土强度试验取芯等。

(3)采用冲击钻进时,为减少粉尘污染,应采用水循环钻;煤层瓦斯、石油天然气地段必须采用水循环钻,否则易引起火灾或爆炸。

2. 超前水平钻孔法的工作要求

(1)超前水平钻孔法实施前,地质技术人员应对钻探施工作业班组进行详细技术、质量交底,内容包括本次钻探的主要目的、地层岩性特征、可能的不良地质体性质、钻进注意事项及重点关注的问题、测试项目及技术要求等,以便施工作业班组采取合适的施工工艺、技术及安全措施,确保钻孔施工安全及钻探目的实现。

(2)超前水平钻孔法实施过程中应做好现场记录,包括钻孔位置、开孔时间、终孔时间、孔深、钻进压力、钻进速度随钻孔深度变化情况、冲洗液颜色和流量变化、涌砂、空洞、振动、卡钻位置、突进里程、冲击器声音变化等。

(3)超前水平钻孔法实施过程中应及时鉴定岩芯、岩粉,分析判定岩性、断层带性质、溶洞填充物、煤层参数等,代表性岩土等应拍摄照片备查,需要时选择代表性岩芯整理保存。

(4)测钻孔内水压时,需安装孔口管,接上高压球阀、连接件和压力表,压力表读数稳定一段时间后即可测得水压。

(5)终孔后的钻探记录应经班组长、地质技术人员核查确认签字后,方可作为钻探成果资料使用。

(6)隧道开挖,工作面的时间特别宝贵,应加强钻探设备的维修与保养,使钻机处于良好状态。强化协调和管理,各方应积极配合,减少和缩短施钻时间。

3. 超前水平钻孔法的技术要求

(1)孔数

①断层、节理密集带或其他破碎富水地层每循环可只钻一孔。

②富水(可能出现高压岩溶涌水区段)岩溶发育区每循环3~5个孔,揭示岩溶时,应适当增加,以满足溶洞处理所需资料为原则。

③接近(突出)煤层前,应在距设计、物探或地质推测煤层位置15~20m(垂距)处施工超前

钻孔1个,初探煤层位置;在距初探煤层位置10m(垂距)处施工3个超前钻孔,并取岩(煤)芯,分别探测开挖工作面前方上部及左右部位煤层位置。

(2)孔深

①钻孔深度不同,工效不同,不同地段不同探测目的的钻孔应采用不同的钻孔深度。

②钻探过程中应进行动态控制和管理,根据钻孔情况可以适时调整钻孔深度,以达到预报目的为原则;探测煤层的超前钻孔应穿透煤层并进入煤层顶(底)板不小于0.5m。

③在需连续钻探时,一般每循环30～50m,必要时也可钻100m以上的深孔,但随着钻孔深度的增加,钻具下垂加大,孔位易偏离设计值;对于冲击钻而言,包括钻机进退场在内,钻进综合效率最高的循环长度是40～50m。

④连续预报时前后两循环钻孔应重叠5～8m。

(3)孔径

①钻孔直径应满足钻探取芯、取样和孔内测试的要求,并应符合铁道部现行《铁路工程地质钻探规程》(TB 10014—1998)、《铁路瓦斯隧道技术规范》(TB 10120—2002)的规定,煤层超前探测孔径不宜小于76mm。

②富水岩溶发育区超前钻孔应终孔于隧道开挖轮廓线以外1倍洞径。

③高压富水段钻孔孔口按计算应安设一定长度的孔口管,并安设高压闸阀。

4.钻孔质量控制措施

(1)采用系统的钻探程序

①测量布孔:施钻前按孔位设计图设计的位置用经纬仪准确测量放线,将开孔孔位用红油漆标注在开挖工作面上。

②设备就位:孔位布设好后,设备就位,接通各动力电源和供风管路。安装电路要由专业电工操作,确保安全;供风管路要连接紧密,无漏气现象。

③对正孔位,固定钻机:将钻具前端对准开挖工作面上的孔位,调整钻机方位,将钻机固定牢固。

④开孔、安装孔口管:为防止孔斜,冲击器后端应配导向系统,提高钻孔的精确度。

⑤成孔验收:施钻完成达到设计要求,经现场技术人员确认签收后方可停钻。

(2)控制钻进方向

①钻机定位完毕后,对钻机进行机座加固,使钻机在钻进过程中位置不偏移,做到钻孔完毕钻机位置不变。在钻进过程中应定期检查机器的松动情况,及时调整固定。

②对钻具的导向装置尽可能加长,并且选用刚度较强的钻杆,从而提高钻具的刚度,减少钻具的下沉量,达到技术的要求。不得使用弯曲钻具。

③当岩层由软变硬时应采用慢速、轻压钻进,一定深度后,改用硬岩层的钻进参数。钻进中应减少换径次数。

④第一循环钻孔完毕后,根据测量结果总结出钻具的下沉量,开始下一循环钻孔时通过调整孔深、仰角等措施控制下沉量在可接受的范围内,从而达到技术要求的精度。

⑤超前水平钻孔法钻进中应防止高压地下水的突出。

钻孔钻进过程中,突遇高压地下水,应采取有效措施,确保工作人员和机械设备的安全,也应使地下水处于可控状态,为制订和采取后续处理措施提供时间和现场条件。钻孔安设孔口管和闸阀是确保钻孔揭露的地下水处于可控状态的有效措施,揭露大量地下水时应及时关闭闸阀。

在高压富水区实施超前地质预报钻孔作业,必须安设孔口管,并将孔口管固定牢固,装上阀门,才能施钻。如水压或采取注浆措施时压力超过 10MPa,在孔口管上应焊接法兰盘,并用锚杆将法兰盘固定在岩壁上。

孔口管锚固可采用环氧树脂、锚固剂,亦可采用 HSC 浆液或性能相近的 TGRM 浆液锚固,浆液水灰比为 0.3~0.4,锚固长度 1.5~2.0m,孔口管外端应露出工作面 0.2~0.3m,用以安装高压球阀。

5. 不同地质条件下的钻进要求

(1)可溶岩与非可溶岩接触带钻孔钻进:采用冲击钻时,钻进过程中通过详细记录卡钻位置、钻速的变速点里程以及孔内吹出的岩粉和孔口流出的循环液的颜色即可确定可溶岩与非可溶岩的分界里程;采用回转取芯钻时,通过岩芯鉴定即可确定分界里程。

(2)揭煤孔的钻孔钻进:结合设计提供的地质资料、施工阶段超前物探资料、已开挖段地层层序、标志层等进行综合分析,从而判断出煤层的大致里程,利用冲击钻具钻至煤层的大致里程后,改用双管取芯钻具进行钻进,当钻孔的循环液变成黑色时关闭循环液,利用钻机自身的钻压和扭力对煤层进行取芯,直至取过煤层并记录煤层的起止里程。作业必须严格执行瓦斯隧道有关安全条例及规程。

(3)断层破碎带的钻孔钻进:当钻孔采用冲击钻时,其钻进速度加快并经常出现卡钻现象,此时就应对钻机的钻压、钻速进行调整,并加强提下钻具的频率,避免因钻具被卡而造成钻孔报废事故的发生。此时应改为回转取芯钻对断层破碎带进行取芯,掌握断层破碎带的物质成分和破碎程度。当钻孔钻穿断层破碎带时应记录断层破碎带的起止里程。当断层破碎带具有高压水时,要立即拔出钻具,关闭孔口管的高压阀门,等待制定处理措施。

(4)溶洞体的钻孔钻进:当钻孔采用冲击钻时,其钻进速度明显加快,或稍施压力钻具即往前推进,或从孔口有粉土、粉砂等溶洞充填物喷出,循环液呈黄色或灰黑色时,此时应对钻机的钻压、钻速进行调整,增加高压风和循环液的压力和流量,加强钻具的排碴能力使之能顺利穿过溶洞体,并且记录溶洞体的起始里程,从而计算出其发育宽度,再利用另一钻孔对溶洞体进行取芯,鉴定溶洞体填充物的性质。在利用双管取芯钻具进行取芯时,应减小循环液的压力和流量,使粉土、粉砂在岩心管内不被循环液冲失,提高岩芯采取率。

(5)储气地层地段的钻孔钻进:根据设计提供地质资料,在储气地层地段的钻孔钻进除严格执行瓦斯隧道有关安全条例外,在钻孔时增加循环液的压力和流量,减小高压风的风压,使钻具随时处在冷却水的保护下,降低钻机的钻速、钻压,从而降低钻具的温度,避免由于钻具温度过高或冲击产生的火花而造成火灾或爆炸事故,达到排气降压稀释的目的。

6. 资料整理与分析

超前水平钻孔法应编制探测报告,内容包括工作概况、钻孔探测结果、钻孔综合柱状图(表 5-17),必要时附以钻孔布置图、代表性岩芯照片、开挖工作面地质素描图等。

钻孔综合柱状图　　　　　　　　　　　　　　　　表 5-17

工程名称：						钻孔编号：				
开孔时间： 终孔时间：			孔口里程：			孔口位置：			立角： 偏角：	
地层代号	层底里程	层底深度(m)	分层厚度(m)	柱状图（比例）	采样位置	工程地质简述	出水位置	出水量(m³/h)	孔径(mm)	备注

完成单位名称：　　　　　　　　　编写：　　　复核：　　　日期：

第三节 超前导洞(坑)法

超前导洞(坑)法是以超前导洞(坑)中揭示的地质情况通过地质理论和作图法预报正洞地质条件的方法,超前导洞(坑)法是地质分析法的一个特例。在利用超前导洞(坑)揭示的地质情况对正洞进行超前地质预报的同时,还可以在导洞(坑)中通过物探、钻探等手段进一步探测预报正洞的地质条件。

超前导洞(坑)可分为超前平行导洞(坑)、超前正洞导洞(坑)及斜井、横洞等其他辅助坑道。线间距较小的(平行)双洞隧道可互为超前平行导洞(坑),以先行开挖的隧道预报后开挖的隧道地质条件。

一、适用条件

超前导洞(坑)预报法适用于各种地质情况,但通常只在隧道长、埋深大、地质条件复杂的设计有超前导洞(坑)的环境下使用。为探测前方地质条件而专门进行超前探洞施工的情形在实际工程中很少见。

二、优缺点

超前导洞(坑)法揭示地质条件最为直观、全面,预报精确度较高。通过超前导洞(坑)揭示的地质情况,施工单位可提前了解其他洞室开挖工作面前方的地质情况,以便采取相应的工程防护措施。缺点是适用条件有限,仅适用于设计有平行导坑或其他辅助坑道的隧道。同时,对于发育规律性较差的岩溶隧道,通过超前导洞(坑)法预报其他洞室岩溶发育状况的精度较差。

三、预报步骤

同地质分析法一样,超前导洞(坑)法首先是对超前导洞(坑)揭露的地质情况进行地质编录、素描,编录的内容包括:①地层岩性,包括地层岩性的种类、岩体的完整性及均一性,重点是软弱夹层、破碎地层、煤层及特殊岩土。②地质构造,主要包括构造的种类、构造的性质、构造的规模、构造的空间分布及出露的位置。③不良地质,包括岩溶、人为坑洞、瓦斯、不均匀风化等,主要描述其大小、规模、空间分布位置等。对于有害气体主要分析其含量、赋存位置、动态变化等。④地下水,包括地下水类型、水量水压大小及变化规律。

其次,根据编录的地层岩性、地质构造、不良地质的产状及其与超前导洞(坑)、正洞的空间关系通过作图法预报正洞相应地质发育位置。以超前平行导洞(坑)为例,可按图 5-13 及式(5-1)计算。

$$Y = X + b/\tan\alpha \tag{5-1}$$

式中:Y——正线隧道揭示不利结构面的里程;

X——平行导坑揭示不利结构面的里程;

b——平行导坑与正线隧道相邻边墙距离;

α——不利结构面与隧道走向的夹角。

超前导洞(坑)预报法对煤层、断层、地层分界线等面状结构面预报准确,对岩溶等有预报不准(漏报)的可能。在岩溶发育可能性较大的地段可通过在超前导洞(坑)边墙布置测线、钻孔,采用物探、钻探手段由导洞(坑)向正洞探测预报。

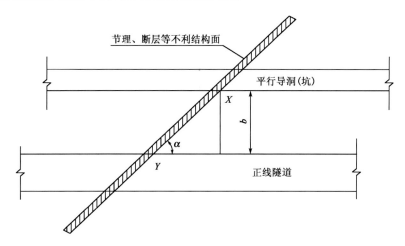

图 5-13 超前平行导洞(坑)预报正洞示意图

四、超前导洞(坑)法地质预报要点

(1)隧道导洞(坑)设置形式多样,隧道施工组织受地质、施工环境等客观条件影响,经常发生变化调整,有时设计超前的导洞(坑)在实际施工中有时会落后于其他洞室。采用超前导洞(坑)法进行超前地质预报时,需灵活调整预报方案,紧紧依据实际超前导洞(坑)揭示的地质资料预报施工滞后洞室的地质条件。

(2)通过超前导洞(坑)法进行超前地质预报时,在超前导洞(坑)开挖过程中应做好超前导洞(坑)本身的地质预报工作,防止导洞(坑)地质灾害的发生。

(3)通过超前导洞(坑)法进行超前地质预报,详细、准确编录超前导洞(坑)揭示的地质资料,特别是异常地质资料是做好超前地质预报工作的基础,通过地质理论进行综合分析,通过作图法进行正确推断各种不良地质体在其他洞室的出露位置,是超前导洞(坑)预报的重点。

(4)在岩溶发育地区通过超前导洞(坑)法进行超前地质预报时,应与其他预报方法相结合,如在通过超前导洞(坑)法对结构面、软弱夹层等面状构造进行准确预报的同时,可通过在超前导洞(坑)中利用物探、钻探等预报手段进行探测,预报其他洞室的岩溶发育情况等。

第四节 TSP 探测法

一、基本原理

TSP 超前地质预报系统是利用地震波在不均匀地质体中产生的反射波特性来预报隧道掘进面前方及周围临近区域地质状况的,该方法属于多波多分量高分辨率地震反射法如图 5-14 所示。地震波在设计的震源点(设计为 24 个炮点,通常布置在隧道的左或右边墙)由少量炸药激发产生,当地震波遇到岩石波阻抗差异界面(如断层、破碎带和岩性变化等)时,一部分地震信号反射回来,一部分信号透射进入前方介质。反射的地震信号被高灵敏度的地震检波器接收,数据由 TSPwin 软件处理,通过地质解译,就可以了解隧道工作面前方不良地质体的发育位置及规模。

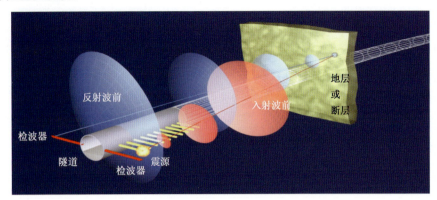

图 5-14　TSP 探测原理图

二、仪器设备

TSP 仪器设备由记录单元(主机)、接收单元及附件三大部分组成。TSP 探测系统设备图如图 5-15 所示。

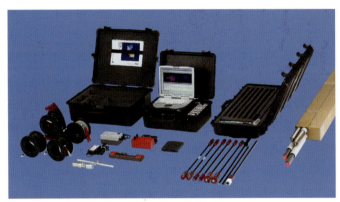

图 5-15　TSP 探测系统设备图

注:所有系统组成部分存放在三个坚固、防水的箱中,系统总质量 38.8kg

1. 记录单元(图 5-16)

记录单元由主机和电脑组成,主机配置有 12 输入通道,应用最新的 24 位 A/D 转换器,可使动态范围最小达到 120dB,带宽可达 10~8000Hz。主机采样间隔为 62.5μs 和 125μs,最大记录长度为 1808.5ms。电脑的设计防尘、防水、防震,能在条件极端恶劣的隧道环境中使用。

2. 接收单元(图 5-17)

接收单元为高灵敏度的三分量地震检波器,灵敏度为 1000mV/g±5%,频率范围为 0.5~5000Hz,共振频率 9000Hz,横向灵敏度大于 1%,操作温度 0~65℃。

3. 附件

TSP 探测系统的附件包括套管安装适配器、手持激光测距仪、小型多用工具、记录单元充电器、附件箱及耗材等,如图 5-18~图 5-23 所示。

图 5-16 TSP 记录单元

图 5-17 TSP 接收单元

注:所有的接收器组成部分存放在一个坚固的防水的箱中;2 个极灵敏的三分量地震接收单元由三部分组成,总长度 2.0m;带校准器的接收器套管清洁杆,以及喷雾润滑剂。总质量 11.3kg

图 5-18 套管安装适配器

注:适配器为六边形,直径 22mm,柄长 108mm,27mm 六角螺母,质量 1.2kg

图 5-19 手持激光测距仪

注:DISTO 轻便激光测距仪,测量精度±3mm,范围 0.2～200m,防溅、防尘,操作温度－10～＋50℃,质量 315g,附带尼龙外套

第五章　隧道超前地质预报常用方法

图 5-20　小型多用工具

图 5-21　记录单元充电器
注：正常电压为 6V 直流，质量 210g

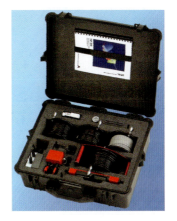

图 5-22　附件箱
注：所有系统附件存放在一个坚固、防水的箱中，包括安装工具、电子倾角测量仪、触发电缆线卷筒、电缆线、充电器、操作手册等，总质量 15.4kg

三、特点及适用范围

1. TSP 探测特点

（1）探测距离长，能预报掌子面前方 100～150m 范围内的地质情况。

（2）对隧道施工干扰小，炮孔施工可与隧道其他施工工序同步进行，数据采集需要占用时间 1h 左右。

（3）提交资料快，在现场采集数据后几小时内即可提交成果报告。

（4）目前公认对断层破碎带、褶皱、节理密集带、软弱夹层（煤层等）、软硬岩分界面等较规则界面的探测效果良好，对岩溶等不规则体探测效果较差。

2. 适用范围

TSP 探测适用于划分软硬岩层界线、查找地质构造、探测不良地质体等。进行 TSP 探测时，被探测对象应符合下列要求：

图 5-23　耗材
注：包括长 2.0m 的高精度钢制套管、二组分环氧树脂，反应时间为 5min

(1)探测对象与相邻介质应存在较明显的波阻抗差异并具足以被探测的规模。
(2)地质界面的倾角应大于35°,且走向与隧道轴线的夹角应大于45°。

四、现场探测

1. 施工准备

(1)技术交底

TSP技术交底的主要目的是指导施工单位进行TSP探测前的准备工作,内容包括检波器孔及爆破孔的数量、布置方式、孔深、孔径、倾角等技术参数以及符合TSP探测技术要求的炸药、雷管的准备,具体见表5-18:TSP数据采集设计技术交底表。

(2)仪器检查

进行TSP探测前,首先在室内对仪器设备进行检查,确保仪器设备主、附件完好。检查时着重检查主机、电脑、起爆器等电子器件状态是否良好;检查电源电量是否充足,不足时应先进行充电。

(3)套管检查

对探测用套管进行检查,检查套管外形是否完好、平直,管壁内侧是否光滑,必要时应采用清洗液进行清洗,确保套管内壁光滑。

(4)雷管、炸药检查

进洞前检查雷管、炸药是否合格、足量。

(5)施工准备注意事项

①测线宜布置在岩体相对比较完整的地段,当无法满足时应尽量把检波器孔布置在完整岩体段。

②爆破孔应布置在与主结构面或设计的不良地质界面呈锐角相交的一侧边墙上。

③检波器孔不宜设置在地下水发育地段,不能避开时,需采用在水中能及时凝固的耦合剂。

④检波器孔、爆破孔至掌子面之间的洞壁段应尽量避开洞室(如避车洞等)。

⑤爆破孔、检波器孔应尽量布置在同一直线上。

⑥采用台阶法开挖时,爆破孔与检波器孔应全部布置在同一台阶上,即全部布置在上台阶或全部布置在下台阶上(图5-24)。

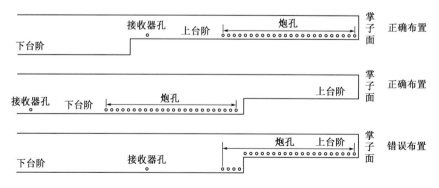

图 5-24 台阶法开挖

第五章　隧道超前地质预报常用方法

TSP 数据采集设计技术交底表

表 5-18

隧道名称			施工单位	
		接收（检波）器孔		爆破孔
观测系统	数量	2 个，位于隧道左、右边墙		24 个，位于隧道左（或右）边墙
	直径	50mm（钻头钻孔）		40mm（钻头钻孔）
	深度	2m		1.5m
	定向	垂直隧道轴向，上倾 5°～10°		垂直隧道轴向，下倾 10°～20°
	高度	离地面高约 1m（所有孔在与隧道坡度相同的同一直线上）		第 1 个爆破孔距接收器孔 15～20m，爆破点距 1.5m
	示意图	接收器2　　接收器1　　爆破孔LS1　S2　S3　……　S23　S24　　掌子面　　隧道轴TA　　16m　　50.5m		
其他要求	① 防水乳化炸药 2～3kg，瞬发电雷管 30 发/次。 ② 提供检波器孔附近的垂直地面的垂直高度，拱顶至地面的垂直高度，两检波器之间的距离等数据。 ③ 做 TSP 探测过程中一名技术员全程配合并提供检波器孔和掌子面的里程。			
注意事项	① 钻孔前，必须用测量仪器测定检波器孔和炮孔的位置，孔深、倾角等钻孔。 ② 严格按设计要求（距离，孔深、倾角等）钻孔。 ③ 若测定的位置无法钻孔，可在以测点为中心左右 20cm 的范围内钻孔。（要求爆破孔和检波器孔在同一直线上。要求爆破孔和检波点为中心左右 1.0m 的范围内钻孔。检波器孔位置要同一直线上。） ④ 注意选择检波器孔的位置，不能在松散围岩中，可在坚硬围岩（锚杆等）留在孔中防止坍塌。对易跨孔孔用套管保护，对成孔条件好的，孔内岩屑和泥浆要用水冲出孔外，以免药包放置不到位。 ⑤ 注意爆破孔保护，对成孔条件差的，完钻后要将柱状物（锚杆等）留在孔中，最好是安置内径在 35mm 以上的套管，防止围岩掉块。			
备注	爆破孔 S24 距尽量靠近掌子面			
设计		复核	接收	时间

注：爆破孔可布置在左或者右边墙，爆破孔与接收器孔之间不能有大型溶洞室，接收器孔须避免布置在有水位置。

⑦在斜井中进行TSP探测,测线布置宜与预报段综合坡度一致并保持在一条直线上。

⑧爆破孔与检波器孔间距为15～20m,爆破孔间距为1.5～2.0m。围岩坚硬且完整的地段宜增加爆破孔间距及爆破孔与检波器孔之间的距离,围岩软弱破碎的地段则应相应地减小。

⑨为获得较强的信号振幅,必需使用高能的爆炸材料,所使用的炸药的爆炸速度应在5600m/s以上。

⑩洞内能见度低时不宜用手持激光测距仪测量距离,可改用长皮尺。曲线隧道预报的终点不能偏离隧道中线30m,隧道曲线半径过小不能满足要求时,不能采用TSP预报。

2. 数据采集

(1) 孔位检查

对照技术交底检查爆破孔、接收器孔是否满足技术要求,不能满足技术要求的孔应重新打设。

(2) 采集爆破孔与接收器孔参数

用测量工作工具逐一量取每个孔位的参数,包括孔位距离、孔深、高度、方位角、倾角及接收器和掌子面的准确里程等(表5-19)。爆破孔中当炸药安装不到位时,孔深应为炸药安装点的深度;接收器安装不到位时接收孔深度应为实际接收器底部的深度。

TSP现场数据记录表 表5-19

隧道名称: 日期:

掌子面里程				爆破孔布置		左边墙	
						右边墙	
接收器		里程	高度(m)	孔深(m)	倾角(°)	耦合剂	耦合状态
	左						
	右						
爆破点参数							
序号	距离(m)	深度(m)	高度(m)	方位角(°)	倾角(°)	备注	
1							
2							
3							
4							
5							
6							
7							
8							
9							
10							
⋮							

注:爆破点距离为爆破点到接收器的距离。高差为各爆破孔与基准面的高差,高为正,低为负,倾角向下为正,向上为负。

(3)安装套管

①采用凿岩机、钻机、或者手动安装套管,套管的外留部分不得超过 20cm。

②安装时,调整套管使带有凹槽(在套管内侧)的两条边处于水平位置。

③接收器套管安装要耦合完好,尤其是前端口三分量接收磁片附近耦合采用环氧树脂或速凝水泥等。

(4)安装接收器

①接收器安装应由专门人员安装,各部件连接时要小心仔细。

②检查接收器套管与接收器孔以及围岩之间的耦合情况,同时查看接收器末端表面是否有机械损伤。

③清洗接收器内孔壁。

④安装接收器,接收器端头的三分量传感器头上圆形黑磁片要正对掌子面如图 5-25 所示。

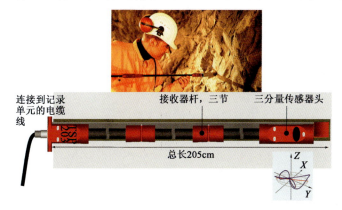

图 5-25　接收器安装示意图

(5)连接各系统部分

进行主机(registration unit)与接收器(receiver)及主机、触发器(trigger box)、起爆器(blasting machine)的连接如图 5-26 所示。

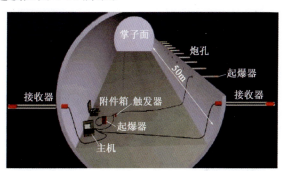

图 5-26　系统各部分连接示意图

(6)TSP 记录单元面板的连接

①连接串行端口插座。

②连接爆破孔一侧接收器到如图 5-27SENSOR INPUT RCV 1;连接另一侧接收器到如图 5-27SENSOR INPUT RCV 2。

③连接触发器(TRIGGERBOX)到记录单元面板的 TRIGGER MASTER。

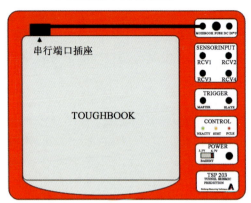

图 5-27 记录面板

(7)开机及环境噪声检查

打开电脑,进入测量程序,按提示设置参数,检测环境噪声是否低于—78dB,如果不满足要求,需找出干扰源并切断干扰源。

(8)安放雷管炸药并激发

①用装药杆将雷管、炸药安装到爆破孔(尽量放到底部),炸药量的大小应通过试验确定。

②往孔内灌水封孔。

③连接炸药与触发器(trigger box)。

④人员撤离到安全位置,起爆器(blasting machine)充电、激发。

(9)地震数据质量要求

①干扰背景不应影响初至时间的读取和波形的对比。

②反射波同相轴必须清晰。

③不工作道应小于20%,且不连续出现。

④弹性波反射法质量检查记录与原观测记录的同相轴应有较好的重复性和波形相似性。

(10)接收质量控制

①在每一炮数据记录后,应显示所记录的地震道,及时查看地震数据是否合格,据此对记录的质量进行控制。

②用直达波的传播时间来检查爆破点的位置是否正确,以及使用的雷管是否合适。

③根据信号能量,检查信号是否过强或过弱。若直达波信号过强或过弱,应将炸药量适当减少或增加。

④根据初至波信号特性,对信号波形进行质量控制。若初至后出现鸣振,表明接收器单元没有与围岩耦合好或可能是由于套管内污染严重造成。这样,应清洁套管和重新插入接收器单元,直至信号改善为止。

⑤根据每一炮记录特征,了解存在的噪声干扰,必要时应切断干扰源。同时也可检查封堵爆破孔的效果。

⑥对记录质量不合格的爆破点,应重新装炸药补炮,以使接收和记录合格的地震道。

(11)采集信号的评价

单炮记录质量评价分为合格、不合格两种。凡有下列缺陷之一的记录,应为不合格记录:
①X、Y、Z 三分量接收器接收时,存在某一分量不工作或工作不正常。
②初至波时间不准或无法分辨。
③信噪比低,干扰波严重影响到预报范围的反射波。
④记录序号(放炮序号)与爆破孔号对应关系错误。
除上述规定的不合格记录外的记录为合格记录。
总体质量评价依据所有的单炮记录,按偏移距大小重排显示(地震显示)进行。总体质量评价可分为合格、不合格两种。当符合下列要求时为合格:
①观测系统(爆破点、接收器点等设计)正确,采集方法正确。
②记录信噪比高,初至波清晰。
③单炮记录合格率大于80%。
当有下列缺陷之一时,为不合格:
①隧道内记录填写混乱,记录序号(放炮序号)与爆破孔号对应关系不清。
②采用非瞬发电雷管激发,或者初至波时间出现无规律波动或延迟。
③连续2炮以上(含2炮)记录不合格或空炮,或者存在相邻的不合格记录和空炮。
④空炮率大于15%。
(12)注意事项
①探测用雷管应为瞬发电雷管,雷管应布置在炸药中部,爆破孔深度以雷管位置为准。
②探测用炸药长度不宜超过20cm,且乳化炸药质量不宜超过200g。
③检测噪声应在低于78dB时接收数据。
④检测噪声无反应通常可能是没有选中该检波器。
⑤当接收无信号只有噪声时,检查线路是否连接好。
⑥应有18个炮孔以上的有效地震波记录,不能有连续两个无效。
⑦地震波的振幅应在100~5000mV之间。

五、数据处理与分析

1. 数据处理与分析应符合下列条件
(1)采用仪器配套的处理软件。
(2)总体质量不合格的资料不得用于成果分析。
(3)准确输入野外采集参数,包括隧道、接收器和爆破点的几何参数等。
(4)剔除不合格的地震道,只有合格的才能参与处理。
2. 数据设置
①应根据预报长度选择合适的用于处理的时间长度 T(图5-28),T 根据式(5-2)计算。计算时先估算一个 v_p,得到 T,在初至拾取一步中取得 v_p 的值后再进行反算 T。
$$T = \frac{L \times 2 \times 2.5}{v_\mathrm{p}} \tag{5-2}$$
式中:L——预报长度;
v_p——直达纵波波速。

图 5-28　数据设置(一)

②尽量将直达纵波最短初至时间以前的时间域信号值充零(图 5-29),但相对较高的充零采样数据会改变记录的统计效果,反过来又对后面的数据处理造成不利影响。因此,选择存在的类似地震信号的尖脉冲值充零即可。一小部分数据的充零不会影响非尖脉冲信号的处理。

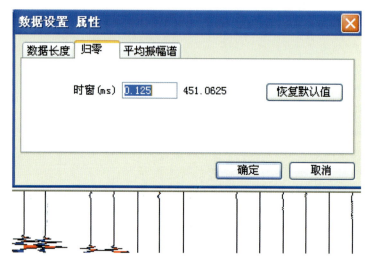

图 5-29　数据设置(二)

3. 带通滤波

带通滤波频率的选择会对后续处理和最终的结果有很大影响,所以其参数选取应合理,避免波形发生畸变。带通滤波的低切、高通选取值宜在 30～100 之间,低通、高切的选取值在硬岩地区位于 3000 左右,如果围岩较差,高切值会小于 1000。低通、高切的选取应选在 X、Y、Z 第一个波峰下降相交的地方。如图 5-30、图 5-31 所示。

4. 初值拾取

初值拾取中,应通过屏蔽地震道使其线性回归线基本穿过时间轴的零点。留下波的道数应不小于三道,并使其得出的速度值尽量跟实际一致(图 5-32)。

5. 拾取处理

(1)转换:选取拾取的相应纵波初至来确定直达横波的大致初至时间,在这一步中一般选取 X 分量,纵横波速比 $v_p/v_s=1.73$ 来大致推算初至横波的初至时间(图 5-33)。

（2）校直：漂移所有记录初至（如纵波初至），使它们位于某一与时间轴成一定截距的直线上或直线附近。在这一步中一般选取强制线性校直（图5-34）。

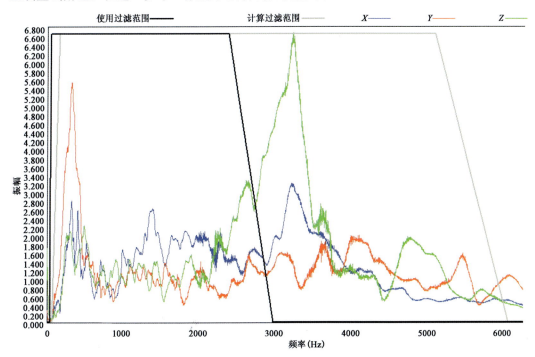

图 5-30　硬岩中带通滤波参数的选取

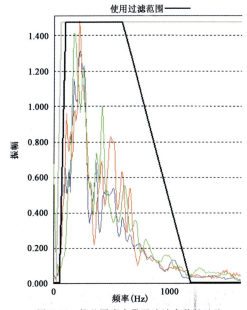

图 5-31　较差围岩中带通滤波参数的选取

6. 炮能量均衡

为了使接收的地震信号一致，首先在野外采集数据时要使用同样的炸药、药量，并使所有爆破孔直径、孔深一致。当爆破点处的岩石性质不同时，只有进行爆破点均衡处理，才能保证数据采集的效果。当在测量的几何参数中使用了不同的药量时,程序会自动对其做出补偿。在炮能量均衡属性里的窗口长度应为数据设置属性里窗口长度的 2/5 左右(图 5-35)。

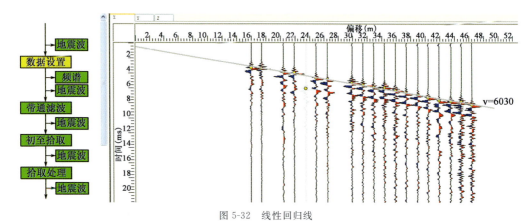

图 5-32　线性回归线

注:屏蔽地震道并不是删除地震道,在接下来的分析中被屏蔽的地震道仍参与计算

图 5-33　拾取处理(一)

图 5-34　拾取处理(二)

7. Q 因子估算

Q 因子估算中的窗口长度一般采取计算值(图 5-36),也可根据现场地质情况结合经验取值。

图 5-35　炮能量均衡

图 5-36　Q 因子估计

8. 反射波提取

(1)宜根据带通滤波中的频率值来设置最小时差,建议采用最小时差(图 5-37)。

(2)Q 滤波中最大增益值选取应合理,不能太高也不能太低,应尽可能使地震波有尽可能多的同相性。比较下图中最大增益值选取 5dB、15dB、25dB 时的效果(图 5-38),在 15dB 时效果最佳,所以在分析时最大增益值应选取 15dB。

9. P、S 波分离

窗口长度代表 1.5.7 一步地震波总体波形中一个周期的长度。一般采取计算值(图 5-39),但如果一个周期的长度跟程序计算值差别较大,则应改成周期长度。

10. 速度分析

速度分析时,应建立与预报距离相适应的模型,其他参数选取建议采取系统默认值(图 5-40)。

11. 深度偏移

选择一个较小的角度增量可以最大限度地提高反射的空间分辨率,通常建议成像半角参数选取 10°(图 5-41)。

12. 反射层提取

反射层提取时,应根据地质情况和分辨率选择提取的反射层数目(图 5-42)。

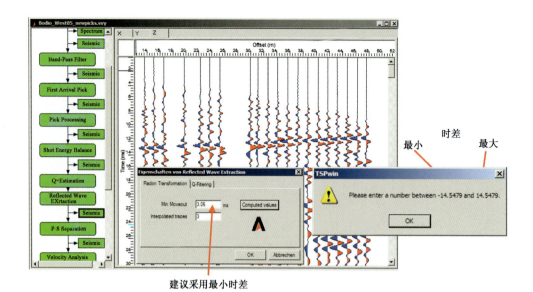

图 5-37　反射波提取时进行拉登变换所取最小时差

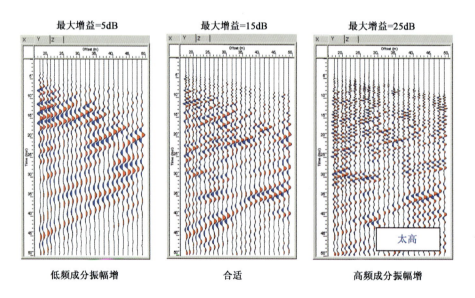

图 5-38　不同最大增益值进行 Q 滤液效果图

13. 反射层浏览器

在反射层筛选一步中,对反射层长度的筛选条件应根据地质条件而定:如果是探明较大的地质构造体,应把长度尽量改大点,那样可以看一个总体的效果。如果想探明可能多的构造体或溶洞等,应将长度改小点。

14. 资料判释

资料判释应综合分析区域地质资料、隧道地质勘察资料、施工地质资料、反射波分析成果显示图及岩体物理力学参数等,通过对上述资料的综合分析,推断隧道开挖工作面前方围岩的

图 5-39　P-S 波分离

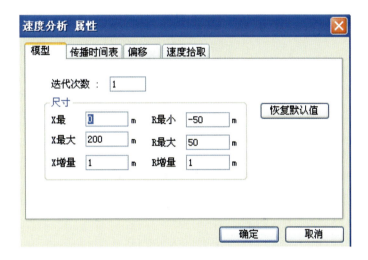

图 5-40　速度分析

图 5-41　深度偏移

工程地质与水文地质条件,如软弱夹层、断层破碎带、节理密集带等地质体的性质、规模和位置等。结合岩体物理力学参数、围岩软硬、含水情况、构造影响程度、节理裂隙发育情况等资料,可对隧道围岩级别进行初步评估。

图 5-42　反射层提取

TSP 判释解译的一般准则:
(1)反射波振幅越高,反射系数和波阻抗的差别越大,说明围岩在此处的变化越大。
(2)正反射振幅(红色)表明正的反射系数,也就是刚性岩层;负反射振幅(蓝色)指向软弱岩层。
(3)若横波 S 反射比纵波 P 强,则表明岩层饱含地下水。比较任何反射振幅必须小心,因为反射振幅易受随机噪声和数据处理的影响。
(4)v_p/v_s 有较大的增加或泊松比 v 突然增大,常常因流体的存在而引起。
(5)若 v_p 下降,则表明裂隙密度或孔隙度增加。
(6)杨氏模量下降,表明岩体变软弱。

六、成果资料

1. 预报距离

TSP 探测预报距离应符合下列要求:
(1)在软弱破碎地层或岩溶发育区,一般每次预报距离为 100m 左右,不宜超过 150m。
(2)在岩体完整的硬质岩地层每次可预报 120～150m,但不宜超过 200m。
(3)当 TSP 连续预报时前后两次重叠应不小于 10m;

2. 成果资料内容

TSP 探测成果为 TSP 探测报告,内容主要包括:
①概况:隧道工程概况、工程地质概况、探测工作概况等。
②方法原理及仪器设备:方法原理及采用的仪器型号等。
③数据采集:测线布置、观测系统、采集方法、数据质量评价等。
④数据处理:数据处理流程、参数选择说明、处理成果及质量评价等。
⑤资料分析与判释:资料分析与判释依据的判释准则,成果资料如 2D 成果图、岩体物理力学参数表等,必要时可附上分析处理波形图、频谱图、深度偏移剖面图等。

⑥结论及建议：评价隧道开挖工作面前方的工程地质与水文地质条件，特别是对隧道施工方案影响大、具有安全隐患的不良地质体的性质、规模、发育部位的评价，以及施工措施、应急预案的建议和进一步探测的建议。

⑦其他需要说明的问题。

3. 资料的提交

内业整理及资料的提交应及时，一般要求在24h内提交正式报告，遇紧急情况时要求在6h内提交初步结论，以保证预报的及时性、有效性。

七、TSP探测经验总结

1. 现场数据采集易走入的误区

（1）爆破孔未采用水封或水封效果不好

爆破孔采用水封能较好地、大幅度地提高有效地震波的振幅，同时能够大大提升信噪比，有效减小声波、面波、多次波等干扰波的影响。较低的信噪比会给后续数据的处理带来诸多不利因素，导致结果的错误；同时太低振幅的地震波探测距离是非常有限的。

图5-43为爆破孔水封效果不好与较好情况下的原始记录对比。

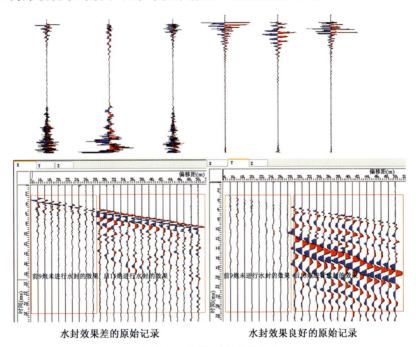

图5-43 爆破孔水封效果对比

（2）接收器套管耦合不好

一个地震波原始数据好坏的判别依据就是地震波的振幅包络线呈指数衰减趋势，波形无变异情况，初至直达波明显[图(5-44)中耦合较好数据]；而接收器套管未耦合好所接收到的数据，大部分为声波、面波的干扰波[图(5-44)中未耦合好数据]。

（3）爆破炸药用量过大

在探测过程中，炸药用量过大，会导致检波器震动超幅，波形出现严重变异如图5-45所示,此时应减少药量。

(4)雷管未采用瞬发电雷管

使用瞬发电雷管才能准确地记录直达波的到达时间,这样探测到各炮孔的直达波到达时间会呈线性增加趋势。在探测过程中如果雷管不合格有延时的话,会导致直达波时间出现变异(图5-46)。

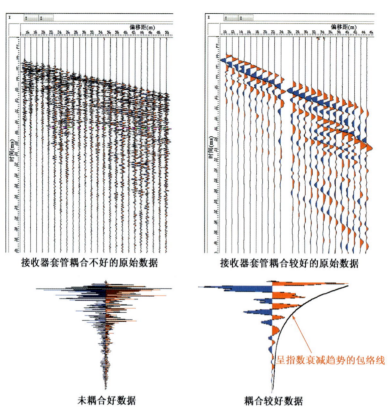

图 5-44 接收器套管耦合对比

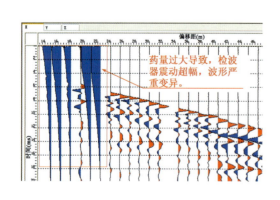

图 5-45 波形出现严重变异

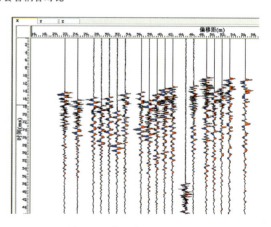

图 5-46 直达波时间出现变异

2.判释准则的应用

(1)反射波振幅越高,反射系数和波阻抗的差别越大,说明围岩在此处的变化越大。这是一个相对的概念。譬如在完整岩体与破碎岩体、硬质岩石与土状岩体、干燥围岩与饱水围岩等的交界处,围岩变化都较大,反映在此处的反射波振幅也就越高;波阻抗相差不大的地层、岩性分界处,反射波振幅往往较低;如果不同岩体的波阻抗相等,虽然地质情况发生了变化,但地震波并不会反射,也就探测不到此变化界面如表5-20所示。

一些常见岩石的波阻抗　　　　表5-20

材料名称	密度(g/cm³)	纵波速度(m/s)	波阻抗(kg/cm²·s)
钢	7.8	5130	4000
铜	8.4～8.9	3670	3170
花岗岩	2.6～3.0	4000～6800	800～1900
玄武岩	2.7～2.86	4500～7000	1400～2000
辉绿岩	2.85～3.05	4700～7500	1800～2300
辉长岩	2.9～3.1	5600～6300	1600～1950
石灰岩	2.3～2.8	3200～5500	700～1900
白云岩	2.3～2.8	5200～6700	1200～1900
砂岩	2.1～2.9	3000～4600	600～1300
板岩	2.3～2.7	2500～6000	575～1620
石英岩	2.65～2.9	5000～6500	1100～1900

(2)正反射振幅(红色)表明正的反射系数,也就是刚性岩层;负反射振幅(蓝色)指向软弱岩层。

图5-47为TSP探测结果二维图的一部分,+771处有一条蓝色反射界面(负反射振幅),判定此处有一软弱夹层;在其前后有多条红色反射界面(正反射振幅),判定岩质较硬。实际开挖情况:探测段岩性为石英砂岩,其中在+754～+769(对应+771蓝色反射界面)段为千枚岩,岩体相对较软弱。

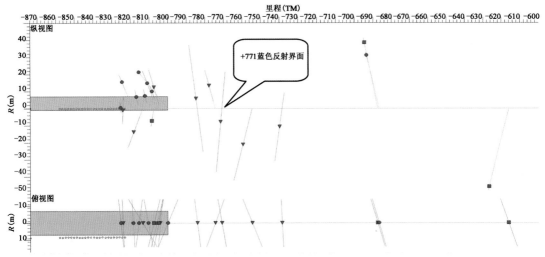

图5-47　TSP探测结果二维图

需要注意的是,有时正(负)反射振幅仅能代表反射界面这一点的地质情况,并不能代表此反射界面到下一反射界面的地质情况:图5-48在+080、+074处各有一条蓝色反射界面,而+056～+080段v_p反而上升(图中红色阴影代表v_p上升,蓝色阴影代表v_p下降),岩体变好;

在+056处有一红色反射界面,而+020～+056段 v_p 反而下降,岩体变软弱。这是由于仪器本身的分辨率决定的,当一个地质体很薄,小于仪器的分辨率时,就只能探测到该地质体的前界面,而无法探测到后界面。在这种情况下红色反射界面往往代表的是一刚性岩性夹层、岩脉等,而蓝色反射界面代表的是一软弱夹层、节理裂隙、溶缝等。

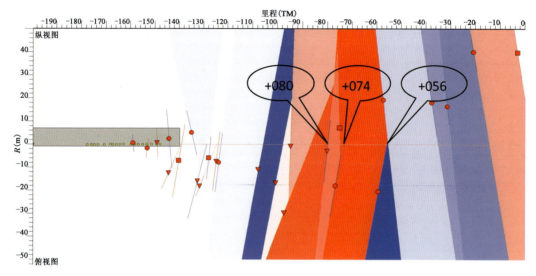

图 5-48 反射界面不真实

(3)若横波 S 反射比纵波 P 强,则表明岩层饱含地下水。比较任何反射振幅必须小心,因为反射振幅易受随机噪声和数据处理的影响。

图 5-49 三角反射界面(▼)代表 P 波反射,方块(■)、圆盘(●)反射界面代表 SV、SH 波反射,在+130～+165 段显示的均为 S 波反射,P 波反射在反射层筛选一步中被筛选掉,说明 S 波反射比 P 波强,判定此段地下水发育。实际开挖过程中,+130～+165 段基岩裂隙水发育,总出水量约 20m³/h。

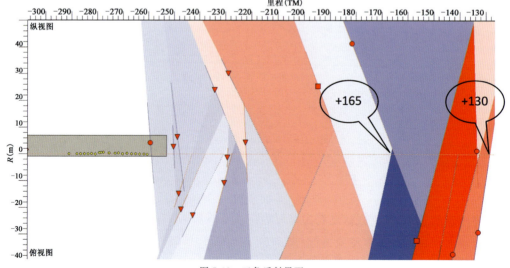

图 5-49 三角反射界面

(4)v_p/v_s 有较大的增加或泊松比 δ 突然增大,常常是因有流体的存在而引起的,通常情况下,v_p/v_s 和泊松比 δ 的变化趋势是一致的。由于 v_s 在流体中不传播,所以当 v_s 下降时,通常是由于地下水存在的原因,与之相对应,v_p/v_s 和泊松比 δ 增大。图 5-50 中+140~+148 段(黄色阴影部分)v_p/v_s 值和泊松比 δ 均有较大的增加,且泊松比 δ 值达到 0.36,实际开挖至此段时,地下水发育,普遍呈淋雨状出水。

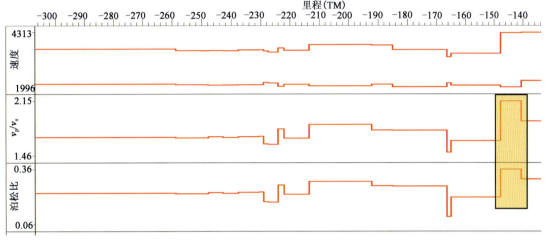

图 5-50　v_p/v_s 和泊松比 δ 的变化趋势

(5)若 v_p 下降,则表明裂隙密度或孔隙度增加。岩体裂隙密度增加,也就代表岩体破碎,v_p 就相应下降;相反裂隙密度减小,岩体完整时,v_p 就上升。如下图所示:在+214~+253 段,有多组反射界面存在,节理裂隙发育,岩体破碎,v_p 下降;在+185~+214 段有极少反射界面存在,岩体完整,v_p 上升。由此可以得知:岩体越完整,v_p 越高(图 5-51)。

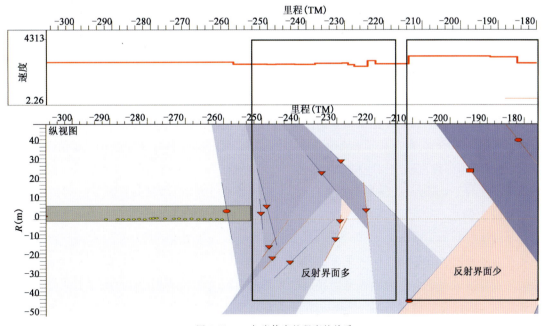

图 5-51　v_p 与岩体完整程度的关系

岩体密度上升时(孔隙度降低)，v_p 随之上升；当岩体密度下降时(孔隙度增加)，v_p 随之下降。由此可以得知：相同岩石孔隙度越低，密度越高，v_p 也越高；孔隙度越高，密度越低，v_p 也越低(图5-52)。

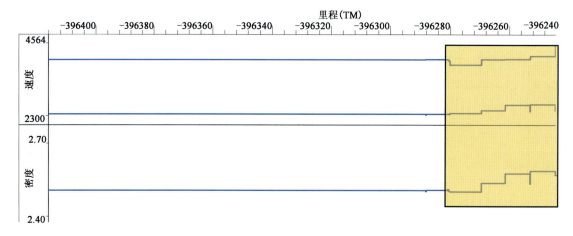

图 5-52 岩体密度与 v_p 的关系

(6)杨氏模量下降，表明岩体变软弱。图 5-53 中＋750～＋790 段杨氏模量下降明显，说明岩体抗形变能力变弱，岩体软弱，同时 v_p、v_s 在此段也下降，综合判定此段为一软弱破碎带。实际揭露此段围岩处于一断层破碎带内，岩体呈泥夹碎石状。

八、TSP 预报典型实例

(一)实例一

某隧道施工至 K114＋553，地层岩性为凝灰岩，中厚层状，微风化，岩石坚硬，节理不发育。此时施作了一次 TSP 探测，接收器位于 K114＋492，探测二维成果图如图 5-54。

根据图 5-55 判定 114＋580～114＋630 段为一断层破碎带及其影响带，实际开挖结果断层影响带位置比预报的位置提前 10m 出现(图 5-55)，后来分析原因是地震波波速偏高所引起的，而引起地震波波速偏高的原因是破碎带具挤压性质且埋深很大；同时，断层及影响带的宽度比预测的规模要大一些。本次预报的误差在 10m，预报基本准确。在断层前的影响带里程段由于波阻抗不明显，所以体现在波速上也就不明显，所以对于这种过渡段在变化不明显的情况下，很难准确分辨出断层影响带发生明显变化的界面。由于岩体破碎，埋深较大，密度较大，所以透水性较差，实际开挖中裂隙水发育，由于岩体透水性差，所以没发生涌水。

(二)实例二

某隧道斜井进入斜井井底，即将进入正洞，地层岩性为花岗斑岩，受 F_{21} 宽大断层影响，岩体节理裂隙发育，呈碎块状，地下水发育，围岩级别为Ⅴ级。在此处进入正洞困难，故选择采用迂回导洞方案进入正洞。为确保迂回导洞进入正洞时围岩比较完整，需对前方地质情况做出准确判断。因此在迂回导洞 X5 DBK0＋060.3 掌子面施作 TSP 探测，结果显示如表 5-21 和图 5-56所示。

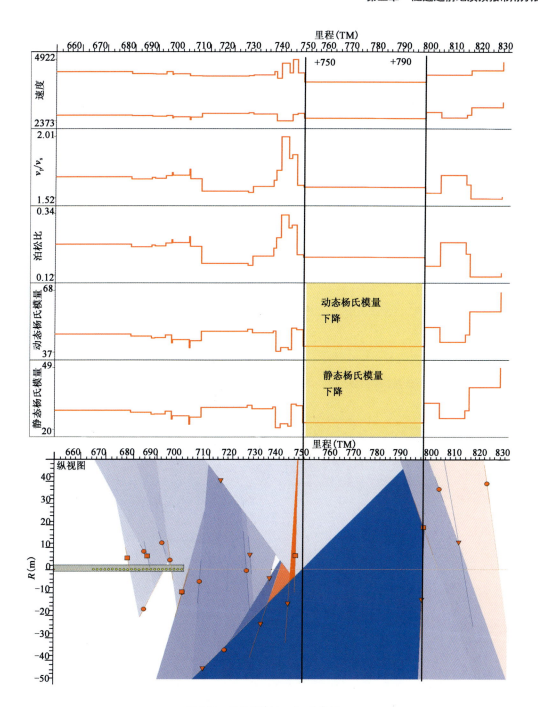

图 5-53 杨氏模量与 v_p/v_s 的关系

围岩级别推断：X5 DBK0+060.3～X5 DBK0+093 段围岩级别为Ⅲ级，X5 DBK0+093～X5 DBK0+115 段围岩级别为Ⅲ～Ⅳ级，X5 DBK0+115～X5 DBK0+173 段围岩级别为Ⅴ级，X5 DBK0+173～X5 DBK0+197 段围岩级别为Ⅳ级，X5 DBK0+197～X5 DBK0+260.3 段围岩级别为Ⅲ级。

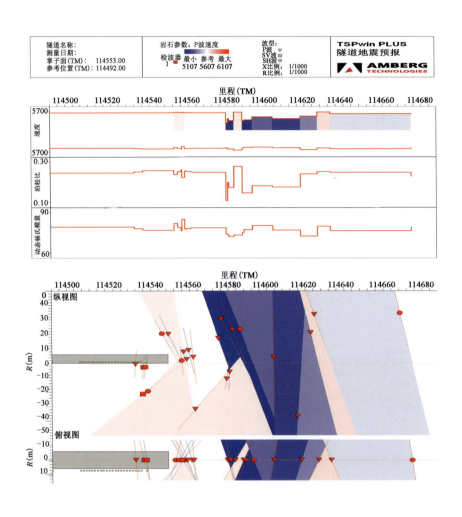

图 5-54 探测二维成果图

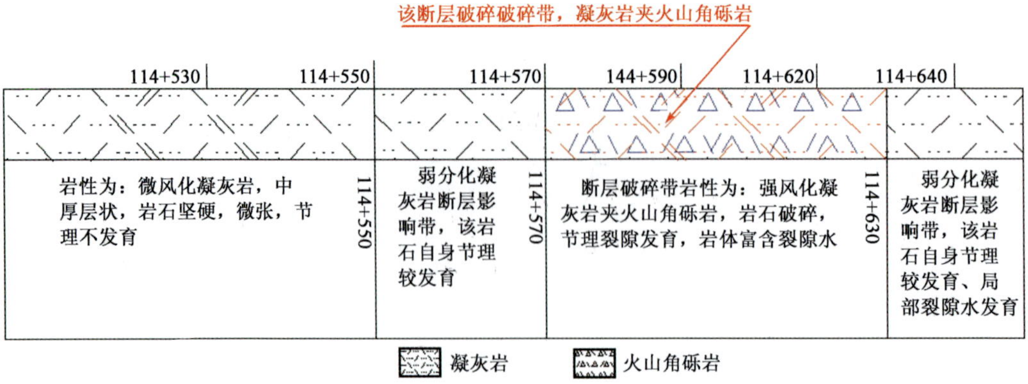

图 5-55 114＋80～114＋630 段断层破碎带及其影响带

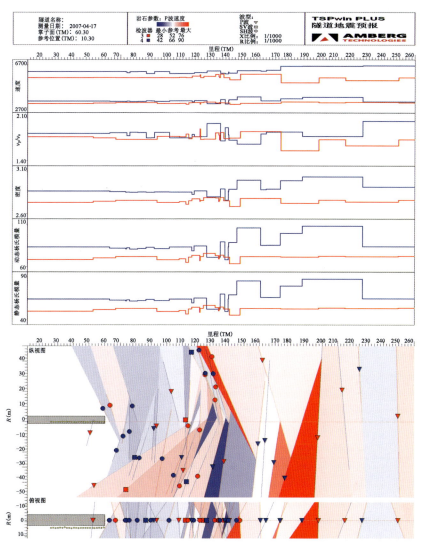

图 5-56 TSP 探测结果图

TSP 探测结果表   表 5-21

序号	里程	长度(m)	探测结果推断
1	X5 DBK0+060.3～X5 DBK0+093	32.7	岩体较完整～较破碎,节理裂隙发育,地下水不发育～较发育,表现为局部渗水或滴水
2	X5 DBK0+093～X5 DBK0+115	22	围岩强度变弱,岩体破碎,地下水较发育,表现为渗水或滴水现象较为普遍
3	X5 DBK0+115～X5 DBK0+173	58	围岩强度进一步变弱,岩体破碎,X5 DBK0+121～X5 DBK0+137 段地下水发育表现为普遍渗水或滴水,沿结构面股状水,局部可能涌水,其余段地下水较发育,表现为渗水或滴水现象较为普遍
4	X5 DBK0+173～X5 DBK0+197	24	围岩强度变强,岩体较完整～较破碎,裂隙发育,地下水不发育～较发育,表现为局部渗水或滴水
5	X5 DBK0+197～X5 DBK0+260.3	63.3	围岩较完整,节理裂隙较发育～不发育,地下水不发育～较发育,表现为局部渗水或滴水

实际开挖情况为：X5 DBK0＋060～X5 DBK0＋095 段节理裂隙发育，岩体较完整。地下水较发育，表现为普遍沿边墙、拱顶裂隙渗水、线状滴水，围岩级别为Ⅲ级；X5 DBK0＋095～X5 DBK0＋197 在 F_{21} 断层破碎带及影响带内，岩体整体较破碎～极破碎，节理裂隙发育且杂乱无序，岩石呈碎块状、碎屑状、夹碎裂岩、糜棱岩，少量断层泥，挤压擦痕明显，透镜体发育，局部发育风化带及次生的结构面，局部有绿泥蚀变现象；地下水较发育，表现为普遍沿边墙、拱顶裂隙渗水滴水，局部发育线状滴水，段围岩级别为Ⅳ～Ⅴ级。X5 DBK0＋197～X5 DBK0＋224 围岩完整性有所变好，岩体较完整，地下水较发育，表现为普遍沿边墙、拱顶裂隙渗水滴水，局部发育线状滴水，围岩级别为Ⅲ级。根据预报及实际开挖的地质情况，结合区域断层构造的产状，我们选择在 X5 DBK0＋224 处拐入正洞，进入正洞处围岩级别为Ⅲ级，而向后退 5m 处就为Ⅳ级。

（三）实例三

某隧道施工至 YDK24＋098.5，地层岩性为灰岩，中厚层，弱风化，岩石坚硬，节理较发育。此时施作了一次 TSP 探测，探测结果如表 5-22。

TSP 探测结果表 表 5-22

序号	里程	长度(m)	探测结果推断
1	YDK24＋098.5～YDK24＋116	17.5	岩体总体较完整，岩石属硬岩，地下水不发育。其中 YDK24＋109 附近可能出水
2	YDK24＋116～YDK24＋135.5	19.5	岩体完整性变差，硬度降低，围岩软弱，节理裂隙发育，地下水发育。其中 YDK24＋116～YDK24＋117、YDK24＋127～YDK24＋128 附近可能涌水，可能为充填性溶洞
3	YDK24＋135.5～YDK24＋200	64.5	岩体完整性变好，岩体较完整，围岩硬度变强，属硬岩，地下水较发育。其中 YDK24＋150、YDK24＋170 附近可能出水

此段围岩未开挖，但根据目前注浆孔钻探揭示的地质情况，与 TSP 预报情况符合。由于前方地质条件太复杂，岩溶发育不规律，要知道前方溶洞的规模及形态非常困难，从 TSP 探测的二维图中无法得知。但我们通过速度分析得到的 SH 图中（图 5-57）可以看到一个清楚的蓝色低波速区域（YDK24＋107～YDK24＋137），同我们钻探及注浆钻孔揭示出现岩溶的情况基本吻合，可以作为判断前方岩溶规模及形态的参考。

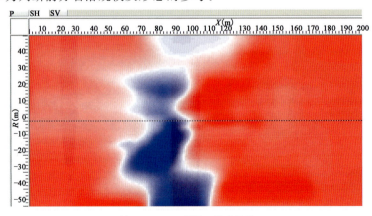

图 5-57　TSP 探测二维成果图

第五节 地质雷达法

一、基本原理

地质雷达(Ground Penetrating Radar,简称 GPR),是一种用于探测地下介质分布的广谱(1MHz~1GHz)电磁技术。依据电磁波脉冲在地下传播的原理进行工作,电磁波脉冲由发射天线 T 发出,被地下介质(或埋藏物)反射,由接收天线 R 接收,然后将这些信号记录下来以图像形式显示出来。在电磁波传播的过程当中,当遇到不同的岩层或岩层的节理发育程度不同时,电磁波的反射系数、衰减系数以及反射波频率是不一样的,其路径、电磁场强度与波形将随所通过介质的电性质及形态而变化。因此,根据接收波的旅行时间(或称双程走时)、幅度与波形资料,可推断地下地质结构。地质雷达探测原理图见图 5-58。

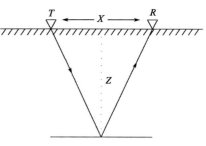

图 5-58 地质雷达探测原理示意图

双程旅行时,

$$t = \frac{\sqrt{4z^2 + x^2}}{v} \tag{5-3}$$

$$v = \frac{c}{\sqrt{\varepsilon'}} \tag{5-4}$$

式中:z——反射体的埋深(m);

x——发射天线与接收天线距离(m);

v——地下介质中的电磁波速(m/ns);

ε'——介质的相对介电常数(表 6-23);

c——光速,为 3×10^8 m/s。

当地下介质中的波速 v(m/ns)为已知时可根据精确测得的走时 t(ns),求出反射物的深度(m)。

$$H = \frac{t \times c}{2 \times \sqrt{\varepsilon'}} \tag{5-5}$$

波的双程走时由反射脉冲相对于发射脉冲的延时进行测定,反射脉冲波形由重复间隔发射(重复率 20~100 kHz)的电路,按采样定律等间隔地采集叠加后获得。考虑到高频波的随机干扰性质,由地下返回的反射脉冲系列均需经过多次叠加(叠加次数从几十至数千)。这样,若地面的发射和接收天线沿探测线以等间隔移动时 即可在纵坐标为双程走时 t(ns),横坐标为距离 x(m)的探地雷达屏幕上绘描出仅仅由反射体的深度所决定的"时—距"波形道的轨迹图如图 5-59。

表 5-23 列出了常见的介质电性参数和电磁波传播参数。这些参数是某一种介质在一定条件下获得的。自然界介质变化很大,即使是同一种岩石这些参数也有较大差别,因此上表的参数是一个参考值,较精确的值需要进行专门测定。

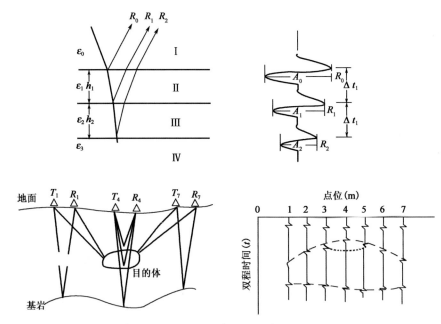

图 5-59 雷达剖面记录示意

常用介质的相对介电常数　　　　　　　　　　　　　　　　表 5-23

介　质	相对介电常数	速度(m/μs)
空气	1	300
灰岩(干)	7	113
灰岩(湿)	8	106
花岗岩(干)	5	134
花岗岩(湿)	7	113
白云岩	7~8	113~106
砂岩(干)	2~5	212~134
砂岩(湿)	6	112
干页岩	4~9	150~100
饱和页岩	9~16	100~75
石英	4.3	145
水	81	33
永久冻土	4~8	150~106
干煤(湿)	3.5(8)	160(106)
干黏土(湿)	2~6(5~40)	212~122(134~47)

1. 电磁波的反射与折射

雷达电磁波向地下各介质传播过程中,遇到不同的波阻抗界面时,将产生反射波和折射波。反射与透射规律遵循波的反射与透射定理,反射波能量大小取决于反射系数 R。对于隧道工程不良地质体探测而言,矿体和围岩属于高阻抗,所以反射系数 R 和折射系数 T 可表示为:

$$R = \frac{\sqrt{\varepsilon_1} - \sqrt{\varepsilon_2}}{\sqrt{\varepsilon_1} + \sqrt{\varepsilon_2}} \tag{5-6}$$

$$T = \frac{2\sqrt{\varepsilon_1}}{\sqrt{\varepsilon_1} + \sqrt{\varepsilon_2}} \tag{5-7}$$

式中：ε_1、ε_2——反射界面上下介质的相对介电常数。

由上式可知，反射系数的大小，主要取决于界面两侧介质相对介电常数的差异程度。差异越大反射系数越大，则越利于探测。通常，对于隧道工程不良地质体（如溶洞）探测而言，ε_1为围岩的相对介电常数（4～10），ε_2为空气或水，$\varepsilon_{空气}=1$，$\varepsilon_{水}=81$，ε_1与ε_2差异较大，这是地质雷达探测隧道工程不良地质体的基础。

由于地质雷达的电磁波主要是在非理想介质中传播，所以其衰减的速度也非常快，这造成了地质雷达探测深度的有限性。电磁波的衰减规律是：

$$E_x(r,t) = E_0 e^{-\beta r} \cos(\omega t - \alpha r) \tag{5-8}$$

式中：E_0——$t=0$，$r=0$时的电磁场强度；
β——衰减系数；
α——相位系数；
r——传播距离；
ω——电磁波的角频率。

2. 地质雷达的分辨率

地质雷达的分辨率，是指将两个靠得非常近的异常体区分开的能力。通俗地讲，就是地质雷达能清楚识别的最小目标大小，可以分为垂直分辨率d_v与水平分辨率d_h。

（1）垂直分辨率是垂直方向上可以区分的最薄层次，理论上可以把雷达天线主频波长的1/8作为垂直分辨率的极限，但由于外界干扰等因素，一般把波长的1/4作为其下限，即：

$$d_v = \frac{1}{4}\lambda = \frac{c}{4f\sqrt{\varepsilon'}} \tag{5-9}$$

由上式可以看出天线的频率越高，d_v越小，分辨能力越强。在隧道超前预报中，如选用100MHz的天线，若岩体的相对介电常数为9，则d_v约为0.25m。

（2）水平分辨率是雷达天线在地面上拖过时，可以分辨的地下最小目标的横向尺寸。水平分辨率一般由第一菲涅尔带直径确定，其大小为：

$$d_h = \sqrt{\frac{\lambda h}{2}} = \sqrt{\frac{ch}{2f\sqrt{\varepsilon'}}} \tag{5-10}$$

由上式看出分辨率不仅与天线频率有关，还随着目标体深度的增大而变大，即目标体深度越大，分辨能力越低。

雷达在探测时探测到的掌子面前方的反射物，并不一定是在天线的正前方，在雷达探测的有效区域，如果地下有反射界面或反射体存在，雷达也会探测到。

雷达的探测范围与相对介电常数有直接的关系，相对介电常数和探测有效范围的关系为：

$$a = \frac{\lambda}{4} + \frac{\text{depth(深度)}}{\sqrt{(\varepsilon' - 1)}} \tag{5-11}$$

式中：ε'——相对介电常数；

λ——波长；$b = a/2$。

由此可见，用雷达探测时得到的信息并不仅仅是天线正前方物体的反射(图5-60)。

二、仪器设备

地质雷达方法通常采用高频电磁波发射法工作，频带范围从几兆赫兹到几千兆赫兹。天线是地质雷达的重要部件，它直接影响着探测质量。不同频率的天线探测深度不同，因而有不同中心频率的天线。在隧道超前地质预报工作中，探测天线频率的选择存在着探测深度、分辨率大小及天线大小三者之间的矛盾。天线体积小，则天线频率高，天线分辨率高，探测中易于操作，掌子面空间能够满足探测需求，且能够分辨体积较小的不良地质体，但存在探测深度有限的缺点；天线体积大，则天线频率低，天线分辨率低，存在探测中不易于操作，难以探测较小不良地质体的缺点，但具有探测深度大，探测距离远的优点。

商业地质雷达通常采用窄脉冲宽频带电磁波信号工作，天线频率有25MHz、50MHz、100MHz、500MHz、800 MHz、1000MHz等。一般情况下100MHz天线在土壤、破碎的岩石、基岩上探测深度范围从几米到十几米甚至三十米左右，分辨率也能满足超前地质预报要求，天线大小仅1m左右，探测也较为方便，因而是隧道超前地质预报中广泛采用的天线。

目前，国内超前地质预报中常用的地质雷达系统有美国GSSI公司的SIR系列地质雷达系统、加拿大Sensor&Software公司的EKKO系列地质雷达系统、瑞典Mala公司的地质雷达系统等。以下是在国内隧道施工超前地质预报工作中使用较多、精度较高的两种探地雷达系统。

1. 美国GSSI的SIR仪器系列的构成和技术指标

SIR(Subsurface Interface Radar)系列是美国地球物理测量系统公司(Geo—physical Survey Systems Inc.)的主要产品，其应用于隧道超前地质预报工作的雷达主机主要有SIR-3000和SIR-20型，该两种机型都兼容100MHz天线。其中SIR-3000探地雷达系统是一种便携式的探地雷达系统，体积比较小、质量也比较轻，不足之处是功率较低，预报距离较短10~15m(图5-61)。

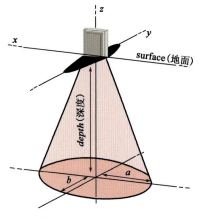

图5-60 反射界面或反射体

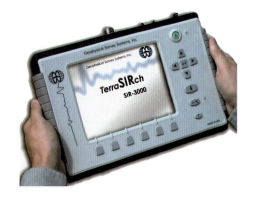

图5-61 SIR—3000主机

SIR—20是最后推出的一种探地雷达主机系统,代表了美国地球物理公司的最新研究成果和最高水平,可进行多道数据采集,预报距离较长20～30m,不足之处是质量较重(图5-62)。

在超前地质预报工地上,由于不需要长距离移动,使用最多的还是SIR—20型。SIR—20型仪器比较先进,功能也比较多。它提供了全数字化的参数设置和多道彩色显示功能。如在关键性的参数设置时,SIR—20提供了自适应的参数设置方法,这些参数包括系统增益、采样率、扫描数、滤波参数和天线的发射速度等。

SIR—20系列仪器由三部分组成,即探地雷达的主机、控制和显示单元及天线。探地雷达在隧道超前地质预报中使用的天线多为单体屏蔽天线,使用最多的是100MHz天线(图5-63)。

图5-62 美国SIR—20主机

图5-63 美国SIR—20雷达100MHz天线

2. RAMAC/GPR地质雷达系统

RAMAC/GPR地质雷达是瑞典MALA公司的产品。该仪器硬件系统包括控制单元、天线、便携全防显示器(图5-64)、电池包。软件系统主要包括采集软件、编辑软件、实时处理软件、显示软件、后处理软件。

控制单元(PROEX)第三代数字式主机(图5-65):使用Ground Vision采集软件进行数据采集操作,它通过以太网通讯方式传输资料,因此数据传输速度很快,并与RAMAC/GPR系统的所有天线兼容,也可升级为多道系统。其技术参数如表5-24所示。

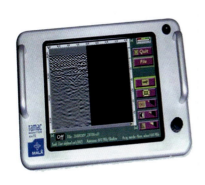

图5-64 便携式全防显示器

图5-65 PROEX主机

采集软件 Ground Vision 是 Windows 下的采集及处理软件,该软件可进行参数设置、系统校准、数据采集、滤波处理、图形编辑、时间—深度转换、多道采集及图形打印等。

PROEX 主机技术参数　　　　　　　　　　　　　　　　　　　　　表 5-24

脉冲重复频率	脉冲重复频率:100kHz,200kHz, 330kHz…(最高可达 1000kHz)	A/D 转换	16 位
采样样点数	128～8192(用户自选)	叠加次数	1～32768(自动或用户选择)
采样频率	0.2→100GHz	信号稳定性	<100ps
通信方式	以太网通信 100Mbit/s	通信速度	100M/s
天线与主机连接	光纤	质量	1.9kg
触发方式	距离、时间、手动	分辨率	5ps
时窗范围	0～45700μs	扫描速率	1000 扫/s
工作温度	−20～+50℃	环境标准	IP67
供电	12V　RAMAC/GPR 标准锂电池或 12V 适配器	天线兼容性	兼容所有 RAMAC/GPR 天线

瑞典 RAMAC/GPR 地质雷达探地雷达在隧道超前地质预报中使用的 100MHz 天线如图 5-66 所示。

三、探测方式

依据探测时获取地质信息的方式不同,地质雷达超前探测可分为表面雷达探测与孔内雷达探测两种。

表面地质雷达探测是通过地质雷达天线在工作面表面移动获取地质信息进行探测,其有效探测深度有限,一般不超过 25～30m。

孔内雷达探测是把雷达天线放入预先钻好的超前钻孔中进行探测,主要用于进一步查明表面雷达探测发现的掌子面前方的富水构造,判断地下水赋存情况。其原理与表面地质雷达相同,只是改变了表面雷达的观察系统,将雷达发射天线和接收天线以固定的间距下到相同的钻孔中。其有效探测距离取决于钻孔的深度,可以很好地解决表面雷达探测有效深度有限的问题。孔内地质雷达探测的工作方式有三种:单孔反射法、跨孔反射法、跨孔层析法。

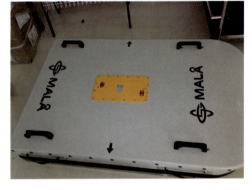

图 5-66　瑞典 RAMAC/GPR 地质雷达 100MHz 天线

单孔反射法是把孔内地质雷达的发射天线和接收天线以固定间距放入同一钻孔中,天线以 360°空间辐射和接收信号(无方向性),探测的有效半径取决于孔内天线的主频如图 5-67 所示。

介质中的反射波形成雷达剖面,通过对异常体反射波的走时、振幅和相位特征进行分析,判断其位置、几何形态等。从几何形态来看,地下异常体可概括为点状体和面状体两类,前者如洞穴、巷道等;后者如裂隙、层面、脉矿等。它们在雷达图像上有各自特征,其中点状体反射一般呈双曲线,面状体反射呈"V"字形如图 5-68 所示。

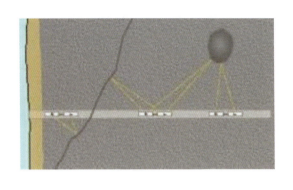 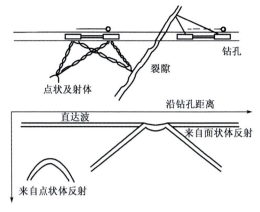

图 5-67　单孔反射　　　　　　　　　图 5-68　面状体反射

跨孔雷达层析成像法是通过边界处对电磁波信号的测量,获取钻孔间介质物性参数的分布信息,具体的工作方式是在两相邻钻孔分别布置接收天线和发射天线,固定发射天线,接收天线沿钻孔移动,每隔一定距离接收一次,可得到一系列的射线,记为一次扫描。之后,移动发射天线,进行另一次扫描,直至射线覆盖整个研究区,并达到一定的密度。每条射线记录了电磁波振幅和走时等有用信息,它反映的是沿射线方向岩层的平均物性参数。当研究区内某点附近有数条射线通过时,即可通过公式求得该点的物性参数如图 5-69 所示。

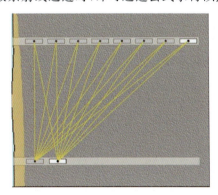 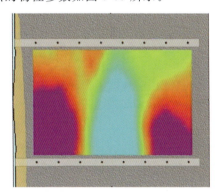

图 5-69　跨孔雷达层析反射

四、施工准备

(1)地质雷达法主要用于岩溶探测,现场数据采集在施工揭露的掌子面、隧道底板、边墙岩体上或钻孔内进行。为了尽量减少采集数据占用施工时间,应按施工现场的具体地质变化情况布置测线或钻孔。

(2)为了保证探测的数据采集质量,应在数据采集进场前做好探测面的清理工作,以利于雷达天线与探测面岩体能有较好的耦合,并减少电磁波干扰。

①掌子面探测:应做好找顶,并使用挖机对凸凹不平的掌子面尽量处理平整。

②底板进行探测:数据采集前应清理底板的虚渣和积水。

③探测面 10m 范围内应清除金属物等电磁干扰物。

④孔内探测:钻孔按技术交底要求施做,孔径应大于 65mm。

（3）作业人员：现场探测时需一名技术人员（或管理人员）操作设备，2～3名工人操作天线的移动。

（4）探测频率：岩溶隧道每掘进20m探测一次，有效探测距离为20～30m，前后搭接5～10m。其他岩性隧道可根据勘察资料及TSP资料确定探测频率。

（5）表面雷达测线布置：采用地质雷达探测时，必须根据探测对象的状况及所处的地质环境，采用相应的测量方式并选择合适的测量参数以保证探测的效果与质量。超前地质预报雷达法采用的是反射测量方式的剖面法。剖面法测量是发射天线T和接收天线R以固定间距沿测线同步移动的一种测量方式。

测线在掌子面的布置方式有3种如图5-70所示。在实际探测过程中，对于上部的水平测线和纵向测线的探测，需要高架作业平台。同时天线移动操作起来较困难，需要现场施工人员的密切配合，探测占用施工时间也较长。另外，高架平台多为金属体，对雷达的探测效果影响也较大。因此，采用表面雷达进行掌子面探测时，可根据现场的工作条件和地质情况，合理选择测线布置方式。

图5-70 表面雷达测线布置

在地质构造或岩溶构造复杂的掌子面探测时，同时还需对左右边墙进行探测，一般各布设一条测线，测线长度应大于20m，且前后两次搭接至少5m以上。若有必要，应在边墙不同高程增加测线布置。

（6）孔内雷达探测的钻孔布置：孔内雷达通过把探测天线放入钻孔内进行探测，超前钻孔采用高速地质钻机成孔，孔径不小于65mm，钻孔深度视探测目标体深度而定。若只对目标体进行初步探测而无须定位则可布置1～2孔，若需要对目标体准确定位则至少需要布置3孔。各钻孔尽可能水平，孔间距尽量拉大，以便于目标地质体定位及产状计算。当钻孔内有高压涌水或因其他原因，探头无法放入钻孔进行探测时，则需在完整岩面另外钻孔。

采用单孔反射法进行孔内雷达探测时，从一个孔中得到的数据无法确定反射体的方位，只能得到反射体的距离及反射体的形态与钻孔的夹角，当单孔发现掌子面前方有重大异常时，要求在掌子面最大范围内布置一个等边三角形的3个钻孔或四边形的4个钻孔来进行多孔测量数据综合解释，确定反射体的准确方位。仪器参数选择和工作程序与表面雷达探测相同，如图5-71、图5-72、图5-73所示。

五、数据采集

1. 采集方式选择

地质雷达数据采集时的信号触发方式一般有三种，即测量轮触发（survey wheel）、时间触发（free run）和键盘触发（point mode）。

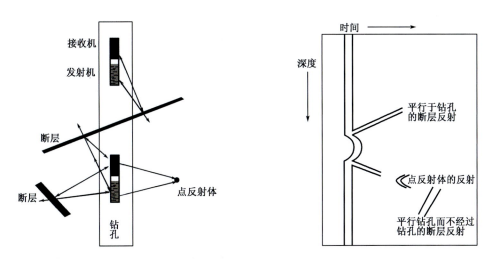

图 5-71　单孔反射测量中的天线布置　　　　图 5-72　来自断层和点反射的雷达图像

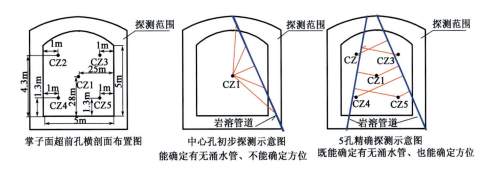

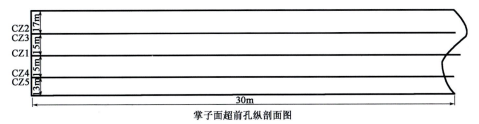

图 5-73　掌子面上多孔雷达布置图

测量轮触发方式,一般要求测量表面比较平整,保证天线移动时测量轮正常滚动,以使雷达采集到的数据长度能够和实际测线长度相符,因为隧道掌子面多凹凸不平,所以一般很难保证测量轮的正常工作,因此不建议采用这种触发方式。

(1)时间触发方式,或称为自由测量方式

地质雷达系统按照一定的时间间隔自动采集数据,要求天线按照合适的速度匀速前进,天线底部和测量表面允许一定的间隙,一般不小于20cm,无论天线是否移动,系统都会按照设定好的速度自动采集数据,因此雷达采集到的数据长度会与实际测线长度不符,所以也最好不要采用这种触发方式。

(2)键盘触发方式,即点测方式

通过电脑键盘发送指令给雷达控制系统,点击键盘采集一道数据,然后天线按固定间距移动采集下一道数据,这种信号触发方式非常适合掌子面恶劣的工作条件,超前地质预报雷达法建议采用这种信号触发方式。

点测方式探测时,天线紧贴在掌子面上移动,发射天线向岩土体内部连续发射脉冲电磁波,在岩土介质中传播的电磁波,遇到不良地质体界面将产生发射波,接收天线接收反射波并通过主机记录下发射波到达接收天线的时间及录下回波的振幅、相位、频率变化特征。

探测结果用地质雷达时间剖面图像来表示。该图像的横坐标为天线在掌子面测线上的位置,纵坐标为雷达脉冲从发射天线出发经过界面回到接收天线的双程走时,这种记录能准确地反映掌子面前方被测物体各个反射界面的形态。

2. 参数选取

天线中心频率的选择:需兼顾目标体深度与目标体尺寸,在满足分辨率且场地条件许可时,尽量使用中心频率较低的天线。如果要求的空间分辨率为 $x(\mathrm{m})$,则天线中心频率 $f(\mathrm{MHz})$ 可由下式初步选定:

$$f = \frac{150}{x\sqrt{\varepsilon_r}} \tag{5-12}$$

采样时窗的确定:主要取决于最大探测深度 $h(\mathrm{m})$ 与地层电磁波速度 $v(\mathrm{m/ns})$。时窗 $w(\mathrm{ns})$ 可以由下式估算:

$$w = 1.3\frac{2h_{\max}}{v} \tag{5-13}$$

采样间隔的确定:由尼奎斯特(Nyquist)采样定律控制,即采样速率至少达到记录的反射波中最高频率的2倍,为使记录波形更完整,Annan建议采样率为天线中心频率的6倍。当天线中心频率为 f,则采样率 Δt 为:

$$\Delta t = \frac{1000}{6f} \tag{5-14}$$

采样率一般由每根扫描线的样点数来反映,其值为 $w/\Delta t$。

在隧道超前地质预报中,一般要求分辨率为0.5m即可,如果岩体的 ε_r 为7~9,选用100MHz的天线即可。根据初选频率100MHz,利用雷达探测距离方程可以估算出探测深度能达到25m。如果选 $h=20\mathrm{m}$,则 w 约为520ns,Δt 为1.67ns,每根扫面线的样点数约为312个,实际探测时常选用512个。

3. 表面雷达数据采集

(1)表面雷达预报选用100MHz雷达天线,若有必要可同时选用其他频率天线作为辅助探测。

(2)仪器设备的信号增益控制具有指数增益功能,模数转换大于16bit,具有8次以上信号叠加功能,连续测量时,扫描速率大于每秒128次。

(3)通过试验选择合适的仪器参数,采样率宜选用天线中心频率的6~10倍。

(4)支撑天线的器材应选用绝缘材料,天线操作人员不应佩带金属物件,并关闭手机。

(5)测试过程中,天线应紧贴岩面,水平测线高度应保持基本一致,垂直测线应保持铅直。

(6)现场采用连测时,应匀速缓慢移动天线,保证点距不大于10cm;采用点测时,点距宜为10cm,采样时保持天线静止。

(7)采用测量轮标注时,宜每季度进行5m距离的校对一次。

(8)现场测试时,应移走或尽量避开测线附近的机械设备与金属物体、导线等。

(9)每次现场测试时必须对隧道掌子面及侧壁进行简要地质素描,了解隧道掘进情况,以助于雷达图像的地质解释与前期雷达成果报告的比对分析与复核。

4. 孔内雷达数据采集

(1)孔内雷达预报选用100MHz雷达天线。

(2)仪器设备的信号增益控制具有指数增益功能,模数转换大于16bit,具有8次以上信号叠加功能,连续测量时,扫描速率大于每秒128次。

(3)通过试验选择合适的仪器参数,采样率宜选用天线中心频率的6~10倍。

(4)护壁材料宜选用PVC管,管径略小于钻孔孔径。

(5)测量各钻孔在掌子面的位置、孔向,绘制孔位布置图,并对掌子面及各钻孔作简单的地质素描。

(6)测试时,首先将天线送入孔底,然后以连测或点测方式测试。连测时应匀速缓慢抽出天线,保证点距不大于20cm;点测时,点距宜为20cm。

(7)现场测试时,应移走或尽量避开测线附近的机械设备与金属物体、导线等。

六、数据处理与分析

地质雷达探测采集得到的原始数据,需经过数据处理,得到有助于解释的数据和图像。原始资料中既包含有用信息,也包含各种噪声,有些情况下有用信息可能被掩盖。数据处理的目的是压制噪声,突出有效信息,以便于从数据中提取速度、振幅、频率、相位等特征信息,有助于解释人员对资料进行地质解释。

(1)地质雷达资料反映的是地下介质的电性分布,要把地下介质的电性分布转化为地质情况,需要把地质、钻探、地质雷达探测成果多方面的资料有机结合起来,建立测区的地质一地球物理模型,并以此得到地下地质模型。

地质雷达超前预报采用点测取得的探测结果一般情况下都比较理想,因此在室内的资料处理和解释速度相对就比较快,室内资料处理和解释一般包括以下几个步骤(图5-74)。

①资料整理:对现场所测资料进行整理,包括测量测网资料整理,野外记录表格的电子化录入工作,工作照片整理及备份野外探测数据。

②图像显示:利用专门的处理软件打开数据,采用线扫描方式、波形加变面积方式、波形图等方式显示测量数据。

③资料编辑:剔除强烈的干扰信息,把一条测线上相邻的几个数据剖面连接在一起组成长剖面数据文件。

④增益处理:采取整体增益,对整个数据剖面的振幅信息进行放大,或者采用指数增益函数对某一个深度区间的振幅信息进行局部放大,便于数据显示。

⑤一维频率滤波:如果在探测资料中出现了低频信号干扰,应采用频率滤波方法滤除低频干扰信号。通常情况下不做此处理。

⑥高级滤波:在探测资料中如果出现多次波干扰信息,需要利用反褶积方法消除多次波干扰,恢复地下真正的地质构造剖面。

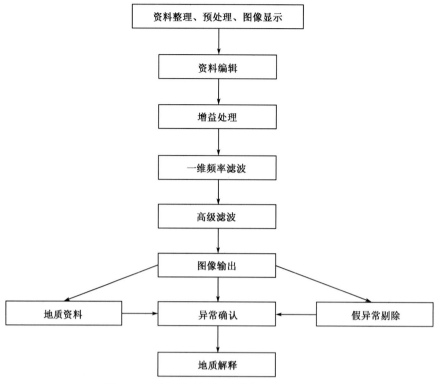

图 5-74 超前地质预报雷达法数据处理及分析流程

⑦输出探测图像,并且对各幅探测图像进行比较,寻找差异,同时结合地质资料,进行地质推断和资料解释工作。给出地质剖面图,并结合各里程桩号地质雷达探测剖面信息,绘制隧道剖面图。

(2)根据雷达图像、同相轴及波形、能量、相位等特征,识别目标地质体,并选取合适的岩体介电常数,计算目标地质体的位置、规模及大致产状。

(3)结合地质资料、其他探测方法探测成果及前期表面雷达追踪结果,判断目标地质体的性质及地下水赋存情况。

(4)表面雷达若布置多条测线探测同一目标地质体,则应提取各雷达同相轴计算地质体的真实产状。

(5)孔内雷达根据多个钻孔的孔内雷达探测结果,提取同一目标地质体的所有雷达同相轴,计算各地质体的真实产状。

七、判释解译模型

在隧道施工过程中,遇到的地质情况通常比较复杂,软弱夹层、构造破碎带、高压富水带等不良地质体普遍存在。另外,在岩溶发育的灰岩地区,还存在溶洞、暗河等不良地质体。这些不良地质体的存在给隧道施工安全和进度带来一定的影响,有时是灾难性的。在超前地质预报中,地质雷达可以很好地探测这些不良地质体如图 5-75 所示。根据雷达图像的分析处理结果,结合掌子面的工程地质情况,能基本确定这些不良地质体的性质、分布位置、规模。根据探测到的不良地质体的特征如图 5-76 所示,分析其可能对隧道施工造成的危害,以便及时采取施工措施,可有效避免施工过程中事故的发生。

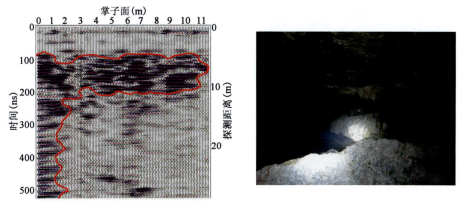

图 5-75 岩溶雷达波形及开挖揭示照片

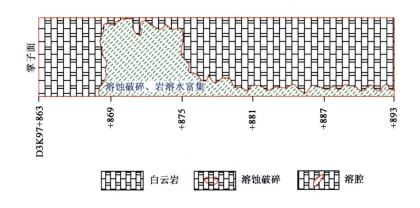

图 5-76 岩溶地质解释剖面

1. 岩溶探测

岩溶,又称喀斯特,是指可溶性岩石受含有侵蚀性二氧化碳的流水溶蚀,有时并加以沉积作用而形成的洞穴、石芽、石沟、石林、溶洞、地下河等。

岩溶发育首先应有可溶性岩石包括碳酸盐岩类岩石(如石灰岩、白云岩)、硫酸盐类岩石(如石膏)和卤素类岩石(如岩盐)等,其次具有溶解力(如 CO_2)和足够流量的水,同时还要有地表水下渗和地下水流动的通道。一般在节理裂隙的交叉处或密集带及断层破碎带,岩溶最易发育。因此,岩溶与其周围的介质存在的物性差异更明显。岩溶洞穴充填物一般是碎石土、水和空气等,这些介质与可溶性岩层本身由于介质常数不同形成电性界面。探测出这个界面的情况,也就知道了岩溶的位置、范围、深度等内容。

岩溶发育时,反射波振幅和反射波组将随溶洞形态的变化横向上呈现一定的变化。一般来说,溶洞雷达图像的特征是被溶洞侧壁的强反射所包围的弱反射空间,即界面反射式强反射,且常伴有弧形绕射现象;溶洞内的反射波则为弱反射:低幅、高频、波形细密,但当溶洞中充填风化碎石或有水时,局部雷达反射波可变强如图 5-77 所示。

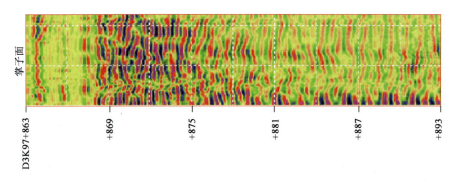

图 5-77　岩溶地质雷达探测剖面图

2. 富水带探测

富水带是含水量大的岩体区域,在隧道开挖后很可能产生涌水现象。水的相对介电常数在自然界最大为 81,当岩体含水量较大时,岩体的介电常数有较大的增大,而电磁波在介质中的传播速度则会降低,这样反射波表现较强的正峰异常,同时出现强反射,有时亦会产生绕射、散射现象,导致波形紊乱,频率成分由高频向低频剧变如图 5-78、图 5-79、图 5-80 所示。

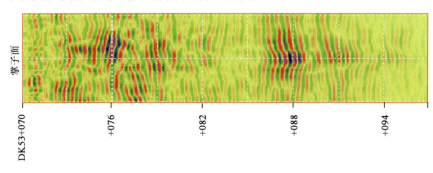

图 5-78　富水带雷达探测剖面

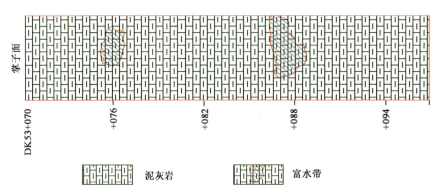

图 5-79　富水带地质解释剖面

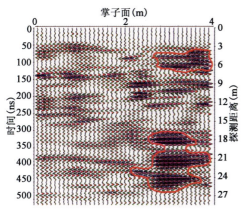 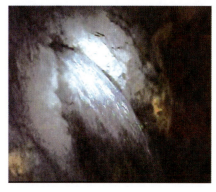

图 5-80　富水带雷达波形及钻孔揭示照片

3. 断层破碎带的探测

岩层或岩体受力破裂后,破裂面两侧岩块发生了明显位移,这种断裂构造,成为断层。断层是地壳中广泛发育的地质构造。由于岩层发生强烈的断裂变动,致使岩体的裂隙增多、岩石破碎、风化严重、地下水发育,所以断层破碎带岩石的强度和稳定性很差。在完整岩石与断层破碎带接触界面的两侧,由于破碎带内岩石的孔隙度和含水率比完整岩石要大,而孔隙度和含水率对介质的 σ 和 ε 均有较大影响,这就造成接触带两侧存在一定的波阻抗差异,致使电磁波在穿过界面进入破碎带内后其反射波能量增强、波形幅值增大,穿过破碎岩层视其胶结程度而使得波形比较紊乱。在雷达剖面上的波场特征:底层反射发育,同相轴错段,反射波振幅能量明显增强,电磁波频率发生变化,有时候会出现断面波、绕射波。因此,根据地质雷达的波形特征及相关地质资料,可以判明破碎带的厚度以及它与完整岩石的界面如图 5-81、图 5-82、图 5-83 所示。

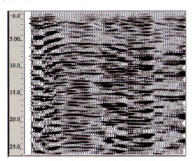 

图 5-81　断层破碎带雷达波形及揭示断层照片

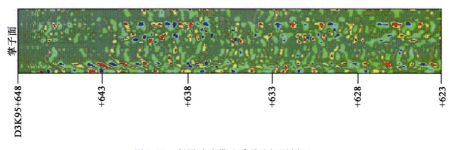

图 5-82　断层破碎带地质雷达探测剖面

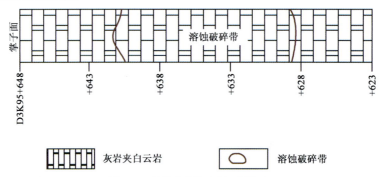

图 5-83 断层破碎带地质解释剖面

4. 裂隙密集带的探测

裂隙也称为节理，是存在于岩体中的裂隙，是岩体受力断裂后两侧岩块没有显著位移的小型断裂构造。岩体中的裂隙，在施工时除有利于开挖外，对岩体的强度和稳定性均有不利的影响。裂隙密集带主要存在于断层影响带、岩脉带及软弱夹层中，由于裂隙内有不同成分、不均匀的充填物，与周边围岩形成电性差异，因此具有采用地质雷达探测岩体中裂隙存在的地球物理基础。当电磁波传播到裂隙表面是，会产生较强的界面反射波，同相轴的连续性反映了裂面是否平直、连续；在穿越裂隙的过程中会产生绕射、散射、波形杂乱、振幅变化大，反映出裂隙内充填物的不均匀性如图 5-84、图 5-85、图 5-86 所示。

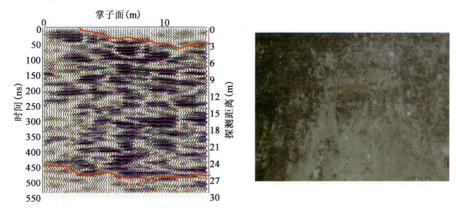

图 5-84 裂隙密集带雷达波形及掌子面照片

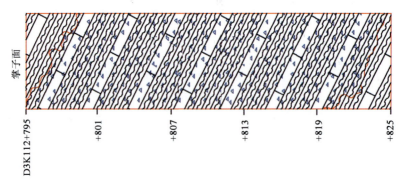

图 5-85 裂隙密集带地质雷达探测剖面

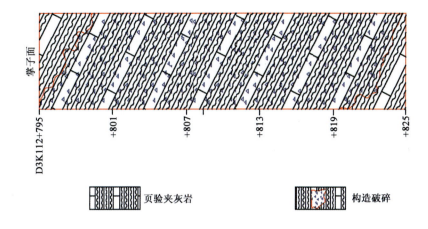

图 5-86 裂隙密集带地质解释剖面

八、成果资料

雷达探测的成果资料为雷达法探测成果报告,报告的内容一般包括以下几个部分。
(1)工程概况:隧道工程概况、隧道工程地质概况等。
(2)工作概况:探测位置、探测目的、探测时间等。
(3)数据采集:仪器设备、测线布置、采集方法、数据质量评价等。
(4)数据处理与评估:数据处理流程、参数选择说明、处理成果及质量评价等。
(5)成果资料:掌子面地质素描图、测线布置图、雷达成果图、地质推断解释图。
(6)探测结论及施工措施建议:评价隧道开挖工作面前方的工程地质与水文地质条件,特别是对隧道施工方案影响大、具有安全隐患的不良地质体的性质、规模、发育部位的评价,以及施工措施、应急预案的建议和进一步探测的建议。
(7)其他需要说明的问题。

九、典型实例

(一)实例一

1. 工程概况

某隧道碳酸盐岩大面积展布,断裂和褶皱发育,加上温暖湿润的气候给现代岩溶发育提供了充分的条件。中、晚更新世以来,受新构造作用影响,碳酸盐岩地层逐渐抬升、出露,遭受不同程度的溶蚀作用,形成类型繁多、形态齐全的岩溶地貌。探测段地表为大型封闭洼地,洞身揭露段岩溶发育具明显的不均匀性,有多段洞身为溶蚀破碎带;地下水为岩溶管道水,含水量丰富。

2. 探测过程

首先采用地质雷达进行了掌子面探测,探测结果表明掌子面前方雷达波组的反射能量、波形、相位特征出现异常(图 5-87),表明该段岩体有异常,推测为溶蚀节理裂隙较发育。其中,DK99+778~DK99+786 范围为溶蚀裂隙带,与隧道轴线斜交,掌子面右侧先揭露该溶蚀裂隙带,内有溶蚀裂隙或溶孔及充填物反映;DK99+786~DK99+805 段岩体溶蚀破碎,见图 5-88。上述两段均见有少量岩溶水反映。

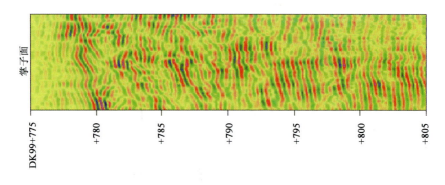

图 5-87　探测剖面图

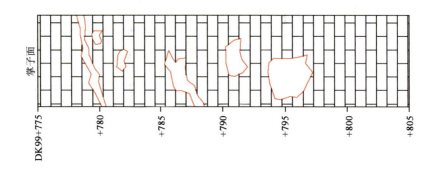

图 5-88　地质解译剖面图

鉴于岩溶发育的复杂性、多变性、突发性及对施工安全的危害性,为进一步查明该段的岩溶发育情况,采用超前地质钻孔进行了进一步的探测,共施作钻孔 3 个(钻孔布置及参数如表 5-25 所示),总进尺 39.5m。

钻孔布置及参数　　　　　　　　　　　　　　表 5-25

孔　号	水平偏角	立　角	孔深(m)
ZK-1	偏左 5°	上仰 6°	14
ZK-2	0°	上仰 4°	13
ZK-3	偏右 5°	上仰 5°	12.5

钻孔揭示表明 DK99+775~DK99+788 段岩性为白云岩质灰岩,岩体较完整,节理裂隙较发育;DK99+778~DK99+780.5 段为一岩溶溶腔,充填有大量黏土充填物夹碎石,3 个钻孔出水量约为 4.5L/s,无压力;DK99+780.5~DK99+788 段岩体较完整,节理裂隙较发育,其间 DK99+783~DK99+786 段发育溶蚀破碎带。

依据探测结果,建议本次钻爆进尺缩短为1.5m,预计施工开挖会在掌子面右下角部位小窗口揭露此溶腔,届时视岩溶充填物情况确定下一步施工方案。为确保安全在开挖揭露之前,建议须做好隧道排水系统的疏通工作,并预备沙袋作为疏导之用。

3. 实际开挖情况

实际开挖揭示表明,DK99+777～DK99+837段岩体整体较完整,DK99+777里程揭露一溶洞,溶洞自右向左延伸,左侧边墙出露宽,3～6m,右侧边墙出露窄,80～50cm,深未见底。洞内无充填,洞壁溶蚀严重,有少量黏土如图5-89、图5-90,洞内有股状水流出,流量1～2L/s。岩体结构面主要是层面及裂隙面,裂隙发育,主要有一组:N60°E/85°NE裂隙面多平直,延伸性差,以方解石充填为主。

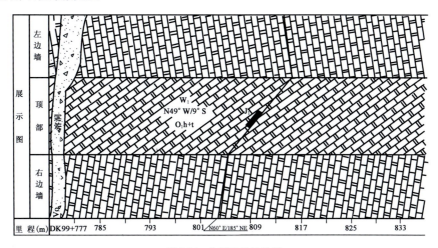

图 5-89 地质素描展示图

图 5-90 开挖揭示溶洞照片

(二)实例二

1. 工程概况

某隧道平导 P2K89+000～P2K89+150 段处于浅埋、岩溶槽谷地段,岩溶裂隙发育,发育溶隙溶槽的可能性很大。

2. 地质雷达探测

本次雷达探测成果见图5-91、图5-92。

结论如下:

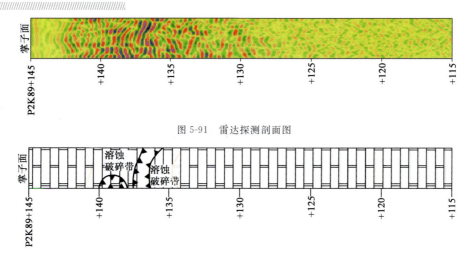

图 5-91 雷达探测剖面图

图 5-92 地质解译剖面图

(1) 掌子面前方探测范围 P2K89+145～P2K89+115 之间岩体较破碎,局部破碎。

(2) 在掌子面前方 P2K89+141～P2K89+134 之间为溶蚀破碎带,岩体较破碎,溶蚀作用发育,有地下水反映。

(3) 在掌子面前方 P2K89+140～P2K89+138 左侧、P2K89+137.5～P2K89+136 推测为溶槽发育,且有少量岩溶水发育。

3. 实际开挖揭示情况

此段为灰白色白云岩,岩体较完整,节理裂隙较发育,层间结合一般,其中 P2K89+188～P2K89+185、P2K89+150～P2K89+140 段发育溶腔,大小不等但对施工影响不大,如图 5-93、图 5-94 所示。

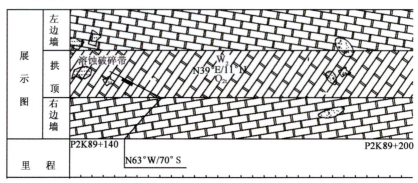

图 5-93 地质素描展示图

(三) 实例三

1. 工程概况

某隧道地层岩性为奥陶系白云岩、灰岩夹页岩,地表普见溶沟、溶槽、落水洞及暗河出口发育,地表物探显示洞身岩体溶蚀现象严重,本隧道区岩溶发育程度中等～强烈。

2. 地质雷达探测

在 DK96+138 里程掌子面采用地质雷达进行超前探测,地质雷达探测结果见图 5-95、图 5-96。

图 5-94　开挖揭示照片

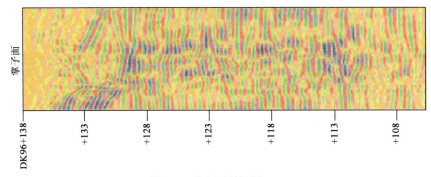

图 5-95　雷达探测剖面图

结合隧道地质条件,进行综合分析得出如下结论:

(1)在掌子面右侧 DK96+135~DK96+128 之间岩体破碎,推测为岩溶发育,可能发育溶蚀破碎带,有地下水反映。

(2)在掌子面中部 DK96+124.5~DK96+124 与右侧 DK96+118 附近 DK96+113~DK96+112 之间溶蚀作用较发育,有地下水反映。

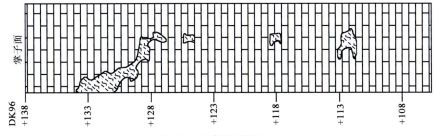

图 5-96　地质解译剖面图

3.实际开挖揭示情况

DK96+070~DK96+130 段岩体较破碎,其中 DK96+128 右边墙发育一溶槽,延伸至 DK96+070 左边墙,走向 N70°W,规模较大,充填少量硬塑黏性土,块石(图 5-97、图 5-98)。

(四)实例四

1.工程概况

某隧道地层岩性为浅灰、灰白色中厚层至厚层状灰岩、白云岩,岩质坚硬,节理不发育,岩

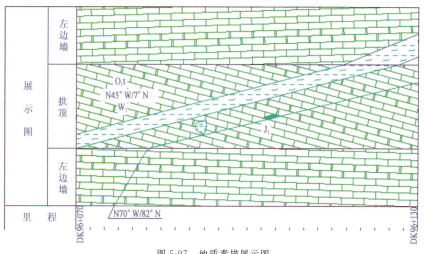

图 5-97 地质素描展示图

图 5-98 开挖揭示的溶槽

层倾角较平缓。地表溶蚀发育程度强烈,其中 DK75+884 左 70m 及 DK75+985 左 141m 处发育漏斗。受断层及上部酸性地下水下渗侵蚀影响,岩体破碎、岩溶发育,围岩易发生掉块、剥落现象,洞身遇溶洞、溶腔的可能性极大,应加强超前地质预测预报,防止岩溶突水、突泥现象发生。

2. 地质雷达探测

在掌子面 D3K75+808.6 进行地质雷达超前探测,探测结果见图 5-99、图 5-100,探测结果表明 D3K75+808.6～D3K75+838.6 段岩体较破碎,岩溶作用发育,溶蚀孔洞、溶蚀缝隙普遍发育,泥土充填。其中 D3K75+809～D3K75+824 段雷达波反射强烈,推测为溶蚀破碎带,带内泥土充填,岩体湿润,揭露溶腔、溶洞的可能性较大。围岩稳定性差。

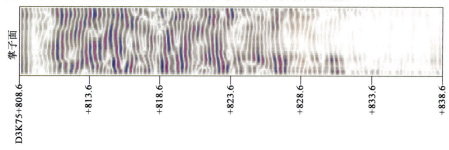

图 5-99 雷达探测剖面图

第五章　隧道超前地质预报常用方法

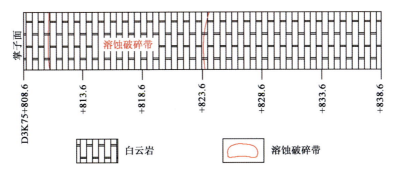

图 5-100　地质解译剖面图

鉴于探测范围内岩溶作用发育，为防止隧道施工发生易突泥、涌水等地质灾害，建议对上述异常段进行超前钻孔探测，以进一步确定岩溶及地下水发育情况，确保施工安全。

3. 实际开挖揭示情况

该段岩层产状为 N30°E/16°N。层间结合一般，岩体较破碎～破碎，溶蚀现象较发育，局部存在泥质充填。其中 D3K75+808.6 拱顶中部发育一小型溶洞，高约 1.5m，宽约 1m，深约 50cm，泥质充填，无水。D3K75+816.7 拱顶中部发育一小型溶洞，洞径约 1m，泥质充填，无水。D3K75+824.7 左侧拱肩发育一小型溶洞，洞径为 1～2m，泥质充填，渗水。节理裂隙发育。主要测得一组节理，J1：N70°W/50°N，微张～张开，泥质充填，节理间距为 10～25cm（图 5-101、图 5-102）。

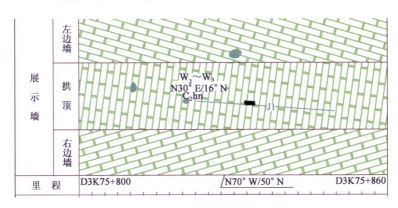

图 5-101　地质素描展示图

图 5-102　开挖揭示围岩破碎状况

—111

(五)实例五

1. 工程概况

某隧道地层岩性为中厚层至巨厚层状灰岩、白云质灰岩,偶夹白云岩,岩质坚硬。岩溶中等至强烈发育,洞身遇溶洞可能性大。在隧道DK74+554m附近发育一断层,与线路呈68°斜交,断层带宽5～30m,由碎裂岩、断层角砾岩组成。

2. 地质雷达探测

在掌子面DK74+586处进行探测,探测范围DK74+586～DK74+556段处于断层影响带范围,探测结果见图5-103、图5-104。探测结果表明,该段岩体整体较破碎,局部极破碎,溶蚀作用微发育,在掌子面前方DK74+583～DK74+576与DK74+572～DK74+566段之间发育空洞的可能性极大,局部填充黏土及块石,裂隙发育极明显,地下水反映较弱。

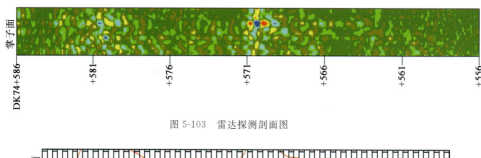

图5-103　雷达探测剖面图

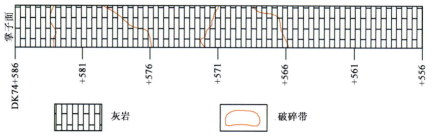

图5-104　地质解译剖面图

本次雷达探测的结果显示,掌子面前方岩体较破碎至极破碎,且处在断层影响带范围内,在上述异常段施工过程中发生地质灾害的可能极大。为确保隧道施工安全,建议在上述异常段进行超前钻孔验证探测。

3. 实际开挖揭示情况

该段岩层产状为N30°E/15°N,层间结合一般。D3K74+547中部发育一小型溶腔,宽20～30cm,长30～40cm,深约10cm,黏土充填;左侧发育一小溶孔,半径约10cm,深约5cm,黏土充填。D3K74+557拱顶上方发育三处空洞,空洞1长约80cm,宽约1.2m,深约50cm;空洞2长约40cm,宽约1.5m,深约60cm;空洞3长约60cm,宽约45cm,高自拱顶向上延伸约3m左右。D3K74+567中部存在一条宽张裂隙,宽约20cm,延伸约5m左右,充填有少量粉质黏土夹砂。D3K74+586左上部发育两个直径约10cm圆形空腔,无填充(图5-105、图5-106)。

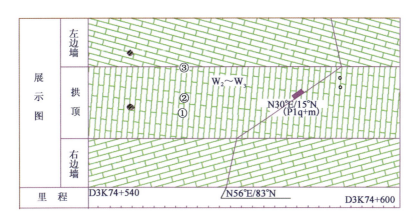

图 5-105　地质素描展示图

图 5-106　开挖揭示情况

第六节　高分辨电法

一、三极超前探测基本原理

三极超前探测是电法超前探测新技术，它采用点电源三极装置进行隧道内数据采集工作，如图 5-107 所示。无穷远电极对隧道内测量电极的影响可以忽略不计，电场分布可近似为点电源电场。供电电极位于隧道中，其电场呈全空间分布，如图 5-108 所示，可利用全空间电场理论对数据进行分析解释。

根据点电源场理论，点电源在均匀全空间的电力线呈射线发散，等电位面是以供电点为球心的球面，电位差则是以供电点为球心的同心球壳，球壳厚度应为测量电极间距。

均匀介质中，当 A 点供电时，测量电极 M、N 所接收的信号受到了图 5-107 中阴影部分的

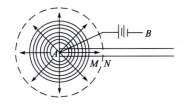
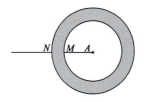

图 5-107　点电源电位及电力线分布图　　　　图 5-108　点电源球壳原理图

影响。在全空间条件下,该阴影包含供电点前后、左右、上下等各个方向的体积。由于阴影所包含区域的影响可以反映到 M、N 处,显然,前方的异常信息也可以反映到 M、N 处。如图 5-109 所示,掌子面前方某位置的异常会使测量电位差曲线产生畸变,但该畸变在堵头内部并不能直接测量,如图中虚线所示。根据电法勘探的体积效应,畸变的实质是球状等位面发生畸变,即 M、N 所在的球壳发生变形,根据等值性原理,在隧道内的测量点上也可以观测到这种变化,所不同的是幅度可能会降低,如图 5-109 中实线所示。

实际上,三极装置探测的是勘探体积范围内包括隧道影响在内的全空间范围的岩石、构造等各种地质信息。

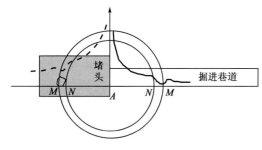

图 5-109 电法勘探原理示意图

二、YD32(A)高分辨电法仪结构特征

YD32(A)高分辨电法仪是专门用于隧道内或矿井下的三极超前电法勘探仪器。仪器由锂电池组、发射输出、单片机控制、A/D 转换、PC104 工控机、存储体、电源系统等组成,如图 5-110 所示。发射电路由两个相同电路板组成,必要时可以两路同时供电,以增大发射电流信号。电池输出的直流电压由逆变升压电路产生 90V 的高压,经整流滤波、极性变换输出、继电器切换后,给不同的电极供电,即通过 $A_i(i=1,2,3,4)$ 电极和无穷远电极向大地供电,建立稳定的人工电场;同时通过 33 个接收电极 M_j、$N_{j+1}(j=1,2,\cdots,32)$ 接收大地的感应电压信号,接收转换由 32 个继电器切换,模拟信号经过滤波和放大后进入 A/D 转换器,转换成数字信号传送到 PC104 工控机,形成文件存储。电流信号由取样电阻和 V/F(电压/频率)转换器组成,

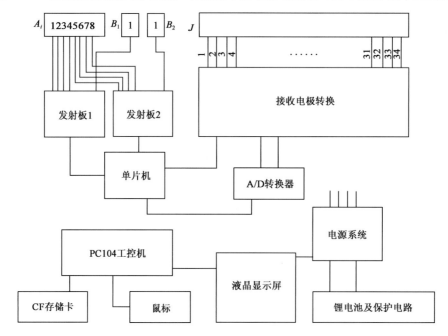

图 5-110 YD32(A)高分辨电法仪组成框图

在发射过程中采集发射电流并存储；接收的电压和电流信号文件以及施工参数由超前探测软件调用，处理形成含水构造剖面图，从而进行地质分析。另外，仪器具有电极检测、电池电压检测等功能。

YD32(A)高分辨电法仪主要由主机、连接发射极电缆、连接接收电缆、连接接收电缆无限远极电线、夹子、接收电极、发射电极、电阻调节器、主机充电器等组成，如图5-111所示。

图 5-111　YD32(A)高分辨电法仪

1.仪器特点及适用范围

YD32(A)高分辨电法仪为防爆型，可在煤矿井下或其他有防爆要求的环境下使用。仪器采用锂电池组供电，在隧道内使用无需外接电源，灵活方便。

YD32(A)高分辨电法仪主要用于探测采煤工作面、隧道掌子面前方隐伏断层、破碎带、陷落柱，尤其是含水、导水破碎带，甚至潜在的突水点等含水构造。

2.安装

YD32(A)高分辨电法仪面板上有四个接线插孔，如图5-113所示。面板右上角的33芯插孔为接收电极插孔，在其下方的9芯插孔为发射电极插孔，再下面的4芯插孔为无穷远处发射电极插孔，面板右下角的7芯插孔为充电插孔。

(1)使用前准备

①检查 YD32(A)高分辨电法仪工作是否正常，为此可将探测仪打开，在地面进行仪器自检。

②检查探测仪电源是否充足，开机看电源显示是否为满刻度。

③准备好发射和接收电极、榔头。

(2)现场测线布置

在靠近掌子面处布置第一个供电电极，形成一个点电源场，在同一直线上向掘进后方距离第一个电极(A_1)等间距依次布置第二个(A_2)、第三个(A_3)供电电极，形成三个供电点。在第三个供电电极后，布设第一个接收电极，以等间距依次布设其他接收电极。接收电极间距与发射电极间距相同，接收电极数量根据需要探测的长度确定，接收电极越多，探测距离越长，但一般不超过32个接收电极。在距离 A_1 至少大于3倍探测距离处布置无穷远电极 B，具体布置见图5-112。

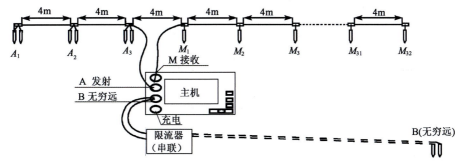

图 5-112　超前探测现场测线布置示意图

图 5-113　YD32(A)高分辨电法仪功能键盘面板图

(3)仪器操作

YD32(A)高分辨电法仪的功能键盘面板见图 5-113。

①"开"键:用于打开仪器电源。经过几秒钟后,屏幕出现主界面。

②"关"键:用于关闭仪器电源。

③"复位"键:用于在开机状态下仪器的复位。

YD32(A)高分辨电法仪的人机接口是由仪器面板上的 LCD 彩色液晶显示器、小型密封式两键鼠标组成。在整个操作过程中,操作人员可利用采集控制系统的操作菜单界面,根据需要通过鼠标光标点击菜单命令,选择适当的工作方式和仪器参数来完成仪器检测和数据采集任务。LCD 彩色液晶显示器可动态实时显示检测结果和各点的电压、电流值,如图 5-114 所示。

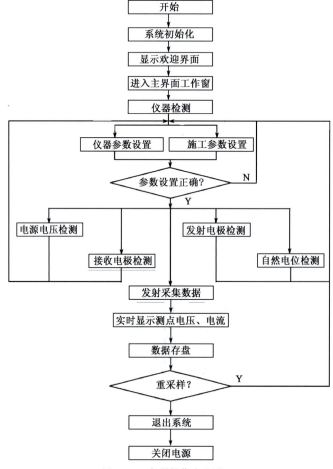

图 5-114　仪器操作流程图

仪器开机之后屏幕进入主界面,见图 5-115。

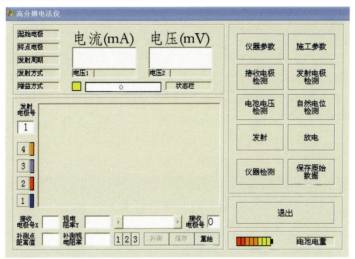

图 5-115　主界面

开机后首先进行参数设置,参数设置包括仪器参数设置和施工参数设置。

①仪器参数设置——单击"仪器参数"命令按钮,出现仪器参数设置对话框,如图 5-116 所示。在该界面可进行发射周期、发射方式、起始电极、终止电极、增益方式、增益值、发射选择的设置。

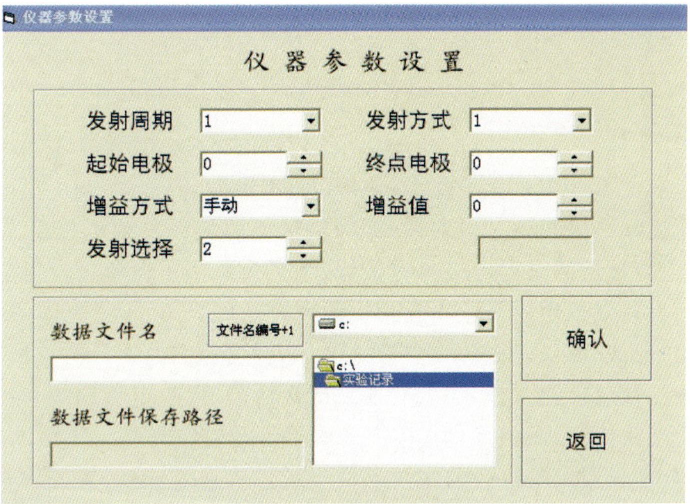

图 5-116　仪器参数设置

发射周期有四种选择,1 代表 2 周期,2 代表 4 周期,3 代表 8 周期,4 代表 16 周期。

发射方式共有六种选择,1 代表发射电极 1;2 代表发射电极 2;3 代表发射电极 3;4 代表发射电极 4;5 代表发射电极 1、2、3;6 代表所有四个发射电极 1、2、3、4。

起始电极和终止电极是需要接收数据的电极号。

增益方式有两种,即手动增益与自动增益。

增益值主要是手动增益的设置,可以在 0~10 之间选择,放大倍数为 2 的 N 次方倍,最大为 1024 倍;若为自动增益,则填 0。

发射选择主要是发射电路的设置,选择0时为零路发射,选择1时为一路发射,选择2时为两路同时发射。

下半部分为设置保存文件的文件名和文件保存路径。不输入"数据文件名"时,将以施工时间加文件编号产生默认文件名。每次点击主界面"发射"键,文件名编号加1,或者在仪器参数设置时点击"文件名编号+1",防止因为文件名相同而覆盖已存文件。

点击"确认"键后标签显示"参数已确认",然后点"返回"键,返回主界面。

②施工参数设置——单击"施工参数"命令按钮,出现施工参数对话框,见图5-117。在该界面可输入施工地区、地质描述、施工人员、施工单位。其输入内容可通过鼠标控制软键盘完成。施工时间由系统自动提供,不需要操作人员输入。

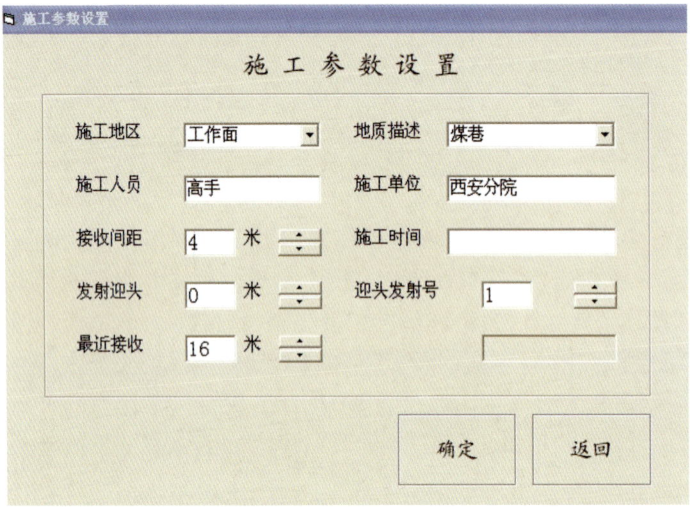

图 5-117 施工参数设置

"接收间距"为接收电极间距;"发射迎头"为距掌子面最近发射电极到掌子面的距离;"迎头发射号"为距掌子面最近的发射电极号;"最近接收"为距掌子面最近发射电极到第一个接收电极的距离。以上参数根据现场施工布置情况设置。

设置完毕后点"确认"键,标签显示《参数已确认》,然后按"返回"键,返回主界面。

接下来进行施工系统检测工作,主要有发射电极检测、接收电极检测、自然电位检测。

首先进行发射电极检测,其界面如图5-118所示。经过检测确定各路发射是否正常,如果正常则为绿色显示,不正常则为红色显示。若有不正常的发射电极,要先检查发射电极是否安设好,然后输入需要重检的发射电极,重新检测,直至电极全部正常。发射方式设置同仪器参数设置中的内容。

接着进行接收电极检测,其界面如图5-119所示。经过检测确定各路接收电极是否正常,如果正常则为绿色显示,不正常则为红色显示。若有不正常的接收电极,或者接地电阻过大,要先检查接收电极是否安设好,然后在电极周围浇水以降低接地电阻,最后输入需要重检的接收电极,重新检测,直至接收电极全部正常,则进行下一步工作。

另外,电法仪还可以进行自然电位检测,见图5-120。经过自然电位的检测,可以确定现场的电场情况,从而进一步指导施工工作。

电法仪还可以进行电池电压检测,结果显示在图5-121中,同时也显示在主界面的右下角。

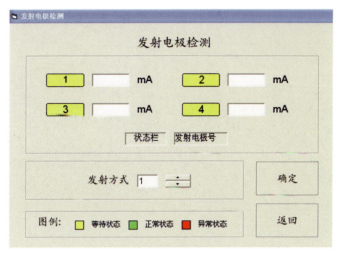

图 5-118　发射电极检测

图 5-119　接收电极检测

图 5-120　自然电位检测

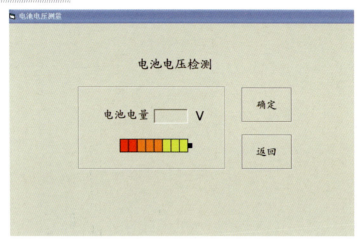

图 5-121　电池电压显示图

如果探测仪一切正常则开始采集数据,按主界面的"发射"键,则开始采集数据。其结果显示在主界面的电压、电流显示位置,状态条显示工作进度,采集的数据保存在设定的文件里,以便进行下一步数据处理工作,在发射过程中不要操作其他功能按键。采集到的数据经过数据处理软件处理就可以把探测地区的处理解释结果显示出来,从而直观地反映当地的地质情况。

在发射采集过程中,每个采点的电压、电流、接收电极号及视电阻率等信息都显示在主界面上,并且随着每个采点数据采集的完成自动绘制成视电阻率折线图。当参数设置的点采集完毕以后,可以使用"补测"键对一些明显有误的电极进行重测。使用"补测"键前首先要点击右边发射电极号下面的 4 个数字键,选择补测的发射方式 1、2、3 和 4,即确定补测时的发射电极号。然后利用滚动条选择接收电极号,点击"补测"键进行补测。每补测 3 次记为一个循环,同时在图上显示补测点,测量值分别保存,可以点击"补测"键前的"1"、"2"、"3"进行选择。每点击一个,在补测视电阻率处显示补测值。点击后可点击右边的"保存"键,保存补测后选择的数据(自动删除原先的测量数据)。"重绘"键,重绘仪器参数设置后采集的折线图。

三、数据处理

现场采集的数据文件被存入数据采集系统仪器箱中,将仪器面板上的 USB 口连接到 U 盘,采集的数据即可回放到计算机中。通过 YD32(A)高分辨电法仪资料处理软件系统进行数据处理,得出视电阻率等值线图。在数据分析处理过程中,采用增强有效信号,压制干扰信号,提高信噪比,使地质异常体能够清晰成像等手段。

整个软件系统包括 YD32(A)高分辨电法仪的资料处理全部功能模块和辅助程序模块及常用工具。其菜单示意如图 5-122 所示,菜单行位于工作区域的上端位置,采用下拉式菜单。YD32(A)高分辨电法仪的资料处理基本流程为:(如果数据不需编辑)打开文件→预处理→数据处理→等值线图→成果图。最终可得如图 5-123 所示的超前探测结果图。

工程地质技术人员可以结合区域地质资料、前期勘察资料及开挖揭示的地质资料,通过综合分析,把超前探测成果图解译成地质信息,预测掌子面前方的地质情况。

高分辨电法探测成果资料为高分辨电法探测成果报告形式,报告内容包括:

(1)工程概况;

(2)探测目的;

(3)探测过程,如探测原理、探测日期、探测里程、探测距离、质量评价;

(4)探测成果图;

(5)成果图解译;

(6)结论。

图5-122 YD32(A)高分辨电法仪资料处理系统菜单示意图

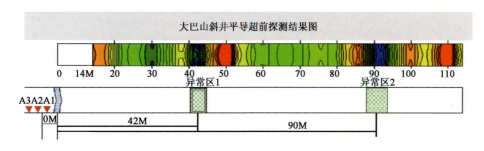

图5-123 超前探测结果图

四、应用实例

(一)实例一

新大巴山隧道位于川陕交界的大巴山山脉腹部地区,隧道通过的地层岩性、地质构造、工程地质条件及水文地质条件极为复杂。测区褶皱发育极为强烈,隧道穿过多个背斜、向斜及多条区域性断裂,岩体破碎,岩溶发育,岩溶地下水发育,隧道施工存在涌水、突泥风险。为查明隧道工作面前方水文地质条件,施工中在可能的富水地段采用高分辨率电法进行了多次超前探测,具体探测详述如下。

1. 平导PDK431+310超前探测

平导掘进至PDK431+310时,采用高分辨率直流电法进行了一次超前探测,探测采用三极布极法,探测距离达到了 102m,有效探测距离为 84m。

本次探测成果见图 5-124,图中颜色较浅部分为低阻异常区,数字代表 A_1 发射极前方距离。从超前探测成果图可以看出:A_1 发射极前方 18m 范围为探测盲点,这是由于探测仪的工作特性导致的。掌子面位于 A_1 前方 14m,掌子面前方 9~13m 存在低阻异常区;其余区域均为无异常高阻区。

探测结论:本次探测区域为 PDK431+222~PDK431+306,其中 PDK431+297~PDK431+301 区域为异常区 1,结合地层岩性,综合分析判断为裂隙发育,可能为含水构造。其余区域内没有发现大的异常区,不存在大的含水构造带。因此,建议在 PDK431+297~PDK431+301 异常区段,加强超前钎探,其他区段施工可按正常工序掘进。

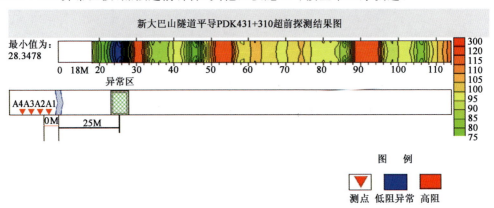

图 5-124 平导 PDK431+310 高分辨率电法探测成果图

2. 正洞 YDK432+365 超前探测

本次超前探测距离为 104m,有效探测距离为 90m。从超前探测成果图(图 5-125)可以看出:A_1 发射极前方 14m 范围为探测盲点。掌子面前方 31~36m、74~76m 为低阻异常区,存在含水构造;其余区域均为高阻区,不含水。

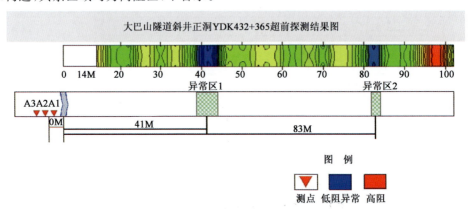

图 5-125 斜井正洞 YDK432+365 高分辨率电法探测成果图

3. 平导 PDK428+783 超前探测

平导 PDK428+783 掌子面高分辨率电法探测,探测结果见图 5-126。

本次探测区域为 PDK428+330~PDK428+428。探测结果显示,PDK428+333~

PDK428+342、PDK428+377~PDK428+379、PDK428+389~PDK428+394区间分别为异常区1、2、3。通过对区域地质资料、勘察资料以及开挖揭露地质资料综合分析,判定异常区1、2、3可能为含水构造,其中异常区1裂隙发育,可能表现为线状水或股状水流出;异常区2、3可能表现为渗水或滴水状。因此,建议在异常区1、2、3揭露之前5m开始加强5m长钎超前探测。其余区域内没有发现大的异常区,不存在大的含水构造带,隧道可正常掘进。

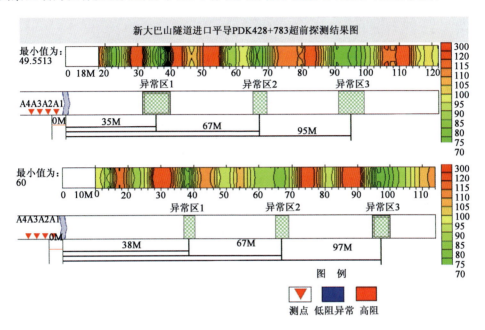

图5-126　平导PDK428+783高分辨率电法探测成果图

(二)实例二

宜万铁路野三关隧道二线掌子面里程ⅡDK124+079.7,地层岩性为泥页岩夹含铁质石英砂岩,高分辨率直流电法探测成果如图5-127所示。

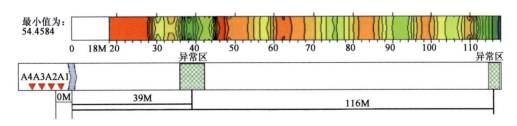

图5-127　ⅡDK124+079.7高分辨率电法探测成果图

图5-127中颜色较浅部分为低阻异常区,数字代表A_1发射极前方距离。从超前探测图上可以看出:A_1发射极前方18m范围为探测盲点。掌子面里程ⅡDK124+079.7,位于A_1前方35m。第一个异常区里程范围为ⅡDK124+081~ⅡDK124+090,根据掌子面开挖揭示情况判断该段为含铁质岩层,裂隙发育含水,水量不大;第二个异常区里程为ⅡDK124+154~ⅡDK124+162,判定该异常区构造发育,地下水较发育。其余区域内没有发现大的异常区,不存

在大的含水构造带,隧道可正常掘进。

经开挖验证,掌子面前方第一低阻异常区为铁质石英砂岩地层,且地下水发育,水量较小;第二低阻异常区为F17断层带,该断层带规模较小,表现为一条光滑断层错动面和泥页岩岩层扭曲变形,岩体破碎,裂隙水发育,水量较大。

第七节 红外探测法

红外探测作为地下工程中一种常用的超前探测技术,起初主要应用于煤炭矿井巷道中地下水、煤层的自燃状况、瓦斯构造及机器配件老化等方面的探测。鉴于红外探测技术在煤炭系统的成功应用,我国铁路系统在修建隧道的过程中引入了红外探测技术,作为超前地质预报的一种手段,用于探测隧道内的含水构造。

一、基本原理

由于分子振动,地质体每时每刻都在向外部发射红外波段的电磁波,从而形成红外辐射场(场具有密度、能量、方向等信息)。地质体在向外部发射红外辐射的同时,必然会把它内部的地质信息传递出来。当隧道前方地质体相对比较均一、不存在隐蔽灾害源时,沿隧道走向对隧道各部位(掌子面、拱部、左边墙、右边墙、隧底)进行探测,可获得具有正常场特征的红外探测曲线;当存在隐蔽灾害源时,灾害源产生的灾害场会叠加到正常场上,使正常场中的某一段曲线发生畸变,即红外异常。

在隧道开挖过程中,可通过热力学原理,进行距离含水构造轴线为 r 的任一点的红外场强数值计算。假设掌子面前方含水层有足够走向长度,并与隧道方向正交或斜交,含水层为一半径为 r_0 的无限长圆柱体,位于热传导率为 $k=3.56\text{W/mK}$、半径为 R 的同轴均匀围岩中。其红外温度场分布可由求解坐标系中的椭圆方程边值问题确定。

$$\begin{cases} \dfrac{\partial}{\partial r}\left(r\dfrac{\partial T}{\partial r}\right)=0 \\ -k\dfrac{\partial T}{\partial r}=h_1(T_{\infty 1}-T)|_{r=r_0} \\ k\dfrac{\partial T}{\partial r}=h_2(T_{\infty 2}-T)|_{r=R} \end{cases} \tag{5-15}$$

其解为:

$$T=C_1\ln r+C_2 \tag{5-16}$$

其中:

$$C_1=\dfrac{T_{\infty 2}-T_{\infty 1}}{\dfrac{k}{h_2 R}+\dfrac{k}{h_1 r_0}+\ln\dfrac{R}{r_0}}$$

$$C_2=\dfrac{\dfrac{k}{k_1 r_0}T_{\omega 2}-T_{\omega 2}\ln r_0+\dfrac{k}{h_2 R}T_{\omega 1}+T_{\omega 1}\ln R}{\dfrac{k}{r_0 h_1}+\ln\dfrac{R}{r_0}+\dfrac{k}{R h_2}}$$

式中:$T_{\omega 1}$、$T_{\omega 2}$——分别为含水层温度;

$h_1(=2500\text{W/m}^2\text{K})$、$h_2(=5\text{W/m}^2\text{K})$——分别为水和空气的热对流系数。

由式(5-15)可计算该含水柱体引起的围岩内任意一距其轴线为 r 的点的温度,即红外探测仪的各点测量数据。外围空间不存在隐伏构造时,其红外辐射场为一正常场,相同 r 值的各点红外场强相同或差值较小。当隧道外围存在隐伏含水构造(或微含水构造)时,构造所产生的异常场就要叠加在正常场上,从而使正常场发生畸变,相同 r 值的各点红外场强差值较大。

红外探测技术就是通过接收地质体的红外辐射强度,根据红外辐射场强的变化来判断掌子面前方、洞壁四周或隧底是否存在隐伏的含水构造。

仪器设备及使用说明如下。

(1)仪器设备

目前我国隧道超前地质预报主要采用的红外探测仪器为 HY—303 型和 HW—304 型两种,具体仪器设备情况如下。

①HY—303 型红外探测仪器。HY—303 型红外探测仪(图 5-128)是通过现场探测,将探测数据记录在表格中,再根据采集的数据,绘制掌子面场强图件及红外探测曲线,进而推断前方地质情况的一种预报仪器。

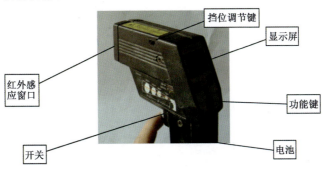

图 5-128　HY—303 型红外探测仪

②HW—304 型红外探测仪器。HW—304 型红外探测仪(图 5-129)是 HY—303 型的改进型,以 HY—303 为基础在数据存储与处理方面向前迈进了一步。它可将探测场强数据储存在仪器内,用通信电缆与微机连接后,使探测数据直接传输至微机,实现快速准确成图。

(2)仪器使用说明

①HY—303 型红外探测仪。HY—303 型红外探测仪为似手枪形结构,采集数据时直接按住开关即可显示测量数值。HY—303 型红外探测仪各功能键(图 5-130)的作用如下。

图 5-129　HW—304 型红外探测仪

图 5-130　HY—303 型红外探测仪功能键

挡位调节键(图5-128中最上方键位):该键调节显示数值的单位,包括摄氏度挡和红外场强挡。在摄氏度挡挡位下测得的数值为被测量物的摄氏温度值;在红外场强挡挡位下测得的数值为被测量物的红外场强值。图5-131所示分别为摄氏度挡、红外场强挡的显示数值。

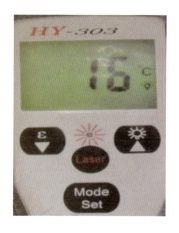 

图5-131 摄氏度挡、红外场强挡的显示数值

模式设置键(Mode Set):该键用于设置测量数据的最大值、最小值、差值及平均值(图5-132)。

图5-132 红外辐射场强的最大值、最小值、差值、平均值

Laser键:该键为红外探测仪的激光光束开关。

ε设置键(▼键):该键为介电常数设置键,通过上下两个按键可以设置测量物的介电常数。

☼键(▲键):该键为显示屏背光的开关键以及ε介电常数向上调节按键。

②HW—304型红外探测仪。HW—304型红外探测仪界面中的OFF键和ON键分别为关机键和开机键,开机后显示屏上的菜单如图5-133所示。

显示屏左上角的字母表示使用的挡位,HW—304表示红外探测仪的型号,8表示电池电量(1~4表示电量不足,应及时充电;5~9表示可正常工作)。Set、Mea、Tra、H/M分别对应下方的F1、F2、F3、F4键,其含义见表5-26。

HW—304 型红外探测仪按键含义　　　　表 5-26

Set	Mea	Tra	H/M
F1	F2	F3	F4
设置	测量	通讯	选挡
退出	向前	后退	确定

在仪器开始探测前,各功能键的作用如下。

F1(设置)键:通过按该键 1～4 次,可分别使显示屏背景光亮、激光器亮、两者同时亮、两者都不亮。激光器的作用是利用红色光斑确定被探测点位。

F2(测量)键:该键开始进行红外探测。在按键前,应对设置做好选择,同时选好挡位。

F3(通讯)键:按该键的作用是将红外探测仪储存的数据传输到计算机中。

F4(选挡)键:按该键可实现选挡。H 为高灵敏挡,用作探测瓦斯构造;m 为常用挡,用作隧道内的超前地质预报,探测红外辐射场强值。

在仪器探测过程中,各功能键的作用如下。

图 5-133　HW—304 型红外探测仪功能键

F1(退出)键:按该键可由探测画面退回到开机菜单。该功能只在每个顺序号为 1 号探点时生效。

F2(向前)键:该键的作用是在探测过程中改变顺序号(顺序号是以掌子面为端点,向后方每隔 5m 编一个号),每按一次,增加 1 个顺序号,如探测点号为 01-1 时(前边的 01 表示顺序号,后边的 1 表示探点的空间位置,1～6 分别表示左边墙角、左边墙、拱顶、右边墙、右边墙角、隧底中线位置),按一下该键就变为 02-1。

F3(后退)键:该键的作用是返回原来的探测点号。在探测过程中,如对已经探过的点号的场强值存有疑虑或探测不准确,可通过按该键返回,重新探测。

F4(确定)键:在开始探测时,经过 3～5s 待探测值稳定后按该键进行确认。按键完成后,会自动出现下一个探点号。如原来点号为 01-1,按一下 F4 键,点号将变为 01-2。当仪器屏幕出现下一个探测点号时,操作者需将激光指向器指向下一个点位继续探测。在每个顺序号上,探完 6 个点位后,按一下 F4 键便可将数据储存,并自动进入下一个顺序号继续探测。

(3)仪器特点及适用范围

红外探测仪设备轻盈,操作简便,探测作业时间短(洞内操作只需 15min 左右);数据处理快捷,资料分析快,测量完毕即可得出初步结论,室内整理及报告编写也可在 2h 内完成;在是否存在含水构造的问题上能够指导 10～30m 施工,可以作为超前地质预报的一种辅助手段使用。

红外探测仪的使用环境为:温度 0～40℃;湿度应不大于 80%,在潮湿环境中工作应不超过 8h;大气压力 $(0.8\sim 1.1)\times 10^5$ Pa;无腐蚀性气体和强电磁场干扰。

二、应用范围

在复杂地质条件下,特别是岩溶发育地区,隐伏水体或含水构造除了可能出现在隧道掘进前方之外,还可能出现在隧道顶板上方、底板下方、两边墙外部。作为超前地质预报的手段之一,红外探测仪可实现全空间、全方位探测。其具体应用范围如下:

(1)隧道掘进过程中,可进行超前探水预测。

(2)通过对隧道拱顶的探测,可了解上方地层中是否存在导水构造,以便采取措施降低其对隧道衬砌结构的威胁。

(3)通过对两侧边墙的探测,可了解边墙外侧是否存在隐伏含水构造。当边墙外侧存在隐伏含水构造时,短时间内虽然未发生涌水,但随着隧道的向前掘进、卸压区的增大,边墙侧壁抗压强度可能因无法满足稳定要求而发生突涌水。

(4)对隧道底部进行探测,可了解底部是否存在岩溶洞穴、含水构造,这对防范滞后突水与解决运营期间的隐患(翻浆冒泥、基床塌落等)具有重要作用。

由于HY—303型与HW—304型红外探测仪的探测原理、探测过程及数据分析基本一致,所以以下内容以HY—303型红外探测仪为例,对探测过程及数据分析进行介绍。

三、施工准备

1. 探测时间的选择

由于红外探测仪对周围环境和高温发热源比较敏感,因此探测时间应选在放炮、出渣完毕,测量断面轮廓线的间隙,此时断面内无任何机械和发热体,也无施工用水等影响,探测环境最佳。

2. 测线布置

测线的布置取决于工作目的。如需了解隧道掘进前方有无含水构造时,测线须在开挖断面布置;如需了解拱顶上方、两边墙外侧及隧底的含水构造情况时,测线须布置在拱顶、左右边墙及隧底。

利用红外探测仪进行超前地质预报时,通常选择在开挖断面、拱顶、左右边墙和隧底中线布置测线。开挖断面测线布置:一般为3~4条,每条测线布3~5个测点。拱顶、左右边墙和隧底测线布置:一般自开挖断面往洞口方向布设,测点间距一般为5m,发现异常时应加密点距,测线布置长度通常为50m。开挖断面、左右边墙和隧底的测线和测点布置见图5-134。

随着隧道不断向前掘进,后方不断变为卸压区,在地应力作用下,岩体结构可能遭受破坏。当雨季到来时,如果地表有汇水区或者地下有承压水,原先不导水的围岩经破坏后都可能造成突发性的突水事故。为监测隧道后方的水文动态变化,特别是预防滞后突水,可利用红外探测进行全隧道全方位探测(即拱顶、隧底、左右边墙),也可根据需要,只做一个方位的探测,测点布置与超前地质预报的测点布置相同。比如,为预防隧道底部的滞后突水,可每隔一定时间,对已掘进段隧道底部做一次底板探测,测点布置在已掘进段的隧道底部中线上。

3. 操作要求

(1)探测前,先检查探测仪器,并备好皮尺、红油漆和记录用具。

(2)由开挖断面开始,用红油漆以5m间距在隧道边墙标记测点,一直标到距离掌子面50m处。

第五章 隧道超前地质预报常用方法

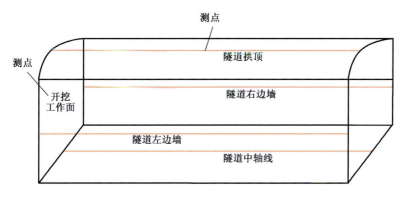

图 5-134　各位置测线和测点布置示意图

四、数据采集

1. 数据采集方法及步骤

测点布置完毕后即可进行数据采集。采集方法是：扣动扳机，将红外探测仪的激光指向器射出的红色光斑对准各测点，待显示屏上的读数稳定后记录下来，即为该测点的红外辐射场强值，然后继续下一个测点场强值的采集。采集步骤是：先对开挖断面上布置的测点进行探测，探测完毕后，从开挖断面里程处开始分别对拱顶、左右边墙和隧底中线进行第一组探测，然后每隔 5m 进行下一组探测，每组探测均可得到拱顶、左右边墙和隧底的探测数据，直至完成 11 组数据的采集（通常探测长度为 50m）。开挖断面及其他部位的数据采集记录表分别见图 5-135 和表 5-27。

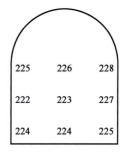

图 5-135　DK0+489 断面探测数据

某次拱顶及左右边墙探测数据（$\mu W/cm^2$）　　　　表 5-27

里　程	左　边　墙	拱　　顶	右　边　墙
DK0+439	225	224	226
DK0+445	224	225	226
DK0+449	226	225	227
DK0+455	226	227	226
DK0+459	224	226	225
DK0+465	225	226	224
DK0+469	226	227	224
DK0+475	224	225	223
DK0+479	225	227	225
DK0+485	224	225	227
DK0+489	225	225	224

2.数据采集注意事项

(1)当隧道外气温低于0℃时,由洞外进入到洞内后不应急于探测,应将红外探测仪在洞内放置20~30min,使仪器自动进行调节,方可开始探测工作。在此期间,可进行测点的布置和标记。

(2)探测时,激光束形成的红色斑点必须落在岩壁上,不允许落在台架等物体上,否则测得的场强将不是目标场强;不允许照射在发热源附近,否则测得的场强将出现较大偏差;严禁指向香烟头、电炉丝、电焊火花等高热源物体,有损仪器灵敏度。

(3)开始正式探测前,应先自选一个或几个目标,重复探测几次,观察读数是否一致。当读数一致时,才可以开始正式探测,此为仪器的预运转。

(4)扣动扳机读数时必须松开手指,特别是使用平均读数挡时更是如此。假如连续三个测点均不松开手指,则第三个测点的数值就是前三个测点读数的平均值,而非第三个测点的实际场强值。

(5)不同来路的水有不同场强,比如岩层中的裂隙水、岩溶水、施工用水等,它们具有不同的场强。由于来路不同,水量大小不同,因而潜在危害也不相同。为此,在探测过程中应该对已知水进行探测,并记录下来,这样就可对未知水进行判断。

(6)发现探测值突变时,应初步分析产生异常的可能原因,如果是受到喷射混凝土、放炮、发热源等因素影响应予以删除,并重测。此外,还应在该测点周围再探测几个点,以确认其准确性。需要加密的应加密,加密的探测值记录在备注栏中以避免绘图混乱。

(7)探测行走过程中,如遇到衬砌、锚喷段、联络巷洞口、裸岩段、避车洞等地段时,均应记录在备注栏中。

五、数据分析

1.数据图件绘制

(1)绘制开挖断面的红外辐射场强值图件时,可将探测数据直接标注于相应的测点位置(图5-135)。

(2)红外探测曲线图的图头应注明隧道名称、开挖断面里程及探测时间。

(3)红外探测曲线图通常用直角坐标系表示红外曲线变化(即红外辐射场强值的变化)。直角坐标系横坐标表示测点里程,纵坐标表示红外辐射场强值。横坐标最右端通常为开挖断面里程。

(4)需要注意的是,选用合适的比例尺进行绘图,才能清晰地显示出红外辐射场强的变化。用小比例尺压缩曲线的变化或用大比例尺夸大曲线的变化,都无法准确显示探测曲线的变化趋势,从而导致对探测结果的误判。

(5)若将多条曲线(即隧道各空间部位的红外辐射场强值的变化曲线)放在同一坐标系中绘制红外探测曲线图时,应做好标记,以区分各曲线所代表的是隧道哪个空间部位的红外辐射场强值的变化。

以表5-27中记录的隧道左右边墙及拱顶的数据为例,绘制红外探测曲线,如图5-136所示。

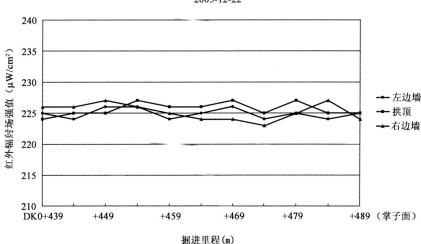

图 5-136　某隧道红外探测曲线示意图

2. 数据分析

超前地质预报是以地质工作为基础和前提的，红外探测也不例外。因此，在分析红外探测曲线之前，首先应了解探测地段的工程地质以及水文地质情况；其次，应审查获取数据和绘制探测曲线的可靠性，即审查探测数据、记录数据和输入数据是否正确。在保证探测资料准确、可靠的基础上分析、解释探测曲线时，应首先确定正常场，再分析有无干扰场，最后判断曲线尾端（开挖断面附近）是否存在异常场，从而预报隧道前方地下水情况。

(1) 红外探测中的红外正常场、异常场与干扰场

红外正常场：当隧道开挖断面前方和外围空间介质较均匀时，沿隧道拱顶、隧底和左右边墙由开挖断面向洞口方向探测时，所获得的场强是略有起伏但总体与横坐标轴平行的曲线。该探测曲线中的红外辐射场称为正常场，其物理意义是隧道外围无灾害源。

红外异常场：当隧道前方和外围某一空间存在灾害源时，灾害源产生的灾害场就会叠加到正常场上，使正常场中的某一段发生畸变，该畸变段称为红外异常场。凡高于或低于正常场的均称为异常场，其物理意义是隧道外围存在灾害源。因此，必须首先确定正常场，才能确定异常场。初期探测时可把正常场的测量距离加长，以便准确地判断异常场。

红外干扰场：当隧道中出现不均匀的热源物体或气体时，如在发热源、风管口附近等，就会产生干扰场。这种场会叠加到正常场上，使探测曲线发生变化，但受到干扰的探测曲线易于辨认。

(2) 红外探测中的红外正常场、异常场与干扰场的识别

红外正常场与异常场通过各自定义就基本可以分辨和识别。图 5-136 中，拱顶和左右边墙的三条探测曲线虽略有起伏但总体较平缓，属于正常场；图 5-137 中，三条曲线在 DK0+439～DK0+479 段内总体较平缓，属正常场，但在 DK0+479～DK0+489（开挖断面里程）段下降趋势较明显，低于正常场，则属于异常场。

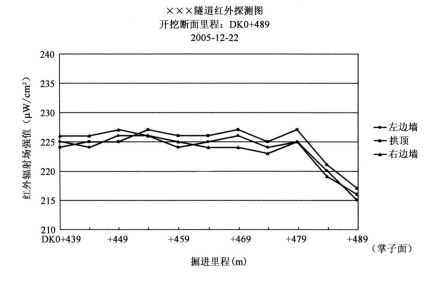

图 5-137 某隧道红外探测曲线示意图

干扰场与异常场的区别如下。

①由于干扰场的干扰源位于隧道已开挖段内,因此它对每条探测曲线产生的影响几乎是一样的;灾害源位于隧道外部某一位置,距离隧道拱顶、左右边墙及隧底的距离有远有近,对各条探测曲线的影响也大小不一。

②从已获得的探测曲线来看,受干扰的探测曲线是同步上升或同步下降的;灾害源产生的红外异常曲线的上升或下降是不同步的。

③当把多条曲线绘制在同一坐标系中时,受干扰的探测曲线相互之间离开的距离,在整条曲线上几乎没有变化(允许曲线之间相互交错,但离开的距离变化不大);灾害源产生的异常曲线段在曲线尾端(开挖断面附近)的分离程度则大得多。

3. 数据解释

数据解释是分析、判断灾害源存在与否的依据,是整个红外探测法中的关键步骤。通过分析开挖断面每行测点的最大场强差值和拱顶、左右边墙、底板的探测曲线的变化,判断掌子面前方 30m 范围内是否存在含水构造。

(1)用开挖断面每行测点的最大场强差值判断掘进前方有无含水构造:当隧道掘进前方介质相对均匀时,开挖断面上每行的最大场强差值应该在一个较小的范围内波动变化(即正常场),通过正常掘进可总结出一个变化上限,即安全值(通常取经验安全值为 $10\mu W/cm^2$,工程地质、水文地质条件不同的区域有所差别,如在渝怀线圆梁山隧道中的泥岩、沥青质灰岩取 $10\mu W/cm^2$,可溶性灰岩取 $7\mu W/cm^2$)。当掘进前方存在含水构造时,断面上每行测点的场强值将会发生变化,使得红外辐射场强绝对值之差增大。因此,可以根据最大场强差值是否超过安全值来判断隧道掘进前方是否存在含水构造。当开挖断面最大场强差值大于安全值时则为红外异常,前方可能有含水构造或存在地质异常体;若开挖断面最大场强差值小于或等于安全值则无红外异常,前方可能无含水构造或不存在地质异常体。

如图 5-135 所示,该开挖断面上每行三个测点的最大场强差值分别为 $3\mu W/cm^2$、$5\mu W/cm^2$ 和 $1\mu W/cm^2$,均小于经验安全值 $10\mu W/cm^2$,因此可以判断该开挖断面前方 30m 范围内不存在含水构造。

(2)用探测曲线判断隧道掘进前方有无含水构造:当隧道掘进前方和外围空间介质较均匀时,属于正常场,所获得的探测曲线应该是略有起伏但总体与横坐标轴平行的;当掘进前方存在含水构造时,含水构造这个灾害源就会产生一个灾害场,并向外围传播。在对隧道各部位进行红外探测时,会发现前方含水构造产生的灾害场造成探测曲线在掘进断面附近发生突变(突然上升或突然下降)。因此,可以根据探测曲线的趋势来判断掘进前方是否存在含水构造。当探测曲线略有起伏但总体较平缓时,掘进断面前方可能无含水构造;当探测曲线在掘进断面附近突然上升或突然下降时,其前方可能存在含水构造。

在大量探测成果的基础上可以发现,上升趋势与下降趋势的探测曲线整体表现形式呈单调递增或递减,通过回归分析法可将其经验方程归纳为:

$$y=ax^2+bx+c$$

式中:a、b、c——经验系数。

在探测过程中,凡遵循此经验方程的探测曲线,在掘进断面前方皆有发育异常地质体的可能。

另外,如果整个探测段内地下水均发育或在大型溶洞、暗河等异常构造的影响下,其影响范围内的探测曲线也有类似正常场呈近似直线的表现形式,此种情况下就不容易判断前方是否发育异常地质体了。

图 5-137 所示探测曲线,表示掘进断面前方 30m 范围内(DK0+489~DK0+519 段)可能存在含水构造。图 5-136 所示的探测曲线,若探测段 DK0+439~DK0+489 地下水不发育,则表示掘进断面前方 30m 范围内(DK0+489~DK0+519 段)不存在含水构造;若探测段 DK0+439~DK0+489 地下水很发育,则该探测曲线表示掘进断面前方 30m 围内(DK0+489~DK0+519 段)可能不存在含水构造,但也可能存在。

(3)当获得的探测曲线受到干扰源干扰时,探测曲线仍然可用,对前方的含水构造依然可以作出正确的判断。现以表 5-28 简要说明。

探测曲线与含水构造关系表 表 5-28

序号	探测曲线特征	曲线形状(示意图,横轴表示红外辐射场强值,纵轴表示里程)	断面数据差值特点	初步判断结果
1	曲线同步下降再变平缓,首段与尾段分离开的距离基本一致		断面每行测点的最大差值不大于安全值	前方无含水构造
2	曲线同步下降再变平缓,首段与尾段分离开的距离基本一致,但拱顶或其他曲线中部略有不同	拱顶曲线	断面每行测点的最大差值不大于安全值	拱顶或其他部位存在隐伏水体

续上表

序号	探测曲线特征	曲线形状（示意图，横轴表示红外辐射场强值，纵轴表示里程）	断面数据差值特点	初步判断结果
3	曲线尾部同步上升，首段与尾段曲线分离开的距离基本一致	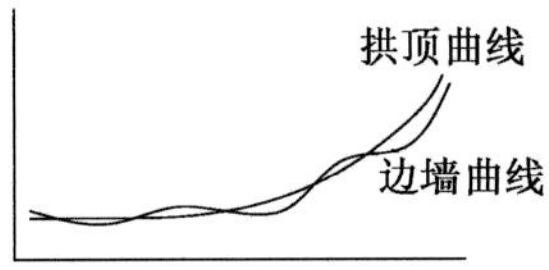 拱顶曲线 边墙曲线	断面每行测点的最大差值不大于安全值	前方无含水构造
4	曲线尾部同步上升，但曲线尾部已经分离开，即参差不一	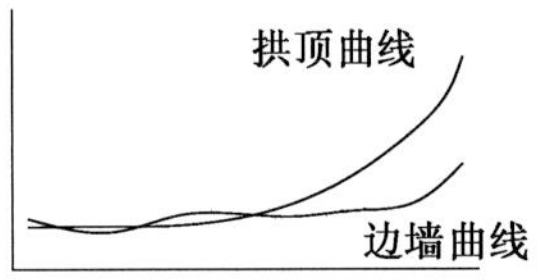 拱顶曲线 边墙曲线	断面每行测点的最大差值大于安全值	空洞或不含水溶洞
5	曲线尾部同步上升，接着有少许下降，但下降幅度未超过或接近正常场	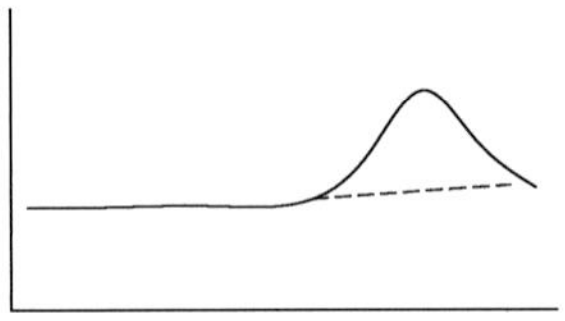	断面每行测点的最大差值不大于安全值	前方无含水构造，但应跟踪探测
6	曲线尾部同步上升，接着又下降，下降幅度超过正常场较多	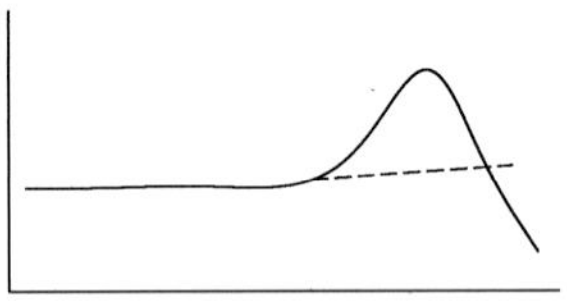	断面每行测点的最大差值大于安全值	前方存在含水构造
7	曲线的基本形状像一条上升的斜线或下降的斜线	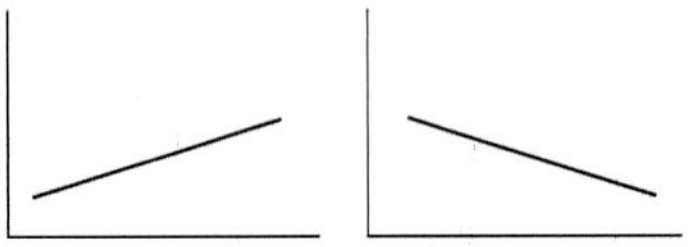	探测横通道或斜井时可能出现这种曲线，此时应以斜线作为正常场	

在综合上述三点对掘进断面前方有无含水构造进行判断时，还需结合测区区域地质资料以及实际开挖揭示的地质资料，在充分进行地质分析的基础上，才能作出更准确的预测预报。

4. 成果资料

成果资料的内容通常由三部分组成：封面、正文及附图。

（1）封面

封面通常包括以下内容：隧道名称、隧道部位（如左右线、进出口、平导或斜井等）；探测里程；资料的编制、复核、审核人员；探测单位；探测日期。封面格式如下所示。

```
                ××线××隧道
          施工超前地质预报红外探测报告

             探测里程：×××～×××


                 编制：×××
                 复核：×××
                 审核：×××


            探测单位：×××隧道超前地质预报组
                ××××年××月××日
```

(2)正文

正文内容根据需要可繁可简，但至少应包括以下内容：

①隧道名称、隧道部位（如左右线、进出口、平导或斜井等）、掘进断面里程。
②掘进断面上各测点的红外场强值以及对该场强值的分析。
③对隧道空间内的探测曲线的分析。
④对掘进断面及探测段内的工程地质及水文地质情况的描述。
⑤综合第 2 条、第 3 条及第 4 条的分析，对掘进断面前方 30m 范围内有无含水构造作出判断和结论，并提出相关的施工建议。
⑥关于第 5 条中的"掘进断面前方 30m 范围内"，应给出一个具体的里程段。

正文内容格式如下。

```
              ××隧道进口红外探测报告
                掌子面里程：DK0+489

    ××××年××月××日，××隧道超前地质预报组利用 HY－303 型红外
探测仪对××隧道进口掌子面及掌子面后方 50m 范围内进行探测，根据红外探测
结果及已开挖揭示的围岩情况分析如下。
```

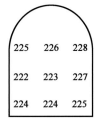

由掌子面上 9 个测点的数值（如左图所示）可知，三行（横向）的最大红外辐射场强差值分别为 $3\mu W/cm^2$、$5\mu W/cm^2$、$1\mu W/cm^2$，均小于允许的安全值 $10\mu W/cm^2$。

根据现场所测左边墙、右边墙与拱部的红外辐射场强值（从掌子面往已开挖段每隔 5m 布置一个测点），绘制探测曲线（图 5-138），可以看出：往掌子面方向，红外辐射场强值曲线总体较平缓。

开挖揭示的围岩地质情况：围岩为紫红色砂岩，薄～中厚层状，弱风化，节理较发育，岩体较破碎，地下水不发育。

综合上述三种情况，可以判断 DK0+489～DK0+519 段不存在含水构造或地质异常。建议对 DK0+489～DK0+519 段及时进行初期支护以确保施工安全。

(3) 附图

附图内容为隧道各部位的红外探测曲线图，探测曲线根据自开挖断面至后退50m范围内所测的红外辐射场强值绘制。

附图内容应包括以下内容：

① 隧道名称、开挖断面里程、探测日期。

② 隧道各部位红外探测曲线。探测曲线以直角坐标系表示，横坐标表示掘进里程，纵坐标表示红外辐射场强值，横坐标最右端表示掘进断面里程。

③ 根据需要，还可附探测数据表。

附图内容格式见图5-138。

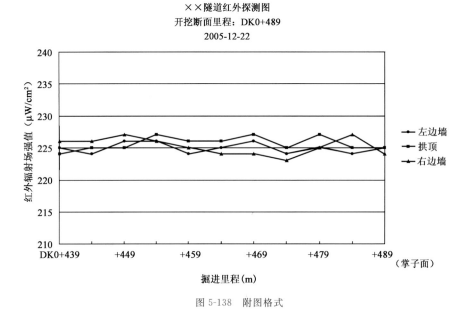

图 5-138　附图格式

(4) 小结

红外探测技术在隧道施工中的应用，对指导隧道安全施工起到了一定的作用。在大量的应用实践过程中，成功与失败并存，经验与教训同在，还有不少地方值得深入研究。

① 红外探测技术在预防地下工程突水突泥，特别是判断可溶岩与非可溶岩接触面，预防可溶岩的突水突泥等方面有着一定的作用。

② 红外探测技术虽然能判断掌子面前方是否存在含水构造，但不能判断水量大小与水体的具体发育位置。

③ 利用红外探测时，如果探测段内地下水均发育，其探测曲线有类似正常场呈近似直线的表现形式，此种情况下就不容易判断前方是否发育异常地质体了。因此，在岩溶发育地区进行探测时，如果洞身均处于地下水位以下，利用红外探测就存在一定的局限性。

④ 大量的应用实践分析表明，使用红外探测仪进行探测时，测线长度应不小于50m，只有这样才能得到探测曲线的整体表现形式，减少局部突变因素对判断的影响，从而根据曲线的整体变化趋势正确判断前方是否存在异常地质体。

⑤虽然红外探测仪的适用范围较广,但在实际操作过程中,干扰源无处不在,如不仔细甄别,极有可能将干扰场当作异常场,从而造成对探测结果的误判。

⑥利用红外探测判断隧道掘进前方有无含水构造时,需把掌子面场强差值、探测曲线与测区地质信息这三个方面有机地结合起来,结合开挖过程中围岩、地下水表现形式进行综合分析,才能较准确地进行预测预报。

⑦在运用红外探测技术时,需要通过不断的探水实践,逐步确定适用于当地地层岩性的有无水的安全值和涌突水的安全值。广大工程技术人员应通过不断的探水实践,从中找出规律,归纳出更为近似的经验方程,根据方程与开挖实践,总结出校正系数,以判明含水量大小及其与掌子面的距离,从而更好地指导施工。

六、应用实例

1. 预测前方有水、实际开挖有水

图 5-139 所示为在某隧道向斜核部两处深埋大型充填性富水溶洞的两次红外探测曲线,掌子面里程分别为 PDK354+246 和 DK354+460,地层岩性均为石灰岩,岩体较完整,地下水不发育。掌子面测得的红外场强差值均大于所取安全值 $7\mu W/cm^2$,在这两次探测的具体判释过程中认为前方存在异常体,有突涌水、涌泥的可能。施工过程中,在平导 PDK354+256~PDK354+280 段、正洞 DK354+462~DK354+495 段开挖揭示两处大型充填性溶洞,高压富水,其中 PDK354+256~PDK354+280 溶洞充填流塑~软塑状黏土,DK354+462~DK354+495 溶洞充填粉细砂与黏土物质,均有突水突泥的危险,与预报结果相符。

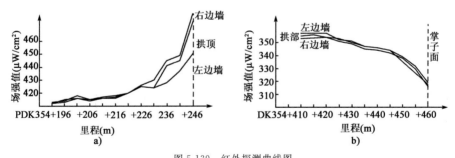

图 5-139 红外探测曲线图

a)平导 PDK354+246 红外探水曲线图;b)正洞 DK354+460 红外探水曲线图

图 5-140 所示为某隧道 2 号斜井的某次红外探测曲线,掌子面里程为 2 斜 17+01.8,地层岩性为中元古界片岩夹大理岩,受构造影响较严重,垂直节理发育,岩体较破碎,拱部地下水呈淋雨状滴水。掌子面测得的红外场强差值均大于所取安全值 $10\mu W/cm^2$,左右边墙及拱顶的红外探测曲线总体起伏较大,且在掌子面附近呈下降趋势。综合判释认为,掌子面前方 30m 范围内 2 斜 17+01.8~2 斜 16+71.8 段存在含水构造,可能发生突涌水。施工过程中,在 2 斜 16+87 附近掌子面左下方出现约 $20m^3/h$ 的股状涌水,与预报结果相符。

2. 预测前方有水、实际开挖无水

图 5-141 所示为某隧道出口平导的某次红外探测曲线,掌子面里程为 PDK434+156.6,地层岩性为石灰岩,岩体较完整,地下水不发育。掌子面测得的红外场强差值大于所取安全值 $10\mu W/cm^2$,此次探测的具体判释过程中认为掌子面前方 30m PDK434+126.6~PDK434+

156.6 段存在异常体,有突涌水的可能。在实际施工过程中,开挖揭示该段不存在含水构造,与预报结果不符。后经分析,出现误判的原因是刚喷射完的混凝土正在散热,在掌子面附近形成干扰源而造成红外辐射场强值偏高。

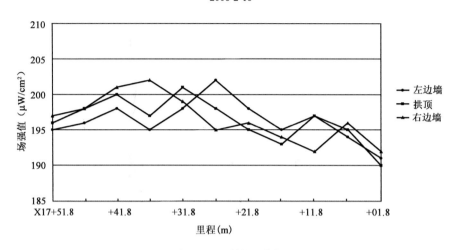

图 5-140　红外探测曲线图

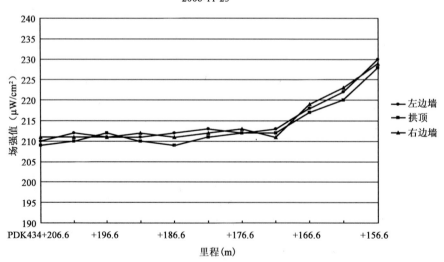

图 5-141　红外探测曲线图

图 5-142 所示为某隧道右线进口的某次红外探测曲线,掌子面里程为 DyK141+876,岩性为变质砂岩夹片岩,岩体较完整,地下水不发育。由于该隧道为 TBM 掘进,掌子面及掌子面退后 5m 的位置无法测得红外场强值,因此只能通过边墙和拱顶的红外辐射场强探测曲线来

判断掌子面前方的地下水情况。图 5-142 中,探测曲线往掌子面方向呈下降趋势,判释掌子面前方 30m 范围内 DyK141+876～DyK141+906 段存在含水构造。在实际施工过程中,该段并不存在地下水,与预报结果不符。后经分析,出现误判的原因在于:冬季洞外温度较低,而洞内温度较高,红外探测仪在从洞外转移至洞内后,没有经过足够时间的自动调节,所以在靠近掌子面方向先探测时出现红外场强值偏低的情况。经过 10～20min 的探测过程(同时也是红外探测仪自动调节的过程)后,远离掌子面的里程处测得的红外场强值趋于正常。

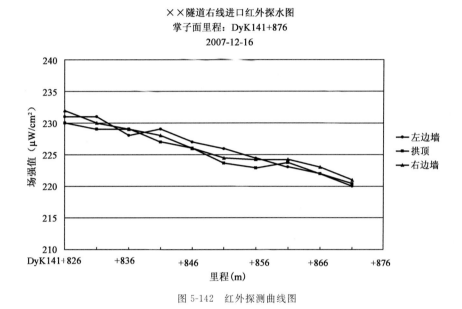

图 5-142 红外探测曲线图

3. 预测前方无水、实际开挖无水

图 5-143 所示为某隧道右线出口的某次红外探测曲线,掌子面里程为 DyK141+766,岩性为变质砂岩夹片岩,岩体较完整,地下水不发育。掌子面测得的红外场强差值均小于所取安全值 $10\mu W/cm^2$,探测曲线总体较平缓,在此次探测的具体判释过程中认为掌子面前方 30m 范围内 DK141+736～DK141+766 段不存在含水构造。在实际施工过程中,开挖揭示该段不存在含水构造,地下水不发育,与预报结果相符。

图 5-144 所示为某隧道出口平导的某次红外探测曲线,掌子面里程为 DK435+352.3,岩性为灰岩夹白云岩,岩体较破碎～破碎,地下水不发育。掌子面测得的红外场强差值均小于所取安全值 $10\mu W/cm^2$,探测曲线总体较平缓,在此次探测的具体判释过程中认为掌子面前方 30m 范围内 DK435+322.3～DK435+352.3 段不存在含水构造。在实际施工过程中,开挖揭示该段不存在含水构造,地下水不发育,与预报结果相符。

4. 预测前方无水、实际开挖有水

图 5-145 所示为某隧道右线出口的某次红外探测曲线,掌子面里程为 DyK159+670,岩性为中元古界片岩夹大理岩,岩体较完整,地下水发育。测得的掌子面红外场强差值均小于所取安全值 $10\mu W/cm^2$,此次探测判释认为掌子面前方 30m 范围内 DyK159+675～DyK159+710 段不存在含水构造。在实际施工过程中,该段开挖揭示出水点较多,拱部呈淋雨状线性滴水,边墙发育股状裂隙水,与预报结果不符。

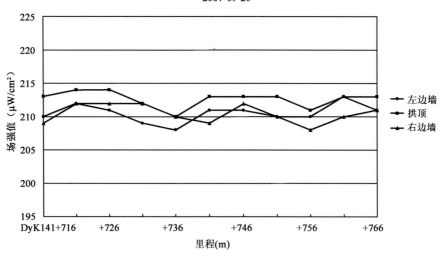

图 5-143　红外探测曲线图

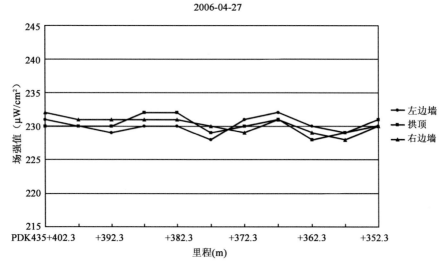

图 5-144　红外探测曲线图

图 5-146 所示为某隧道 2 号斜井的某次红外探测曲线,掌子面里程为 2 斜 01＋69.1,岩性为中元古界混合岩,岩体较破碎,地下水发育。测得的掌子面红外场强差值均小于所取安全值 $10\mu W/cm^2$,此次探测判释认为掌子面前方 30m 范围内 2 斜 01＋39.1～2 斜 01＋69.1 段不存在含水构造。在实际施工过程中,该段开挖揭示出水点较多,拱部呈淋雨状线性滴水,边墙发育股状裂隙水,与预报结果不符。

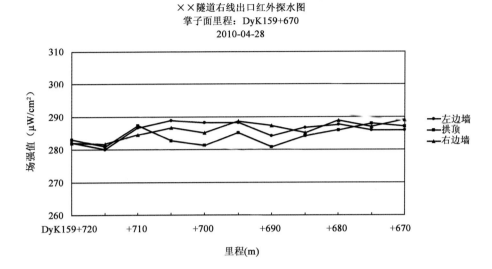

图 5-145 红外探测曲线图

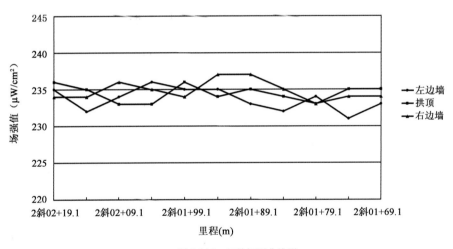

图 5-146 红外探测曲线图

上述两例对地下水的探测均出现误判,后经分析,出现误判的原因相同,即忽略了已开挖段实际的地下水发育情况。已开挖段地下水均发育,拱部、边墙、隧底发育多处股状裂隙水,拱部呈淋雨状线性滴水,且隧底积水较深,造成的结果就是干扰源(已开挖段的地下水)对正常场的干扰相同,使得该段所有探测到的红外辐射场强(即干扰场与正常场的叠加)类似正常场,从而导致对掌子面前方地下水的发育情况产生误判。

第八节　其他物探方法

一、TRT 法

TRT 为近年新引进的一种地震波反射方法。20 世纪 60 年代，美国国家安全局网罗众多地球物理学家应用地震波勘测技术研究地层应力消除现象及地层结构扫描成像技术，在此过程中形成了隧道反射层析扫描成像技术(Tunnel Reflector Tomography，简称 TRT)。

1. 基本原理

TRT 属于地震波反射方法，其原理在于当地震波遇到声学阻抗差异(密度和波速的乘积)界面时，一部分信号被反射回来，一部分信号透射进入前方介质。声学阻抗的变化通常发生在地质岩层界面或岩体内不连续界面处。反射的地震信号被高灵敏地震信号传感器接收，经过分析被用来了解隧道工作面前方地质体的性质(软弱带、破碎带、断层、含水等)、位置及规模。正常入射到边界的反射系数计算公式如下：

$$R = \frac{\rho_2 v_2 - \rho_1 v_1}{\rho_2 v_2 + \rho_1 v_1} \tag{5-17}$$

式中：R——反射系数；

ρ_1、ρ_2——岩层的密度；

v——地震波在岩层中的传播速度。

地震波从一种低阻抗物质传播到一个高阻抗物质时，反射系数是正的；反之，反射系数是负的。因此，当地震波从软岩传播到硬岩时，回波的偏转极性和波源是一致的。当岩体内部有破碎带时，回波的极性会反转。反射体的尺寸越大，声学阻抗差别越大，回波就越明显，越容易被探测到。TRT 采用层析扫描成像技术，传感器布设采用多个传感器立体布设方式，探测成果形成立体、直观的三维立体图，立体图中反射边界的每一点离散图像都是由空间叠加所有地震波形计算得到的。

2. 仪器设备

美国 C-Thru 大地工程有限公司从国家安全局继承了相关资产，进行独立的商业运作，推出了 TRT6000 型隧道反射层析扫描成像超前预报系统(以下简称 TRT 系统)。TRT 系统由软件和硬件两部分组成。软件为数据处理系统；硬件包括带有触发器的震源激发装置(重锤或激震器)、传感器及无线远程数据传输模块、基站三大部分(图 5-147)。

(1)触发装置：TRT 系统通常采用锤击震源触发，在激发锤上安装触发器，触发器与主计算机采用数据电缆连接。

(2)传感器：多个传感器固定在隧道拱顶及边墙，呈三维空间分布，用以接收震源激发的弹性波信号。传感器与隧道洞壁之间用耦合剂粘连，必须等待耦合剂完全凝固、黏合紧密后才能进行地震波数据采集工作。

(3)无线远程数据传输模块：无线传输模块与传感器相连，负责存储采集到的地震波数据并将数据传输回主计算机。无线模块与传感器之间有数据线连接，与主计算机之间为无线传输。

(4)基站:为中心控制系统,采用计算机控制数据的采集与处理工作。

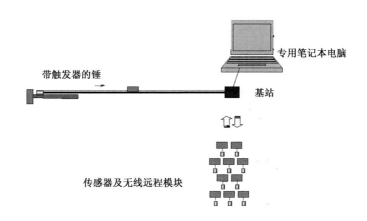

图 5-147　地震波采集系统模型

3. 特点及适用范围

通过对探测过程与探测结果的分析,发现 TRT 系统具有以下特点:

(1)传感器和主机(基站)采用无线连接,轻便简洁、干扰施工小。

(2)采用空间多点接收(10 个传感器)和激发(12 个震源点),获取的空间波场信息更丰富,提高了不良地质体的定位精度。

(3)采用锤击作为震源,同爆破等激震方式相比,具有安全度高、费用低的优点,而且通过同一点的多次锤击,可叠加信号,使异常体反射信号更加明显。

(4)采用高精度的加速计作为传感器,最大限度地保留了高频信号,提高了探测精度与探测距离。

(5)采用扫描图像处理方式,可实现地质体的三维成像,预报结论更直观,反映更客观。

虽然 TRT 系统优点较多,但也存在不少的缺陷,如:在介质条件差的地段(软岩或完整性差的围岩中)进行超前探测,震源能量衰减较快、能量不足,探测距离及探测精度受限;当岩性发生变化但围岩完整性相似时,对于前方地质体的判断缺少必要的岩石参数支持。

TRT 系统应用范围较广,在铁路、公路、水利、铁矿、煤矿等领域均有应用,除可用于对断层、节理密集带、岩溶等不良地质体的超前探测外,还可用于地下水探测、注浆效果检查、煤层探测等。

4. 施工准备

在 TRT 系统进行超前探测前,只需准备一些常用的工具,准备工作在隧道内,可与施工工序平行作业。需要用到的工具和物品包括:

(1)6.8kg(15 磅左右)的大锤 1 个,作为震源触发器;

(2)标记用喷漆,标记震源点和传感器布设点;

(3)固定模块用的挂钩,固定无线数据传输模块;

(4)水与耦合剂,耦合岩壁与模块;

(5)梯子或装载机(TBM内不需要),以便操作人员进行震源激发和固定无线数据传输模块;

(6)全站仪或者激光测距仪,测量各震源点与传感器点的坐标;

(7)冲击钻(电动),钻设岩壁与模块的耦合孔。

上述工具和物品准备完毕后,便可开始数据采集前的准备工作。

5.仪器设备安装

(1)震源点及传感器的布设、安装

选择震源点及传感器布设位置,确保有效接收三维的地震波数据。

震源点选择原则:震源点应尽量靠近工作面,布置在左右边墙上;震源点必须选择在初期支护完全凝固成型的位置,或者直接布置在稳定围岩上;震源点不得少于12个。

震源点与传感器点原则上按图5-148、图5-149所示布置,传感器点最高与最低位置差值必须大于2.5m。

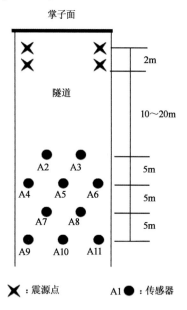

图5-148 TRT传感器布设俯瞰图

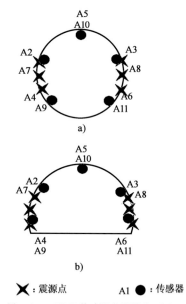

图5-149 TRT传感器布设横截面图
a)TBM型隧道;b)马蹄型隧道

传感器安装原则:传感器必须布置在完全凝固的支护结构或稳定围岩上,支护与围岩间不得存在空隙。

传感器安装的具体操作方法为:首先在选定的传感器点钻深度为5cm的小孔,然后在传感器上涂抹拌和好的耦合剂,将传感器上的连接棒插入小孔中,使得传感器与隧道侧壁紧密结合。安装好所有的传感器,等待耦合剂完全凝固,以达到最佳耦合效果。

(2)无线传输模块安装与坐标测量

操作人员安装传感器及无线传输模块,测量人员测量震源点与传感器点绝对坐标(大地坐标)或者相对坐标。所有布置的传感器点及震源点的坐标均要测量,建议采用全站仪测量大地坐标,或者选择激光测距仪测量相对坐标,所有坐标测量误差应小于5cm。

(3)建立基站,连接电脑,初始化采集程序

正确连接设备后,打开计算机,运行采集程序,准备数据采集。原则要求每个传感器及无

线传输模块都正常运行才可开展数据采集工作。

6. 数据采集

根据不同的开挖断面,选择相应的震源点与传感器的布置方式;在震源点上锤击,在锤击岩体产生地震波的同时,触发器产生一个触发信号给基站,基站给无线远程模块下达采集地震波指令,并把远程模块传回的地震波数据传输到基站,完成一次地震波数据采集。依次在其余震源点上锤击,直至所有数据地震波数据采集完毕。图 5-150 所示为采集到的某一组地震波数据,图中 1~11 代表仪器的 11 个通道,1 号为触发通道,2~11 号为采集的数据通道,采集完成后显示各个传感器记录的波形。右上方 File 后的方框内序号表示采集的文件编号。

图 5-150　某一组地震波原始数据

TRT 系统使用重锤锤击指定的震源点激发地震波,同一组锤击的位置不可改变。锤击触发时必须用力锤击震源点,一次激发成功,才能获得最佳的弹性波传播能量。

7. 数据分析

数据分析包括以下主要步骤:

(1) 地震波数据导入(图 5-151)。

图 5-151　导入的某二次地震波原始采集数据

_145

（2）输入隧道设计参数及震源、传感器等的位置坐标（图5-152）。

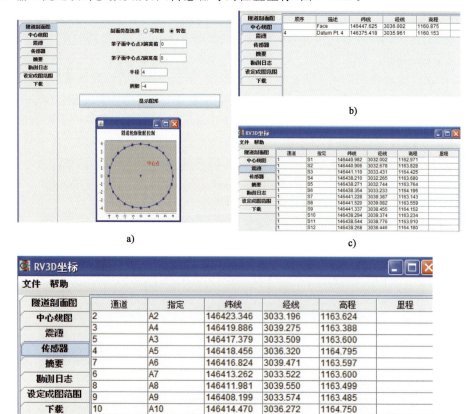

图5-152　输入隧道设计参数及中心线、震源、传感器的位置坐标

a）输入隧道设计参数，描述隧道形状；b）输入中心线坐标；c）输入震源坐标；d）输入传感器坐标

（3）设定地层成像区域和最佳精度（图5-153）。

（4）对每个记录的直达波进行初至拾取（图5-154中加粗竖线所标示），并计算地震波的平均波速、建立波速模型（图5-155）；设定滤波器（图5-156）。

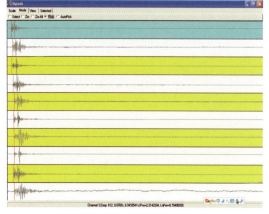

图5-153　设定成像区域和最佳精度

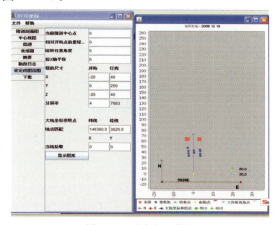

图5-154　进行初至拾取

第五章　隧道超前地质预报常用方法

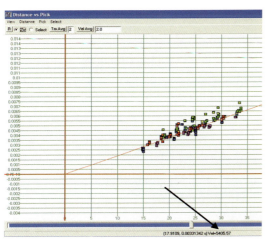
图 5-155　确定波速,建立波速模型

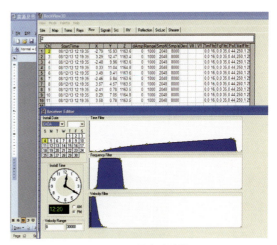
图 5-156　设定滤波器

(5)选择合适背景颜色进行反演计算(图 5-157),获得岩层中探测到的地质体的俯视图、侧视图和立体图(图 5-158～图 5-160)。

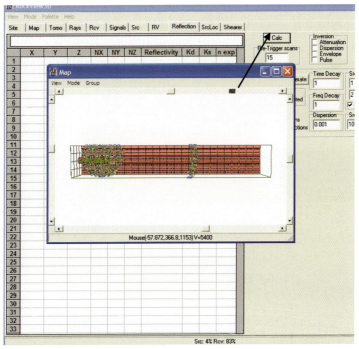
图 5-157　反演计算图

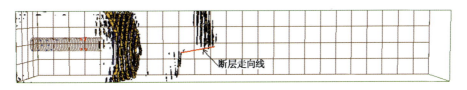
图 5-158　俯视图

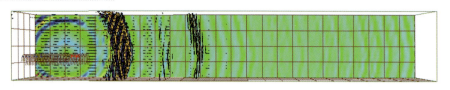

图 5-159 侧视图

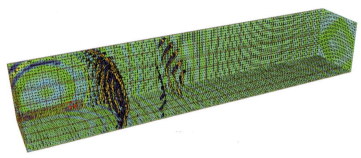

图 5-160 立体图

8.成果资料

以数据分析获得的 P 波、S 波波速资料,地震波反射能量分布及地质层析扫描成像图为依据,结合地质勘测资料和实际开挖揭示情况,对探测结果进行解译,并形成书面报告。

经过大量的试验、开挖验证,总结出 TRT 数据解译判释的一般规律,建立了初步的解译判释模型。

(1)普通地段(围岩完整性较好)

图 5-161 中所标示的 DyK145+200.5 之前(左侧)无反射层,围岩完整性较好。

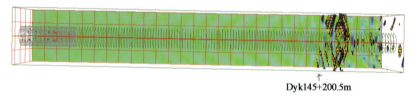

图 5-161 某隧道 TRT 探测成果图

(2)节理密集带

图 5-161 中所标示的 DyK145+200.5 之后(右侧)和图 5-162 中所标示的破碎带中反射层较多,围岩完整性较差。

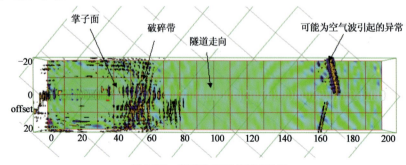

图 5-162 某隧道 TRT 探测成果图

(3)断层破碎带

图 5-163 和图 5-164 中分别标示的红线和蓝线(断层走向线)显示反射层有错段现象,为断层特征。

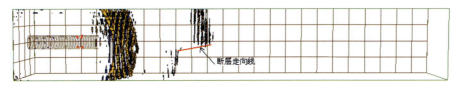

图 5-163　某隧道 TRT 探测成果图

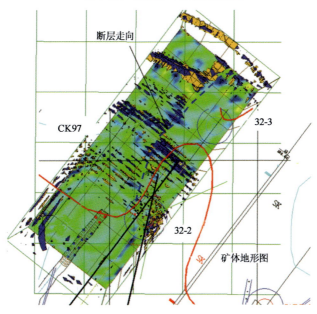

图 5-164　某隧道 TRT 探测成果图

(4)岩溶

岩溶的判别与破碎带的判别类似,如果破碎带位于可溶性岩石中,则还应结合相应的地质资料与水文资料进行综合判定破碎带是否为岩溶。图 5-165 和图 5-166 中所标示的为溶洞或岩溶异常。

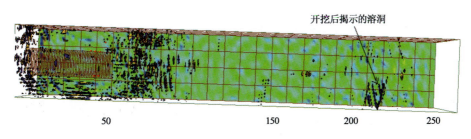

图 5-165　某隧道 TRT 探测成果图

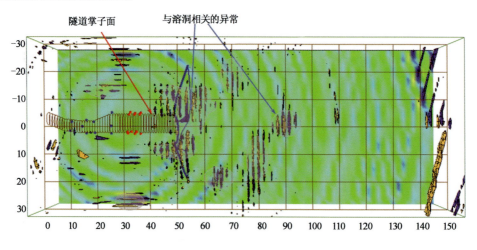

图 5-166　某隧道 TRT 探测成果图

二、瞬变电磁法

瞬变电磁法,是以岩石的导电性、导磁性和介电性为主要物性基础,根据电磁感应原理,通过观测和研究电磁场空间与时间分布规律,解决工程地质问题的物理勘探方法。

1. 瞬变电磁法的基本原理

瞬变电磁法又称时间域电磁法(Time Domain Electromagnetic Methods,简称 TEM),是利用不接地回线或接地线源向地下发射一次脉冲磁场,在一次脉冲磁场间歇期间,利用线圈或接地电极观测二次涡流场的方法,见图 5-167。简单地说,TEM 法的基本原理就是电磁感应定律。二次场的衰减过程一般分为早期、中期和晚期。早期的二次场相当于频率域中的高频成分,衰减快,趋肤深度小,反映的是近距离的电性分布;晚期二次场则相当于频率域中的低频成分,衰减慢,趋肤深度大,反映的是远距离的电性分布。通过测量一次场间歇后的各个时间段的二次场随时间变化规律,可得到掌子面前方的电性特征,达到超前地质预报的目的。

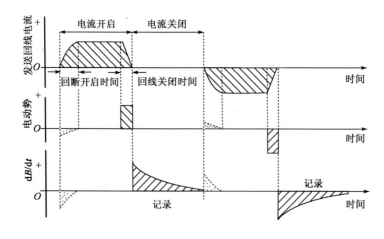

图 5-167　瞬变电磁法的瞬态过程示意图

2. 瞬变电磁法仪器设备

瞬变电磁法仪器系统由发射、接收主机,发射、接收线框(称为装置)组成。由于隧道超前地质预报是在地下空间中进行,空间狭小,无法采用地面电磁法的大框或大定源装置,另外超前预报探测距离一般需达 100m 左右,相对地面探测距离较短,因此可采用小框装置。通常在隧道中采用的瞬变电磁装置有两种,见图 5-168。

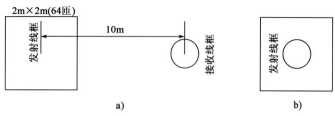

图 5-168 瞬变电磁法地质预报装置方式
a)共轴偶极方式;b)中心回线方式

(1)中心回线方式:当探测隧道底板或边墙时,应采用中心回线方式,即发射线框与接收线框处于同一平面内。这种方式与地面 TEM 法的偶极方式相同,适合探测深度小于等于 100m 的浅层探测。用于隧道超前地质预报时,必须采用特制专用发射电缆制作的发射线框。

(2)共轴偶极方式:进行掌子面超前探测时应采取共轴观测方式,即接收线圈位于掌子面上,发射线框距掌子面一定距离,观测时保持发射框所在平面与接收线圈所在平面平行,且轴线处于同一直线上。该装置适合浅层高分辨探测,多用于掌子面前方地质超前预报。但由于隧道内掌子面狭小,无法进行多点观测形成剖面,应利用 TEM 法定向性好的特点,改变装置与探测对象的角度,采用分别对拱顶、掌子面、隧底进行观测的方式,如图 5-169 所示。

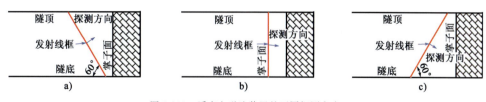

图 5-169 瞬变电磁法装置的不同探测方向
a)隧顶探测;b)掌子面探测;c)隧底探测

(3)仪器及装置:与地面电磁法半空间电磁场不同,隧道超前地质预报处于全空间电磁场,仪器及装置需要一些特殊的设计,设备的各个部件都必须严格密封,能够防水、防尘、防爆。主要应该具备以下特点。

①发射线框。一般采用 2m×2m(64 匝)或 1.5m×1.5m(80 匝)的专用发射线框。

②接收线框。为了接收到足够强的二次场信号,采用多匝线框,但参数匹配比发射线框更严格。

③发射和接收主机。在隧道超前地质预报中,发射机的发射电流大小应根据现场环境在信号强度、关断时间、安全性之间综合考虑。发射电流太小,则信号太弱,难以达到期望的探测深度;发射电流太大,则存在安全隐患,而且电流越大,关断时间越长,信号消耗越大,分辨率越低,探测能力越差。

3.瞬变电磁法的特点及适用范围

瞬变电磁法场的基本参数是时间,依赖于岩石的导电性和收发距离。在近区的高阻岩石中,瞬变场的建立和消失很快(几十毫秒到几百毫秒),而良导体地层中这一过程变得缓慢。在远区这一过程可持续几秒到几十秒,而在较厚的导电地质体中延续时间更长。TEM法探测地下岩体的电阻率分布,其目的就是从地质体的背景电阻率分布中寻找电阻率异常,对于超前地质预报主要适合以下方面的探测。

(1)地下水探测。TEM法的突出特点就是对低阻异常非常敏感,而地下水是引起低阻异常的主要原因。该法是在高阻围岩中寻找低阻地质体最灵敏的方法,用于查明含水地质,如岩溶洞穴与通道、煤矿采空区、不规则富水体等。

(2)断层构造探测。用TEM法探测断层的条件是断层内部或附近存在低阻异常。引起断层低阻异常的因素有以下两个:①断层或破碎带富水;②断层上下盘的物性差异。TEM法可以有效探明断层的空间位置和断层带的相对富水性。

TEM法与隧道内的高密度电法相比,可省去打孔埋设电极的工序、工时,同时自然避免了接地不均匀引起的静态效应,因此勘探效率较高,是隧道超前地质预报方法中极具发展前景的一种方法。

4.技术参数及数据采集

进场前尽量寻找已知地层作为基准点,对仪器进行校准(即仪器一致性试验),以确保测量的准确性。

在进场的初期应通过现场的试验工作来选定现场数据采集的技术参数,根据收集的隧道勘测资料,确定装置类型。记录的时间范围及发射电流,经过试验确定后,在同一地层条件下,不能在测量中变更装置和发射电流,否则会对解释结果造成影响。数据采集时叠加次数应根据现场噪声水平选定,既要保证观测质量又要兼顾数据采集时间。

在测量过程中,应结合掌子面素描,记录装置的倾角以及高程,以便在后续的解释中准确地划分地层构造。

TEM法对高压线、铁磁性物质、工业游散电流、大的金属结构的干扰反应比较敏感,数据采集时应当尽量避免现场周边的此类干扰源。

5.数据处理及分析

隧道超前地质预报应用TEM法时,应考虑全空间的瞬变响应,这种瞬变来自回线平面上下(两侧)地层,因此相应的解释方法需要用全空间的解释算法,而不能简单地利用地面半空间解释方法。瞬变电磁法数据处理及分析流程见图5-170。其资料解释通常有两种:定性解释和定量解释。

(1)定性解释:受理论模型和处理软件的限制,通过观察测线多道剖面,排除晚期道的干扰假象,定性解释出地层的分布情况,提交的结果是定性的。

(2)定量解释:目前阶段TEM法使用一维反演进行资料解释。TEM观测的是二次场,常表现出信号弱、噪声水平相对偏高的特点,虽然这一问题可通过数据采集时的多次叠加及使用抗干扰装置等手段得到一定程度的克服,但不可能完全解决。此外,在TEM观测中有时还存在着非涡流因素直接引起的瞬变响应,使二次场产生假象异常,甚至出现负响应,从而导致反演计算无法正常进行,因此必须对TEM观测数据进行预处理。

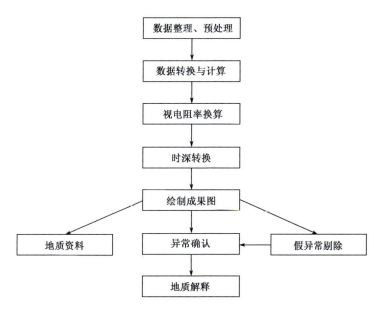

图 5-170 瞬变电磁法数据处理及分析流程图

一维反演需要提供初始模型参数,如工区已有的地质资料(电测井)或者区域地质资料。用直流电法在工区作一个电测深,以该测点的电测深电阻率作为初始模型;也可用视电阻率和其他全域电阻率计算方法得出初始模型,但要保证其计算结果的正确性。当计算出地层电阻率后,进行倾角校正,用测量时记录的倾角进行改正,最后得出电阻率剖面(图 5-171),进而作出地质拟断面图及地质解释。

三、陆地声呐法

陆地声呐法,全称为陆上极小偏移距超宽带弹性波超短余震接收系统单点连续剖面法,由中国铁道科学研究院钟世航教授等发明。它是地震波反射法的一种,吸收了水声法、超声波法、地质雷达等的某些特点。采用锤击震源与检波器、仪器结合,可激发和接收 10～4000Hz

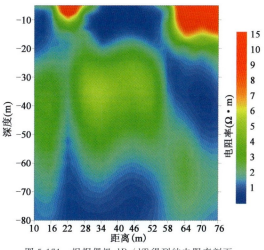

图 5-171 根据偶极 dB_z/dT 得到的电阻率剖面

的波,通过分窗口带通滤波提取不同频段的反射波。高频段反射波可反映薄层和大节理、小溶洞等,低频段反射波可反映较大的断层,较厚的岩脉、岩层和大溶洞。通过不同频段反射图像对比,可分辨出不同不良地质体。一般预测距离为 80～100m。

1. 方法原理及特点

如图 5-172 所示,在工作面上设定剖面,在设定剖面的测点上逐点激发地震波,并逐点采集其遇到波速或密度不同的介质界面时产生的反射波。将剖面各测点的记录由计算机汇成 t_0 时间剖面,通过时间剖面图像来辨认被测物(不同的岩体界面、断层、溶蚀面、溶洞、含水层、较大的节理等都可能产生反射波)。

检波器的设置应尽量靠近激震点(即极小偏移距),激发与接收高频宽频地震波(隧道地质预报实施时,通常采用主频 400~800Hz)。通过仪器及检波器硬件与采集软件配合,使得采集到的反射波通常仅有 1~1.5 个周期,溶洞不超过 2 个周期,既提高了分辨率,又简化了资料处理。采集时尽量使用单一的波(如反射纵波),以使图像简单,易于辨认。采用交叉成十字的两条测量剖面,便于波的对比,并可对被测物体空间定位。资料处理时,提取不同频段的信息来探测不同的目的物。

2. 现场测试方法

采用沿设定剖面上的测点逐点采集方式。用锤击激发地震波,在震源旁接收。检波器用黄油与岩面耦合,用手扶持,不需采用其他固定方法,以减少在现场的工作时间。每个测点垂直叠加 2~4 次,从微机显示屏上可监测每一次激发所接收的波形曲线及叠加结果,然后存储于计算机中。测点间距为 20~40cm。为便于定性解释,一般设置两条相互交叉的剖面。现场测线布置示意见图 5-173。

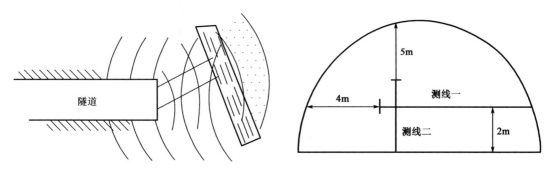

图 5-172 陆地声呐法原理图　　图 5-173 现场测线布置示意图

以接近零震—检距的方法,反射波是续至波,故可避开直达波、声波、面波的干扰,而且不仅可探查断层等近似平向型的物体,还可探查溶洞等有限大小地质体(这是由方法的理论所决定的)。在零震—检距的情况下,溶洞的反射波同相轴是很易辨别的双曲线(图 5-174)。

3. 资料处理与解释

(1) 应用处理软件进行数据处理,内容包括:调出剖面、道间均衡、滤波、显示及其他高级处理等。

(2) 通过计算机将一条测线上若干测点的时间曲线通过归一化处理汇成一张似 t_0 时间剖面图,根据图上的反射波同相轴作定性、定量解释。

(3) 追踪同相轴,根据岩性、地质构造和正演理论作同相轴的定性解释:在整个剖面上可以追踪的近于直线的同相轴反映的是岩层界面、断层面、岩脉或大的溶洞等;延续不太长的近于直线的同相轴反映的是大节理;呈双曲线形状的同相轴反映的是有限大小地质体(如溶洞)。

(4) 根据频谱和节理、小断裂的密集程度,判定破碎带及岩体破碎情况。当某段岩体高频成分明显增多时,表明节理密集、岩体破碎;若某段岩体反射同相轴明显增多,则表明节理及小断裂密集,岩体破碎,此时岩体波速也会明显降低。

(5) 根据所测波速及从陆地声呐时间剖面上得到的各反射体反射时间,计算反射体的空间位置。平面形反射面:从水平剖面上任选两点 n 和 $n+m$,读出其对某反射面的反射时间 t_n 和

t_{n+m},计算出 L_n 和 L_{n+m},即可得到反射面与测线的距离和走向夹角;从铅垂向剖面上任选两点 a 和 $a+p$,读出其对某反射面的反射时间 t_a 和 t_{a+p},计算出 L_a 和 L_{a+p},即可得到反射面与铅垂线的距离和夹角,由此可定出反射面与开挖工作面的相对几何关系,得知开挖工作面的方位角,可计算出反射面的产状。对于溶洞等有限大小物体:双曲线顶点对应的就是它的顶点,据其反射时即可确定其距离,而其直径为双曲线范围的 1/5~1/4。

(6)开挖工作面前方几米范围内岩体受开挖爆破的破坏,不应采用距开挖工作面 5~10m 的资料。

4.需注意的问题

(1)必须紧密结合地质及地质工作,这是作出正确的定性解释的关键。

(2)对陆地声呐资料的处理应当定性定量解释同步进行,资料分析中要注意频谱、相位、振幅相邻同相轴的对比;有必要引入横波的激发和反射系统,由于此方法的采集系统对质点的振动方向性灵敏度很高,设计这种系统是有可能的。

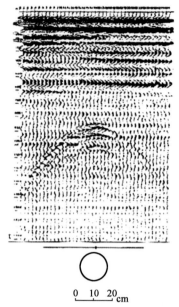

图 5-174 在零震—检距的情况下反射法球体上方的物理模拟结果

(3)目前解决现场实测各层岩体波速问题的反射类方法,可以实测出第 1 个反射面之前的岩体波速,而当以后各反射面不平行掌子面(与测线不垂直)时,则难以测准其他各层岩体波速。

(4)注意综合物探。综合物探是提高物探探查能力和质量的重要手段,地质预报是在三维空间情况下的物探工作,更应注意综合物探。探查地下水不是弹性波法的强项,而电法(如直流电法、电磁法、激发极化法)则在探水方面有优势,预报中应采用综合物探方法,达到优势互补,提高探查质量。

四、跨孔声波 CT 成像法

1.基本原理

声波探测是弹性波探测技术中的一种,它是利用频率为数千赫兹至两万赫兹的声频弹性波,通过岩体研究其在不同性质和结构的岩体中的传播特性,从而解决某些工程地质问题。

传统的单孔跨孔声波曲线测试、视电阻率测井及自然电位测井等方法很难满足工程地质勘察对工程岩体结构勘探的精细要求,这些方法一般只反映孔壁四周的局部效果,是"一孔之见",孔壁以外的结构只能进行推测。自 20 世纪 90 年代以来,孔间(或井间)声波层析技术逐步进入实用化阶段,声波层析技术是单一钻孔测量方法无可比拟的,其反映的是两个钻孔之间截面上的地质特征,实现面积测量,对各种地质异常体的探测,如岩溶、陷落柱、裂隙、裂缝、断裂破碎带、软弱夹层、地下空洞和不明埋设物等具有很好的效果。

同时,声波层析成像具有以下优点:①工作频率高,因而分辨能力强;②抗低频干扰能力强,可用于外界干扰较大的工区;③记录直达波的观测系统,从而更灵敏地反映非均匀地质体。

声波CT成像法是采用声波探测技术,利用凿岩台车在隧道施工掌子面加接钻杆施作微倾角超前钻孔,通过孔中测井或跨孔声波测试结果来进行隧道掌子面前方地质条件的超前预报。受钻孔施作等的限制,该方法目前已发展为声波CT法,即借助医学X射线断层扫描的基本手段,结合其物理力学性质的相关分析,采用射线走时和振幅来重构两钻孔间地层内部声速及衰减系数的场分布,通过像素、色谱、立体网络的综合展示,以达直观反映地层结构的目的。声波CT成像法原理图如图5-175所示。

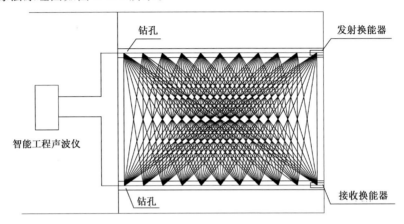

图5-175　声波CT成像法原理图

2.探测方法

声波探测是测定岩体中波速和振幅的变化。其基本方法是:在岩体的某一点激发声波,在另一点接收,测出声波自发射点到达接收点的间隔时间,已知发射和接收两点之间的距离,按式(5-18)、式(5-19)计算波速。

$$v_p = \frac{l}{t_p} \tag{5-18}$$

$$v_s = \frac{l}{t_s} \tag{5-19}$$

式中:v_p、v_s——纵波、横波的速度(m/s);

t_p、t_s——纵波、横波的传播时间(s);

l——发射点到接收点的间距(m)。

在进行跨孔测试时,两孔的孔径和深度应大致相同,两孔间距为0.5~2.0m,两孔上下间距要一致。探测根据耦合方式分为湿孔测试和干孔测试。湿孔测试是向钻孔内灌水耦合。干孔测试是在发射源和接收器的外面套上环形胶囊,利用小型水泵向胶囊内注水的办法使发射源、接收器和孔壁耦合。也可以将换能器放在两个钻孔不同的深度进行发射和接收,测得不同深度的波速。

3.仪器设备

(1)仪器组成:发射机、发射换能器、接收机、接收换能器、主机。

(2)震源宜采用电火花。

(3)主机具有自动调节增益、自动显示声波波形、快速判读声时和首波幅度及主频等功能。

(4)主要技术指标如下。

①最小采样间隔不大于0.1μs。
②单道采样长度不小于512样点可选。
③触发方式:宜有内、外、信号、稳态等方式。
④频响范围:10Hz～500kHz。
⑤声时测量精度:±0.1μs。
⑥发射电压:100～1000V。
⑦发射脉宽:1～500μs可选。

4.适用范围

该法适于在一定范围内岩溶洞穴、管道的探测预报,距离短,范围小,占用施工时间。

五、负视速度法

1.方法原理

沿隧道轴向布置一条纵测线,并与反射界面正交于 A 点,震源布置在远离反射界面的一端,并且在震源与反射界面正交交点之间布置若干个检波器接收。当弹性波自震源向四方辐射,其中一条射线沿测线传播,与反射界面时,在 A 点反射,并沿测线反向传播。射线路径与时距曲线如图5-176所示。

在法向观测系统中,由于反射路径与入射路径相反,而入射波的时距曲线具有正视速度的特征,所以反射波的时距曲线就具有负视速度的特征,将正、负视速度的时距曲线顺势外延,其交点就是预报的反射界面的横坐标。

2.现场测试方法

观测系统沿开挖工作面后面巷道侧壁或底部布置。为获取负视速度,震源应设在预报目的物的远端。接收点间距采用小道间距(一般2～5m),12道或24道接收。根据需要与设备条件,测点可采用单分量、三分量或组合检波器。测试方法可选择多道共炮式或多炮共道式,前者有利于保证激发条件的一致性,后者则有利于记录条件的一致性。故当偏重于运动学特征参数的应用时,共炮与共道两种记录方式可任意选用。当要求测试设备简化与强调接受条件一致性时,宜采用多炮共道式。当强调动力学特征参数的对比利用时,则选用多道共炮式。

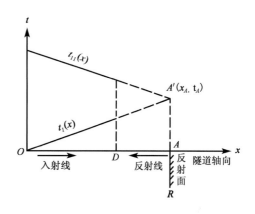

图5-176 工作原理图

(1)沿隧道轴向布置观测排列,观测排列可布设于边墙、墙脚、隧底面等部位,各检波点偏离观测排列中心轴线不得大于0.3m。

(2)检波距一般为2～5m,当采用24道及以上道数地震仪时,可选用1～2m。

(3)检波器宜安置于1～2m的浅孔中;不具备条件时,可根据现场情况将检波器安置于边墙、墙脚、隧底面的表面上;检波器与岩土体必须耦合良好,不得悬空;检波器安置应避开有干扰的位置(如滴水、流水、漏气处等)。

(4) 排列长度 $L=(n-1)\Delta X$,其中 n 为记录道数,ΔX 为检波距,$L \geqslant 20 \mathrm{m}$。

(5) 炮检距 $d > \dfrac{2(L+h)}{\dfrac{v}{v_G}-1}$,其中 v、v_G 分别为有效波与干扰波速度,h 为开挖工作面至反射界面的距离(预估值),L 为观测排列的长度。

(6) 布设激发点,如用炸药激发时,在边墙、墙脚、隧底面打 1~2m 浅孔;边墙、墙脚打孔时,应向下倾斜 30°~45°,可注水作耦合剂。

(7) 参数设置与记录:排列编号、炮检距、激发点位置(里程)、接收点位置(里程)、数据采集时间、记录长度、采样间隔、延迟时间、滤波、增益等。

(8) 宜进行多次激发,并多次叠加以压制不规则干扰波,突出有效波。

3. 测试仪器及设备

(1) 地震仪:宜选用 12 道或 24 道及以上道数数字地震仪,应具有高灵敏度、高信噪比、滤波、数字采集等功能;采样间隔可选,最小采样间隔不大于 0.05ms;记录长度可选,每道样点不小于 1024 点;模数转换精度不小于 12bit;放大器内部噪声小于 $1\mu V$;动态范围大于 96dB。

(2) 检波器:宜选用固有频率 100Hz 检波器,应具有良好的防水性能。

(3) 电缆:与地震仪相匹配的防水地震电缆。

(4) 震源:激发锤、炸药、震源炮等。

4. 资料数据处理

(1) 进行能量均衡,施加适当的增益函数等步骤,以便易于识别有效信息。

(2) 应进行带通滤波等一维滤波。

(3) 一般采用二维 FK 滤波,可得到较好的效果。

(4) 应当利用 Radon 变换、τ-p 变换等手段,将线性同相轴进行压制,提取非线性的反射波,从而提取开挖工作面前方的反射信息。

(5) 最后还需要进行偏移归位处理。

(6) 当处理效果不佳,反射信号极弱时,还可以采用叠加等手段。

(7) 记录仪所记录的一系列经过常规处理的信息还应进行以下处理(VSP 处理):波场分离→拾取直达波→确定反射波校正时、滤掉直达波→将反射波拉平(静态时移和排齐)→将拉平的反射波叠加成一道→重复显示 12 道(地震道)→确定第一个反射波→恢复直达波与反射波→将直达波延长,与反射波延长线交汇于一点(反射界面位置)→利用反射波速及反射时间计算反射面的距离→利用相同方法找出开挖工作面前方的一系列反射面并计算出其间的围岩速度。

5. 资料解释

(1) 反射界面位置的确定

在测线与反射界面正交的情况下,由于反射路径与入射路径相反,将有限的正、负视速度曲线外延,得交点 A'(图 5-177),则 A' 点横坐标 x_A 就是预报的反射界面的位置。

若观测线不与反射界面正交时,如图 5-177 所示,理论证明反射波时距曲线为双曲线,其极小点将随界面视倾角的增大而不断地往界面上倾方向偏移,使极小点的左半支相对震源 O 而言,仍具有负向时距曲线特征。根据镜像原理及购置反射界面的时间场原理,直达波与反射波的走时在界面 A 点上应满足边界条件。因此,利用开挖工作面附近实测的直达波与反射波时距曲线段,按照各自的曲线规律或趋势,依势顺延,并使之相交,则交点 A' 的横坐标 x_A 就是预报的倾斜界面 R 上 A 点的位置。

(2) 反射界面与巷道夹角的确定

如果将纵测线 l_1 以 O 为原点,旋转一水平角 α 后,得纵测线 l_2,则与 l_1 求 A 点一样,可求出反射界面点 B,AB 为即为反射界面的走向。同样,将 l_1 转移仰角 β 后,得纵测线 l_3,也可求出反射界面点 C,根据 C 点与走向 AB 之间的几何相对关系,可定出反射界面 R 的倾向。如图 5-178 所示,自 C 点引线垂直 AB,交点为 E。自 E 点作走向的水平垂线,使其与 C 点的铅垂线相交于 F,则 FE 即为倾向,CE 与 EF 的夹角 ψ 即为真倾角。

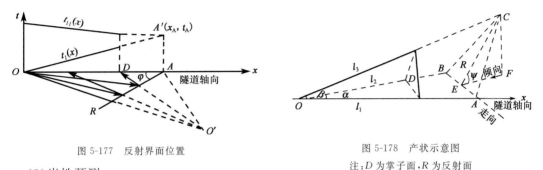

图 5-177　反射界面位置　　　　图 5-178　产状示意图
注:D 为掌子面,R 为反射面

(3) 岩性预测

岩性预测有两种方法,一种是人工方法,另一种是计算机处理方法。人工方法是依据入射波、反射波的初动极性的比较来辨别反射层岩性的相对好坏。利用各层纵波、横波的回声时间比,逐一求出各反射层的纵波速度、横波速度与泊松比,作为判断各反射层岩体结构完整性与含水可能性的参考指标和围岩监测与预报分类的依据。利用各种波速的回声时间比求出快、慢横波速度比、纵波速度比与振幅比,预报反射层的不均匀性、各向异性、含水性、孔隙度以及与孔隙度有关的含水量,为防治隧道水患提供依据。计算机处理方法则是采用与地面地震资料反演声阻抗曲线类似的 VSP 的反演方法,求出各里程处的阻抗,从而预测岩石类型、孔隙度、孔隙压力和其他岩性参数。其处理程序为:确定衰减函数;对保持振幅的若干道求和;利用波阻抗反演预测掌子面前方反射界面的速度。

6. 方法特点与应用效果

在负视速度法的观测系统中,只有来自掌子面前方的反射波才能产生负视速度同相轴,利用这一特性就解决了前方反射波与全空间反射波之间的识别困难,而且正、负视速度同相轴具有最大的反差,因而可提高对比度与分辨力。

该方法的观测系统不在掌子面上,对施工场地无特殊要求,不影响隧道施工,观测方法比在掌子面上简单有效,解释方法直观、简捷,能在 1h 内完成实测工作,及时提供预报成果,指导隧道施工。该方法不仅应用于纵波,而且兼容横波与转换波,因而有条件应用多波分析手段,使预报信息更为丰富,解释成果更为全面与可靠,较之超前水平钻孔法更为省钱、省时、省力。

应用该方法应满足以下条件:

(1) 要求预报的反射界面有足够的延伸度,即界面的大小能与工作波长相比拟。
(2) 反射界面两侧岩性的波阻抗具有明显的差异。
(3) 测线与反射界面的交角要尽可能大些。

第六章
综合预报实例

一、综合预报实例(一)

某隧道进口D3K334+864～D3K335+050段,设计地质情况为:地层为砂质页岩,局部夹炭质页岩及薄层状砂岩,弱风化。该段发育F_1、F_2断层破碎带及其影响带,岩体破碎,围岩稳定性差。该段地表地势低洼,冲沟发育,雨季水量较大,地下水也较为发育,施工中需加强超前地质预报工作。隧道设计地质纵断面图见图6-1。

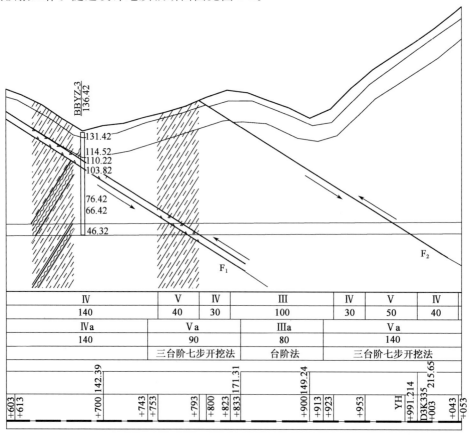

图6-1 隧道设计地质纵断面图

1. 地质调查

该段洞身揭露地层岩性为砂岩、页岩，D3K334+733～D3K334+833 段为 F_1 断层及其影响带，岩体破碎，带内以断层角砾及断层泥为主，地下水发育；D3K334+833～D3K334+864 段岩体较破碎，节理裂隙发育，地下水不发育。

2. TSP 探测

隧道施工至 D3K334+864 掌子面，根据设计资料及地质调查情况分析，前方 D3K334+923 即将进入设计中的 F_2 断层，掌子面揭露的围岩较破碎，主要是受 F_1、F_2 断层影响所致，为进一步探明前方地质情况，在此掌子面施作 TSP 探测一次，探测情况如图 6-2 所示。

探测结论见表 6-1。

D3K334+864 掌子面 TSP 探测结果　　　　　　　　　　　　　　　　　表 6-1

序号	里程	长度(m)	探测结果推断
1	D3K334+864～D3K334+886	22	里程段内正负反射振幅交替，存在多个反射界面，v_p/v_s、泊松比呈平缓趋势，密度下降，推断岩体较破碎，岩质软，节理裂隙较发育，地下水不发育
2	D3K334+886～D3K334+964	78	里程段内主要表现为负反射振幅，反射界面较多且短小杂乱，速度呈下降趋势，v_p/v_s、泊松比起伏较大，密度变化较大，推断岩体极破碎，节理裂隙很发育，地下水发育

3. 红外探测

在 D3K334+864 掌子面采用红外探测方法对前方地下水情况进行探测，探测结果为：①掌子面上 9 个测点的数值最大值为 316，最小值为 300，差值为 16，大于所取安全值 10；②根据现场所测左边墙、右边墙与拱部的红外辐射场强值（从掌子面往已开挖段每隔 5m 布置一个测点），绘制曲线，曲线整体起伏较大。由此判断前方围岩存在地下水构造。

4. 超前地质钻孔

通过对设计资料、地质调查及物探成果进行综合分析，判断 D3K334+864 掌子面前方围岩破碎且地下水发育，设计资料中的 F_2 断层可能提前出现。为进一步准确探明前方地质情况（摸清地层岩性、构造、地下水情况等），故在隧道施工至 D3K334+874 时，在掌子面布置 4 个超前地质钻孔，其中 3 号孔采用取芯钻，其他孔采用冲击钻，钻孔具体位置及参数如见图 6-3、表 6-2。

超前地质钻孔参数　　　　　　　　　　　　　　　　　表 6-2

孔号 \ 参数	水平偏角(°)	立角(°)	孔深(m)
1 号	0	10	52.0
2 号	−10	10	57.0
3 号	10	10	51.0
4 号	15	10	18.0

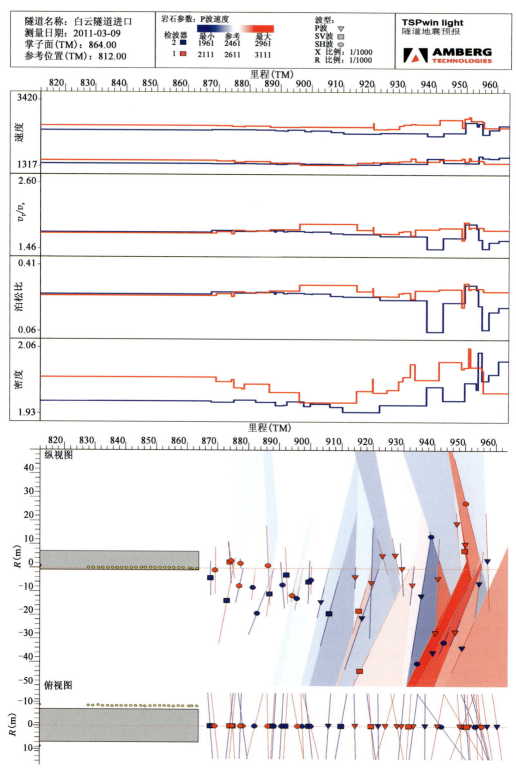

图 6-2　D3K334+864 掌子面 TSP 探测 2D 成果图

钻孔具体地质情况及地下水情况如下。

1号钻孔:0~18.0m(D3K334+874~D3K334+891.7)为弱风化页岩、砂岩,冲洗液为灰褐色,钻进速度较快,无卡钻现象,在18.0m(D3K334+891.7)处出水,水流时大时小,水量为1~3m³/h;18.0~32.0m(D3K334+891.7~D3K334+905.5)为灰岩、页岩及砂岩,强风化,少量全风化,冲洗液为黄色,钻屑中夹有碎石颗粒,偶有卡钻,在32.0m(D3K334+905.5)处水量增大,约8m³/h,水质浑浊,呈淡黄色;32.0~52.0m(D3K334+905.5~D3K334+925.2)为泥砂、角砾及碎石,其

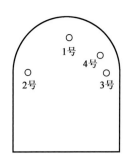

图6-3 超前地质钻孔布置图

成分主要为灰岩、页岩及砂岩,冲洗液为黄色,在36.0m(D3K334+909.5)处水量增大,约10m³/h,水质浑浊,呈淡黄色;终孔水量无变化。

2号钻孔:0~23.0m(D3K334+874~D3K334+896.3)为弱风化页岩、砂岩,冲洗液为灰褐色,钻进速度较快,无卡钻现象;23.0~40.0m(D3K334+896.3~D3K334+913.4)为灰岩、页岩及砂岩,强风化,少量全风化,冲洗液为黄色,钻屑中夹有碎石颗粒,偶有卡钻,在28.0m(D3K334+901.2)处出水,水量约为8m³/h,水质浑浊,呈淡黄色;40.0~57.0m(D3K334+913.4~D3K334+929.3)为泥砂、角砾及碎石,成分为灰岩、页岩、砂岩,冲洗液为黄色;在43.0m(D3K334+915.7)处水量增大,约10m³/h,水质浑浊,呈淡黄色;终孔水量无变化。

3号钻孔:0~3m(D3K334+874~D3K334+876.9)开孔,围岩为页岩、砂岩,灰黑色,弱风化,岩体较完整~较破碎。3~6m(D3K334+876.9~D3K334+879.8)为页岩、砂岩,灰黑色,弱风化,岩质较软,岩体破碎,节理裂隙较发育,节理裂隙面粗糙、不规则,泥质充填;岩芯呈碎块状,块径约3.0cm,最大的约6.0cm,最小的约0.5cm;RQD为3.7%,采取率为60%~65%。6~10.4m(D3K334+879.8~D3K334+884.1)为页岩、砂岩,灰黑色,弱风化,岩体较完整~较破碎,节理裂隙较发育,节理裂隙多为微张型,泥质充填;岩芯以短柱状为主,长度为5~22cm,局部呈碎块状;RQD为79.5%,采取率约为95%。10.4~15.6m(D3K334+884.1~D3K334+889.1)为页岩、砂岩,灰黑色,弱风化,岩体较破碎,节理裂隙较发育,节理裂隙多为微张~宽张型,泥质充填,节理面粗糙;岩芯呈短柱状、碎块状,最大节长22cm;RQD为28.6%,采取率约为80%。15.6~22.2m(D3K334+889.1~D3K334+895.5)为灰岩,少量砂岩、页岩,灰白色,强风化,少量全风化,岩体较破碎~破碎,节理裂隙发育,节理面粗糙,以宽张型为主,部分为方解石脉所充填,16.0m(D3K334+889.5)处出水,水量较小,约1m³/h;岩芯以碎块状为主,块径2~4cm,其中16.4~16.8m、18.4~18.6m、20.3~21.3m岩芯呈柱状,最大节长约29cm;RQD为24.2%,采取率约为70%。22.2~51m(D3K334+895.5~D3K334+923.5)为泥砂、角砾及碎石,淡黄~褐黄色,角砾碎石主要为灰岩、砂岩及少量页岩,其中22.2~26m岩芯为软塑状粉质黏土,部分为碎石及角砾,含量约25%,块径1~8cm,采取率为80%;26~28.6m岩芯为碎石及角砾,呈松散状,块径0.5~3cm,采取率85%;28.6~36.2m岩芯为角砾及碎石,含少量粉质黏土,岩芯呈密实状,碎石块径1~6cm,角砾粒径0.4~1cm,采取率80%;36.2~48m岩芯为松散状角砾、碎石,粒径大小不等,大的2~10cm,小的0.5~2cm,采取率90%。终孔水量无变化。

4号钻孔:0～18.0m(D3K334+874～D3K334+891.1)为弱风化页岩、砂岩、少量灰岩,冲洗液为灰褐色,钻进速度较快,无卡钻现象,钻屑中夹有碎石颗粒;在18.0m(D3K334+891.1)处出水,水质浑浊,呈淡黄色,水量较小;终孔水量无变化。

D3K334+874钻孔岩芯见图6-4。

图6-4　D3K334+874钻孔岩芯

5. 综合地质分析

根据已完成的物探及钻探,结合目前该区域的地质及构造情况综合分析得出:D3K334+874～D3K334+889.1段为弱风化页岩、砂岩,岩体较完整～较破碎,节理裂隙较发育,地下水不发育;D3K334+889.1～D3K334+895.5段为强风化灰岩、页岩及砂岩,少量全风化,岩体较破碎～破碎,节理裂隙发育,地下水发育,推断为断层影响带;D3K334+895.5～D3K334+929.3段为泥砂、角砾及碎石,碎石岩性为灰岩、页岩及砂岩,地下水发育,推断为断层破碎带。D3K334+874掌子面钻孔情况见图6-5。

6. 实际开挖揭示地质情况

目前隧道施工至D3K334+909(图6-6),此段地层岩性为砂岩、页岩,局部灰岩,其中D3K334+864～D3K334+890段岩体弱风化,较完整～较破碎,节理裂隙较发育,地下水不发育;D3K334+890～D3K334+895段为强风化灰岩、页岩及砂岩,少量全风化,岩体较破碎～破碎,节理裂隙发育,地下水较发育;D3K334+895～D3K334+909段岩体破碎,呈泥砂、角砾及碎石状,地下水发育,拱顶普遍滴水、渗水,掌子面有小股状水流出。

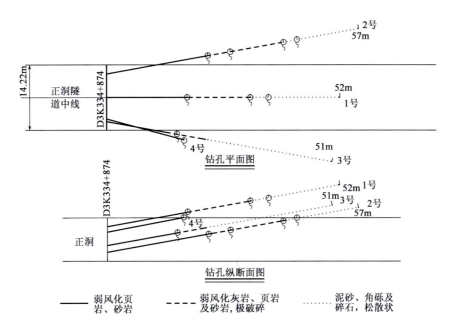

图 6-5　D3K334+874 掌子面钻孔情况图

图 6-6　D3K334+896 掌子面地质情况

二、综合预报实例(二)

某隧道正洞 D3K334+733 出现 F_1 断层突发性涌水涌泥后,采用迂回导坑方法探明及处理此段地质问题。在预报过程中采用红外探测、TSP 探测及超前地质钻孔等多种手段,进行综合超前地质预报。

1. 红外探测

此处多次进行红外探测,结果显示此段地下水发育~较发育。

2. TSP 探测

在导坑开挖至 D3K334+700 掌子面时,进行了一次 TSP 探测,探测结果如图 6-7 所示。

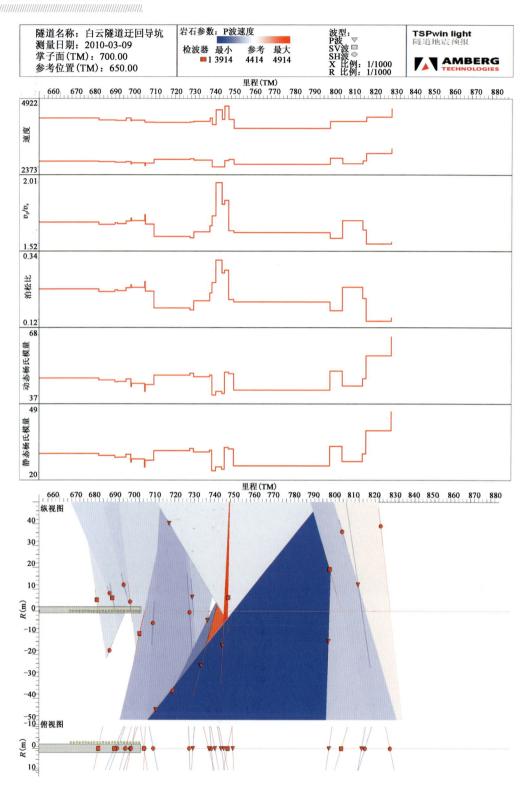

图 6-7 D3K334+700 掌子面 TSP 探测 2D 成果图

探测结论(表 6-3):在探测段 D3K334+700~D3K334+820 范围内,推断 D3K334+700~D3K334+736 段围岩级别为Ⅳ级,D3K334+736~D3K334+796 段围岩级别为Ⅴ级,D3K334+796~D3K334+820 段围岩级别为Ⅳ级。

D3K334+700 掌子面 TSP 探测结果 表 6-3

序号	里程	长度(m)	探测结果推断
1	D3K334+700~D3K334+736	36	与掌子面情况一致,岩体较破碎,属较软岩,节理裂隙较发育,地下水不发育,其中在 D3K334+703 处可能发育地下水
2	D3K334+736~D3K334+796	60	岩体完整性变差,岩体破碎~极破碎,属极软岩,节理裂隙较发育,地下水发育,D3K334+736~D3K334+748 附近可能发育地下水
3	D3K334+796~D3K334+820	24	岩体完整性变好,岩体较破碎,属软岩,节理裂隙较发育,地下水不发育,其中在 D3K334+802 附近可能发育地下水

施工建议:施工过程中对岩体破碎段宜做好超前支护和初期支护,对地下水发育段宜做好防排水措施。地质预报工作应结合红外探测、超前地质钻孔等手段进一步探明前方地质情况,确保施工安全。应特别注意 D3K334+736~D3K334+796 段,根据 TSP 探测结果分析,此段可能为一断层,断层内岩体破碎,地下水发育。

3. 超前地质钻孔

为确保准确清楚地探明此段地质情况,结合已开挖段实际情况及物探成果,进行多循环超前地质钻孔。

当导坑施工至 D3K334+705 掌子面时,在掌子面上施作 3 个超前地质钻孔,探得前方地质情况:D3K334+705~D3K334+735.1 段为弱风化砂质页岩夹砂岩,岩体较完整~较破碎,节理裂隙较发育;D3K334+735.1~D3K334+737.8 段为一空洞,地下水发育,初始水量为 $2~3m^3/h$,充填有黄泥,终孔后水量变小;D3K334+737.8~D3K334+752.3 段为强~全风化砂质页岩夹砂岩,岩体极破碎,为一破碎带。

当导坑施工至 D3K334+723 掌子面时,此时已接近上次超前地质钻孔探明的断层破碎带,为了进一步地探明前方断层发育的性质、规模及发育范围,此次施作了 6 个超前地质钻孔。由于断层规模大、破碎带宽,要想探明断层结束的边界,需进行深孔钻探。本次钻探由于岩体极破碎,呈泥夹碎石状,钻进过程中极易塌孔,且卡钻严重,拔钻、提钻困难,钻进难度非常大,经采取多种钻进工艺措施,最深钻孔达到 94m,探明了断层的边界。超前钻探成果表明:D3K334+723~D3K334+733.4 段为弱风化砂质页岩夹砂岩,岩体较完整~较破碎,节理裂隙较发育,地下水不发育;D3K334+733.4~D3K334+799.7 段为强~全风化砂质页岩夹砂岩,岩体极破碎,地下水较发育,为一断层破碎带;D3K334+799.7~D3K334+814.2 段为弱风化砂质页岩夹砂岩,岩体较破碎,节理裂隙较发育,地下水不发育。

当导坑施工至 D3K334+743 掌子面时,在掌子面上又进行了一次补充超前地质钻探。此次完成 3 孔,以对上一次钻孔情况进行进一步确认,确保施工安全。

两次超前钻孔的情况详见图 6-8~图 6-10。

4. 实际开挖揭示地质情况

该段实际开挖后揭露的地质情况与超前地质钻孔情况基本一致,如图 6-11 所示。

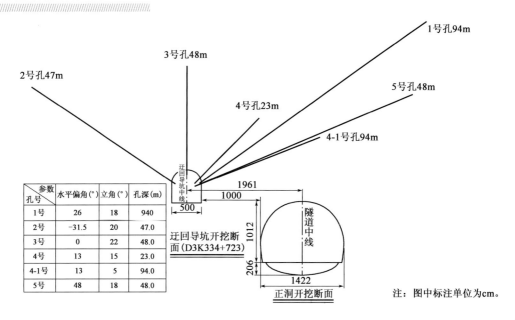

图 6-8 导坑 D3K334+723 掌子面钻孔布置与正洞位置关系图

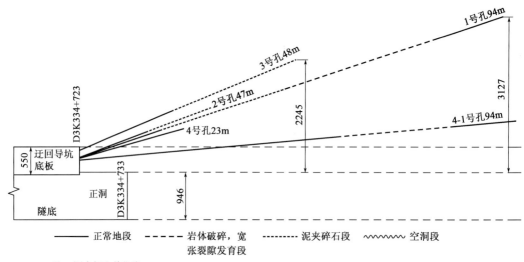

注：图中标注单位为cm。

图 6-9 导坑 D3K334+723 钻孔纵断面布置图

三、综合预报实例（三）

某隧道2号斜井正洞出口方向施工至 D3K392+813 掌子面，前方设计地质情况为：石英砂岩偶夹薄层页岩，弱风化，节理裂隙较发育，岩体局部较破碎，大部分较完整，基岩裂隙水较发育，对混凝土无侵蚀性。隧道地质纵断面图见图 6-12。

1. 地质调查

斜井正洞出口方向已开挖段（D3K392+475～D3K392+813）以弱风化砂岩为主，多处出现强～全风化砂岩，褐黄色，铁锰质浸染处呈红褐色，部分呈粉末状，岩质较软，手捏易碎，节理

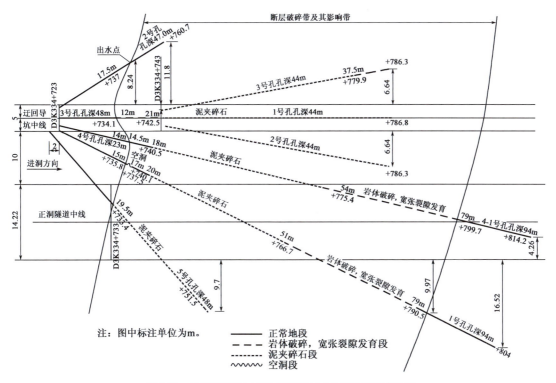

图 6-10　导坑 D3K334+723、D3K334+743 钻孔平面布置图

图 6-11　开挖后实际地质情况

裂隙发育,岩体破碎,围岩稳定性较差。自 D3K392+778 处开始,掌子面岩性为强风化砂岩,节理裂隙发育,岩体破碎,掌子面有地下水渗出。

2. TSP 探测

设计该段地质情况无异常,但根据洞内地质调查及素描的情况来看,该段围岩有变差的趋势,可能为断层出现的前兆,因此在隧道施工至 D3K392+813 掌子面时施作了一次 TSP 探测,结果见表 6-4。

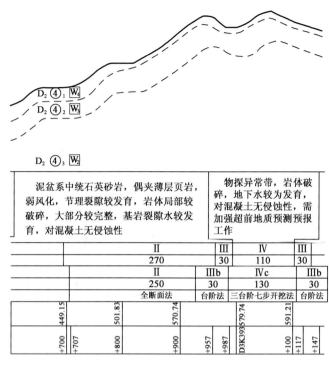

图 6-12 隧道地质纵断面图

D3K392+813 掌子面 TSP 探测结论 表 6-4

序号	里程	长度(m)	探测结果推断
1	D3K392+813～D3K392+855	42	该里程段以负反射振幅为主,存在多个反射界面,v_p/v_s、泊松比和密度起伏较大,推断岩体破碎,岩质较软,节理裂隙发育,地下水较发育,其中 D3K392+835～D3K392+841 段发育地下水
2	D3K392+855～D3K392+890	35	该里程段以正反射振幅为主,存在多个反射界面,v_p/v_s、泊松比和密度起伏较大,推断岩体较破碎～破碎,岩质变硬,节理裂隙发育,地下水不发育
3	D3K392+890～D3K392+963	73	该里程段以负反射振幅为主,反射界面减少,波速、密度、泊松比、v_p/v_s 起伏不大,推断岩体较破碎,岩质较软,节理裂隙较发育,地下水不发育,其中 D3K392+896～D3K392+900 段发育地下水

3. 红外探测

在 D3K392+813 掌子面采用红外探测方法对前方地下水情况进行探测,结果显示 D3K392+813～D3K392+843 段岩体极破碎,地下水较发育。

4. 超前地质钻孔

根据地质调查及物探成果,判定 D3K392+813 掌子面前方围岩存在地质异常,可能为一断层破碎带,因此进行超前地质钻孔作业,在 D3K392+813 掌子面共布设钻孔 5 个,布置参数见表 6-5。

第六章 综合预报实例

D3K392+813 掌子面钻孔布置参数表　　　　表 6-5

孔号 \ 参数	水平偏角(°)	立角(°)	孔深(m)
1 号	0	10	50.0
2 号	−10	0	50.5
3 号	10	0	50.0
4 号	0	3	50.0
5 号	0	3	50.0

1 号钻孔：0～47.5m 冲洗液呈黄褐色，钻进过程中有碎石、角砾冲出，并伴有黄泥流出（图 6-13），卡钻现象严重，钻进后塌孔，水量约 4.0m³/h，水质浑浊；47.5～50.0m 岩性为石英砂岩，岩体强风化，钻进较快，有轻微卡钻现象，终孔水量无变化。

图 6-13　钻进过程中孔内冲出的碎石、角砾，并伴有黄泥流出

2 号钻孔：0～50.5m 冲洗液呈黄褐色，钻进过程中有碎石、角砾冲出，并伴有黄泥流出，卡钻现象严重，钻进后塌孔，水量约 3.0m³/h，水质浑浊。

3 号钻孔：0～35.0m 冲洗液呈黄褐色，钻进过程中有碎石、角砾冲出，并伴有黄泥流出，卡钻现象严重，钻进后塌孔，水量约 3.0m³/h，水质浑浊；35.0～50.0m 岩性为石英砂岩，岩体强风化，钻进较快，有轻微卡钻现象，有少量裂隙水，终孔水量约 3.5m³/h。

4 号钻孔：0～50.0m 冲洗液呈黄褐色，钻进过程中有碎石、角砾冲出，并伴有黄泥流出，卡钻现象严重，钻进后塌孔，水量约 5m³/h，水质浑浊。

5 号钻孔：0～50.0m 冲洗液呈黄褐色，钻进过程中有碎石、角砾冲出，并伴有黄泥流出，卡钻现象严重，钻进后塌孔，水量约 4.0m³/h，水质浑浊。

通过钻探情况判断：2 号钻孔探测范围内（洞身左侧）D3K392+813～D3K392+862.7 段（49.7m）、4 号及 5 号钻孔探测范围内（洞身中部）D3K392+813～D3K392+862.9 段（49.9m）为断层破碎带（钻孔尚未揭穿断层）；1 号钻孔探测范围内（洞身上部）D3K392+813～D3K392+859.8 段（46.8 m）为断层破碎带，D3K392+859.8～D3K392+862.2 段为断层影响带；3 号钻孔探测范围内（洞身右侧）D3K392+813～D3K392+847.5 段（34.5m）为断层破碎带，D3K392+847.5～D3K392+862.2 段为断层影响带。断层破碎带内物质主要为断层泥及断层角砾，钻进过程中有碎石、角砾冲出，并伴有黄泥流出，卡钻现象严重，钻进后塌孔，地下水发育，5 个钻孔的总出水量为 19m³/h，水质浑浊。

5.综合地质分析

从目前已开挖段(D3K392+475~D3K392+813)的地质情况来看,围岩情况一直不是很好,岩体整体破碎~较破碎,节理裂隙发育,地下水较发育,特别是接近目前掌子面(D3K392+778~D3K392+813)附近,岩体强风化,节理裂隙很发育,裂隙间泥质、岩屑充填,地下水发育。这些迹象往往是断层出现的前兆。

通过对 TSP 探测、红外探测、超前水平钻孔等预报手段成果资料的分析,进一步证明 D3K392+813 掌子面前方为一断层破碎带,破碎带内主要为断层泥及断层角砾,地下水发育。

根据区域地质及设计成果资料,测区附近发育一条区域大断裂,断层走向为北东向,长约 4km,破碎带宽 30~40m,产状 145°∠60°,断层面较陡。原设计断层与隧道相交于 D3K392+150 处(位于斜井正洞的小里程方向),但在斜井正洞小里程施工至此处时,未揭露此断层。目前 D3K392+813 掌子面附近出露的断层,其性质和产状与葫芦田断层较为吻合,初步认为此断层为葫芦田断层。

综合已开挖段地质情况、综合预报成果资料及区域地质资料分析,该区域断层破碎带宽 30~40m,断层与隧道洞身小角度相交,交角为 20°~30°,对隧道影响范围大:已开挖段(D3K392+778~D3K392+813,35m)为断层影响带,掌子面前方 D3K392+813~D3K392+893 段(80m)为断层破碎带,其后断层影响带范围有待进一步探查。

断层破碎带内主要物质为断层泥及断层角砾,地下水发育,围岩自稳能力极差,存在涌水突泥及坍塌的风险,在施工中应引起高度重视,确保施工安全。

6.实际开挖揭示地质情况

目前掌子面已施工至 D3K392+825,揭露地质情况与超前地质钻孔情况基本一致(图 6-14),围岩呈土夹碎石状,为断层泥、断层角砾,结构松散,自稳能力极差,地下水较发育,拱顶普遍滴水、渗水,局部线状出水,水量约 $2m^3/h$。

图 6-14 开挖实际揭示的地质情况

四、综合预报实例(四)

某隧道出口施工至 D3K394+633,设计地质情况为:石英砂岩,偶夹薄层页岩,弱风化,节理裂隙较发育,岩体局部较破碎,大部分较完整,基岩裂隙水较发育。隧道出口段地质纵断面图见图 6-15。

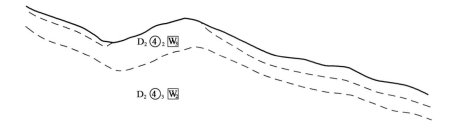

泥盆系中统石英砂岩，偶夹薄层页岩，弱风化，节理裂隙较发育，岩体局部较破碎，大部分较完整，基岩裂隙水较发育，对混凝土无侵蚀性

Ⅱ								
905								
Ⅱ								
885								
全断面法								
415.30	369.07	409.06	398.79	349.41	324.86	295.95	270.25	
+300	+400	+500	+600	+700	+800	+0	+007	

图 6-15　隧道出口段地质纵断面图

1. 地质调查

从已开挖段的地质来看，该段围岩岩性为石英砂岩，弱风化，灰白色，属硬岩，薄～中厚层，岩体较完整，节理裂隙较发育，地下水较发育，主要表现为基岩裂隙水。接近掌子面段节理裂隙张开程度增加，节理面呈铁锈色，地下水发育。

隧道施工至 D3K394+633，根据设计资料及洞内地质调查情况分析，该段节理裂隙较发育，且张开度较大，地下水丰富。为探明前方围岩情况特别是地下水情况，采用 TSP 探测、红外探测及超前水平钻孔相结合的综合超前探测。

2. TSP 探测

TSP 探测情况如图 6-16 所示。

探测结论见表 6-6。

D3K394+633 掌子面 TSP 探测成果表　　表 6-6

序号	里　程	长度(m)	探测结果推断
1	D1K394+592～D1K394+633	41	该里程段存在较多负反射界面，且以负反射振幅为主，v_p/v_s、泊松比、密度起伏稍大，推断岩体较破碎～破碎，节理裂隙发育，地下水发育，其中 D1K394+629.5、D1K394+618～D1K394+607 处可能集中发育地下水
2	D1K394+563.5～D1K394+592	28.5	该里程段存在较少反射界面，且以负反射振幅为主，v_p/v_s、泊松比呈下降趋势，速度、密度呈上升趋势，推断岩体较完整，岩质较软，节理裂隙较发育，地下水较发育，其中 D1K394+570.5～D1K394+563.5 处可能集中发育地下水
3	D3K394+488～D1K394+563.5	75.5	该里程段存在较多负反射界面，且以正反射振幅为主，v_p/v_s、泊松比、密度起伏较大，推断岩体较完整～较破碎，节理裂隙发育，地下水发育，其中 D1K394+561～D1K394+550、D1K394+521～D1K394+503.5 处可能集中发育地下水

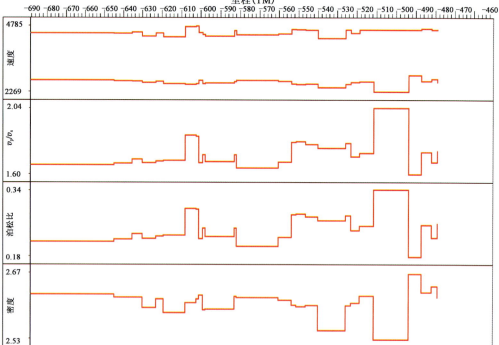

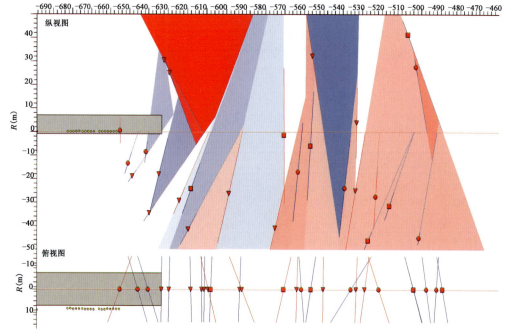

图 6-16 D3K394+633 掌子面 TSP 探测 2D 成果图

3. 红外探测

在D3K394+633、D3K394+612掌子面分别进行一次红外探测,结果显示前方地下水发育,存在含水构造。

4. 超前地质钻孔

结合设计资料、地质调查及物探结果,该段地下水发育,为准确探明前方地下水发育情况,特别是水量、水压情况,进行多循环超前地质钻孔作业。钻探显示该段围岩较完整～较破碎,节理裂隙发育,地下水发育,在钻进过程中多处涌出股状水,最大单孔涌水约50m³/h,最高水压达0.5MPa。D3K394+610掌子面超前地质钻孔情况如图6-17所示。

5. 实际开挖揭示地质情况

隧道施工至D3K394+532,开挖段地层岩性为石英砂岩,弱风化,岩体较完整～较破碎,局部破碎,节理裂隙较发育,地下水发育,呈普遍淋雨状,在D3K394+628、D3K394+620、D3K394+615、D3K394+610、D3K394+601、D3K394+595、D3K394+588、D3K394+560、D3K394+551等处多次出现股状涌水,水量为10～30m³/h,其中在D3K394+610处涌水量最大,约250 m³/h。D3K394+610掌子面出水情况见图6-18。

图6-17 D3K394+610掌子面超前地质钻孔情况

图6-18 D3K394+610掌子面出水情况

五、综合预报实例(五)

某隧道为灰岩隧道,洞身处于向斜核部地段,岩溶发育,施工存在高压突水风险。为确保隧道施工安全,施工中在正洞与平导均进行了连续预报。

1. TSP探测

在平导PDK354+085、PDK354+256各进行了一次TSP202超前探测,TSP202能量与位移关系图(图6-19)表现出明显异常。其超前地质预测主要结果如下。

(1)PDK354+085～PDK354+109段有明显表示岩体由硬变软的反射信号,围岩级别与目前掌子面处基本相同,为Ⅱ级。

(2)PDK354+099～PDK354+155段有多条明显的较为杂乱的反射信号,岩体完整性差,节理裂隙发育,富含地下水。结合超前钻探及区域地质资料,该段地下水活跃,溶孔、溶隙可能较为发育,围岩级别降低,围岩级别以Ⅵ级为主,局部为Ⅴ级。

(3)PDK354+200～PDK354+313段有明显的较为杂乱的反射信号,岩体完整性差,破碎,存在分层反射信号,富含地下水。结合超前钻探及区域地质资料,该段发育可溶岩与非可溶岩接触带,地下水活跃,溶孔、溶隙可能较为发育,围岩级别降低,围岩级别以Ⅳ级为主,局部为Ⅴ级。

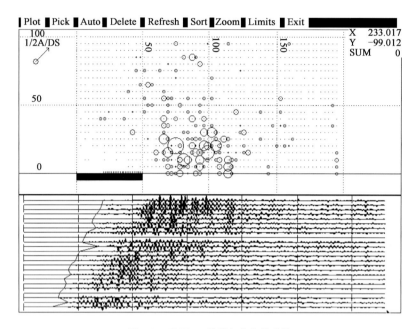

图 6-19　TSP202 能量与位移关系图

2.红外探测

根据 TSP 探测发现的异常,采用红外探测仪在 PDK354+244.5 处进行了短距离超前探测。根据测试数据绘制测试结果,如图 6-20 所示。

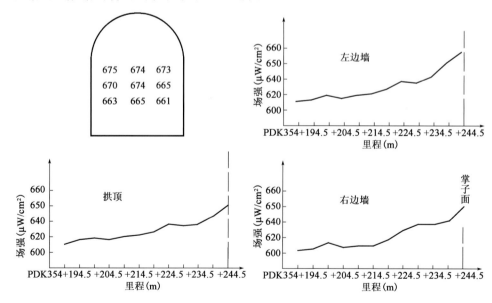

图 6-20　红外探水场强分布图

由图 6-20 可以得到如下结论。

(1)由图 6-20 掌子面场强分布图可知,所测掌子面红外辐射场强值最大值为 675 $\mu W/cm^2$,最小值为 $661\mu W/cm^2$,则红外场强差值为 $14\mu W/cm^2$,大于预测安全值。由于红外场强差值较大,根据仪器原理与以前探测经验,可判断前方地质体为非均质构造,发育有含水构造等异常体。

(2)由图 6-20 纵向场强分布图可以看出:由掘进后方向掌子面方向,红外探测曲线的辐射场强值在整体上表现为逐渐增大,为向上突变的趋势,可判断前方地质体为非均质构造,发育有含水构造等异常体。

根据上述(1)、(2)两种判别方法,并结合现场开挖所揭露的围岩和已经出露的地下水情况,经过综合分析,确定掌子面前方有发生涌突水的可能。

3.超前地质钻孔

由于 TSP 探测和红外探测均发现前方发育不良地质体,为保证施工安全,决定进一步采用超前地质钻孔对不良地质体发育范围与形态进行探测,以便为制订合理的施工措施提供准确依据。

平导超前钻孔在平导开挖面布设,根据机械配置特点,共布设 4 个,其中 2 个位于上部拱腰处,另外 2 个位于边墙部位。超前钻孔采用 MK—5、MK—3 钻机施作,钻孔直径为 90mm,长 30m,终孔位于隧道开挖轮廓线外 0.5m。平导超前钻孔设计如图 6-21 所示。

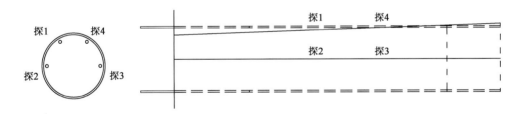

图 6-21 平导超前探水孔设计图

(1)PDK354+244.5 掌子面超前地质钻孔探测情况

在探孔施作过程中,1 号孔钻至 6m,2 号孔钻至 7.5m 时开始出水,但水量不大,同时可以看到拱顶左侧涌水点处涌水量明显减少,这说明 1 号孔、2 号孔和拱顶左侧涌水点明显存在水力联系。在继续钻孔过程中,3 号孔钻至 15m 时钻孔内出现涌水、涌泥,开始时为混浊水,含有角砾,继续钻进,顺钻杆周壁流出塑状黏土质粉土,钻进速度极快,此现象持续约 10min,之后又出现涌水(含黏土质粉土)现象,钻至 27m 时,进入灰岩岩体。4 号孔钻至 12m 左右,也表现为涌水、涌泥现象,钻至 30.2m 时进入灰岩层。2 号孔钻进过程表明其前方为灰岩,无岩溶发育。1 号孔钻至 18m 时钻进速度较快,也表现出涌水、涌泥现象,并由钻孔状况可明显看出 1 号孔和 4 号孔连通性极强。4 个探孔总涌水量为 35m³/h 左右,涌出的地下水无明显压力,含大量的黏土质粉土。

由探孔所揭示的情况可分析判断,平导前方在 PDK354+256 位置开始发育一宽约 16m 的大型溶洞,内含大量黏土、砾石,富水,4 个探水孔总涌水量累计为 35m³/h,水头压力可能受淤泥阻挡未完全表现。

（2）涌出物分析

对后期涌出物进行取样试验，试验结果如表 6-7 所示。

涌出物成分试验结果表　　　　表 6-7

成　　分	质量(g)	百分率(%)	备　　注
黏土	525	22.50	
砂	566	24.26	
砾石	653	27.99	

根据表 6-7 可以分析看出：后期涌出物具有磨圆、分选性质，应为溶洞填充物，填充物中除未涌出部分外，黏土、砂、砾石比例基本相同，可见填充物在未受到压力水冲出前呈较密实状态。

4. 实际开挖揭示地质情况

隧道施工至 PDK354+244.5，在掌子面拱顶偏左侧有一竖向张裂隙，自拱部开始向下延伸 30～50cm 长，宽度为 2～4cm，裂隙处涌水量为 10m³/h。掌子面其余部位均表现为无水，岩性为灰岩。施工至 PDK354+255.8，掌子面为泥岩，岩石破碎，夹部分灰岩，有 3 层各 30～40cm 宽的泥质夹层。左下角有一小溶洞，填充黏土。PDK354+256.5 掌子面岩性为泥页岩，棕褐色，泥钙质胶结，块状构造，中～强风化，风化面呈铁锈色。节理裂隙发育，部分裂隙充填软塑状黏土，宽度介于 5～20cm 之间，岩体破碎。掌子面右下角已揭露出软塑状的泥，面积约为 0.5m²，推测已进入溶洞体。右侧洞壁有坍塌，坍塌后可观察到，在右边墙凹陷部有一径向裂缝，宽度为 5～15cm，未见充填物，有少量出水，裂隙面风化呈铁锈色，为构造裂隙。近垂直掌子面方向发育数条裂隙，最宽约 20cm，经探测其长度大于 5m，裂隙面新鲜，推测由于开挖岩体产生塑性变形及坍塌引起。产生这样长的宽裂隙，同时也说明前方围岩节理裂隙极为发育，岩体疏松。

5. 综合地质分析

通过对前期勘察资料以及 TSP 探测、红外探测、超前探孔成果资料进行综合分析判断，隧道进口段在平导 PDK354+255.8～PDK354+274.5 范围内发育一大型充填型溶洞，充填物为淤泥、黏土、砾石夹块石，富水。溶洞主要发育在平导右上部，所测得最大宽度为 15.5m；溶洞大致走向近东西向；平导左边墙滞后右边墙 6～15m 进入溶洞区，且左边墙上部先遇到，溶洞边缘岩体破碎带宽 5～8m。该溶洞 4 个超前探水孔的涌水量累计为 60m³/h，水力联系较强，水头压力可能受淤泥阻挡未完全表现。根据涌出物分析，围岩短时间内具有较弱的自稳能力，在施工过程中可通过改善其物理力学性质加以利用。根据地层岩性判断，该套地层仍处于吴家坪组地层，可能由可溶性岩与非可溶性岩接触带处的地下水剧烈活动所致。岩溶体发育分布如图 6-22 所示。

六、综合预报实例（六）

某隧道洞身岩性为灰岩，施工中存在涌水突泥的可能。为确保施工安全，施工中采用地质调查、TSP 探测、地质雷达与超前钻孔探测相结合的综合预报方法。

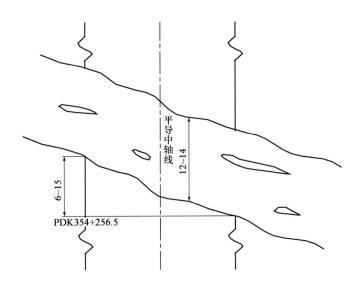

图 6-22　溶洞平面分布图(尺寸单位:m)

1. 岩溶发育前兆

现场地质调查发现,从 D8K160+490 开始,隧道掌子面围岩的完整体性开始变差(图 6-23),在 D8K160+501 处有一小型溶腔发育,且溶腔附近蜂窝状的溶蚀痕迹存在,在 D8K160+516 处掌子面开始出现黄色泥质充填的裂隙,且有不规则褐黄色铁染锈分布(图 6-24)。这些现象都是临近大型岩溶发育的前兆。据此可以初步推测,掌子面附近岩溶发育,可能有溶洞或溶蚀裂隙出现。

图 6-23　D8K160+490 附近围岩完整性变差

图 6-24　D8K160+516 附近有褐黄色铁锈出现

2. TSP 探测

本次 TSP 探测掌子面里程为 D8K160+493,探测距离为 120m,布置 24 个炮孔,探测结果如图 6-25、图 6-26 和表 6-8 所示。

根据探测结果显示,在掌子面前方约 35m 处产生较强反射,地震波的纵波和横波波速都降低,在深度偏移剖面图中强弱反射界面交替出现。围岩各物理力学参数变化幅度均较大,围岩纵波的速度为 4933~6346m/s,密度为 2.72~2.91g/cm^3,泊松比为 0.01~0.26。

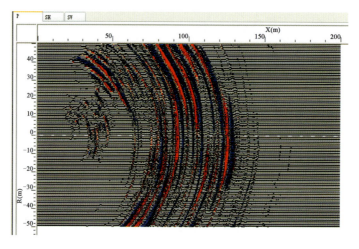

图 6-25 TSP 探测深度偏移剖面图

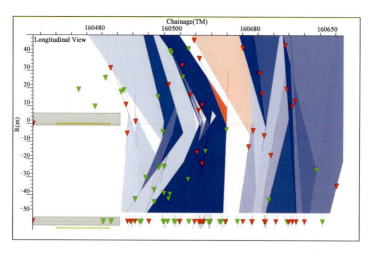

图 6-26 TSP 探测 2D 成果图

TSP 探测成果　　　　　　　　　　　　　　　　　表 6-8

序　号	里　　程	长度(m)	探测结果推断
1	D8K160+493～D8K160+515	22	围岩较完整～较破碎
2	D8K160+515～D8K160+527	12	岩溶微弱发育
3	D8K160+527～D8K160+540	13	存在溶蚀裂隙、溶洞或软弱夹层
4	D8K160+540～D8K160+579	39	石质较硬,围岩较破碎
5	D8K160+579～D8K160+613	34	岩溶弱发育

3. 地质雷达探测

在 D8K160+532 掌子面运用瑞典 RAMAC 型 100MHz 天线进行地质雷达探测,探测距离为 30m。探测结果见图 6-27、图 6-28 和表 6-9,其波形主要特征为:界面反射强烈,反射波极性反转,强反射界面增多,波幅及相位变化较大,同相轴发生错断。

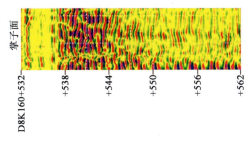

图 6-27 地质雷达探测剖面图

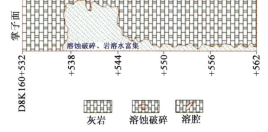

图 6-28 地质雷达探测解释成果图

地质雷达探测结果 表 6-9

序 号	里 程	长度(m)	探测结果推断
1	D8K160+532～D8K160+538	6	岩体较完整,岩溶弱发育
2	D8K160+540～D8K160+544	4	岩溶极发育,溶蚀类型推断为溶蚀裂隙或溶洞
3	D8K160+544～D8K160+562	18	岩体较完整,岩溶弱发育

4. 超前地质钻孔

为了进一步探测掌子面前方岩溶发育情况,在 D8K160+532 处进行超前地质钻孔,钻机采用 150—C 型日本矿研全自动高速钻机。该钻机可动态显示钻进过程中钻速、扭矩、推进力等多项参数随深度的变化情况,并有存储这些数据的功能。技术人员可根据显示的各项参数,更准确、快捷地判断掌子面前方地质情况。此次钻探结果表明,钻进至掌子面前方 8.6m 处时,钻速突然加快,扭矩、推进力迅速降低,且伴随有跳钻、卡钻的现象,即在 D8K160+540.6～D8K160+564 段钻进极不平稳,钻机的各项参数变化幅度较大。据此可知该地段地质异常,可能有间歇状或充填型溶洞发育。钻进过程中,钻速、扭矩随深度变化曲线如图 6-29、图 6-30 所示。

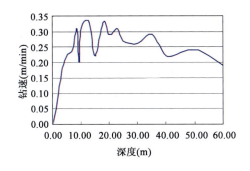

图 6-29 钻速随深度变化曲线图

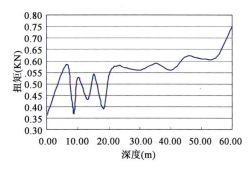

图 6-30 扭矩随深度变化曲线图

5. 开挖验证及地质分析

开挖揭露的溶洞最先出露在 D8K160+540,而不是 TSP 预报的 D8K160+527,开挖情况同 TSP 预报结果有较大的差距,分析其原因,主要是溶洞一般发育复杂多变、形态各异,几何形状变化较大,地震反射波特征复杂,且溶洞、断层、软弱夹层、围岩破碎段的波形特征也较为相似,不易区分。因此,TSP 探测对岩溶发育情况的预报只可作为参考,还需与其他预报手段结合起来相互验证后,才能作为指导施工的成果资料。

地质雷达探测结果显示在 D8K160+538～D8K160+544 段为岩溶发育段,而实际岩溶出露段在 D8K160+540～D8K160+556 段,可见雷达探测结果缩短了溶洞的延伸长度,这主要是由于电磁波信号在空洞中衰减速度较快所致。根据积累经验可知,地质雷达探测溶洞的起始位置一般比较准确,但对溶洞规模的探测精度受周围条件影响较大,一般都会缩小溶洞的规模。

七、综合预报实例(七)

1. 工程地质概况

某隧道位于可溶岩岩溶发育和较发育区,区内断裂和褶皱发育,温暖湿润的气候也给现代岩溶的发育提供了必要的条件。中、晚更新世以来,受新构造作用影响,碳酸盐岩地层逐渐抬升、出露,遭受不同程度的溶蚀作用,形成类型繁多、形态齐全的岩溶地貌。

落水洞是该区很重要的、分布较广的岩溶形态,是垂直循环带岩溶向深部发展的标志,可以进一步发展成为岩溶洼地。漏斗和落水洞是地表散流向下渗透的主要通道,其主要形态有漏斗状及圆筒状等。落水洞伴随着洼地分布,洼地内均有落水洞发育,洞口大小不一,以洞径 0.5～1m 和 4～6m 为主,洞口被植被覆盖,洞内偶有积水。降雨时洼地汇集的雨水顺落水洞灌入地下,形成地表水与地下水的联系通道。隧道位于该地区岩溶水文地质单元中的水平循环带内,施工发生灾害性突水、突泥的风险性大,为一级高风险隧道。隧道 DK99+777 处地质纵断面图见图 6-31。

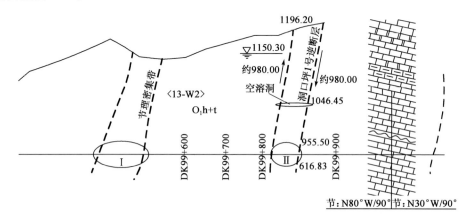

图 6-31　隧道 DK99+777 处地质纵断面图

2. 超前地质预报实施

在隧道施工中进行超前地质预报工作,需根据预报对象的地质特征并结合地质预报方法的适用性选择合适的预报方法组合进行超前地质预报工作,特别是在地质条件复杂的隧道中,应综合运用多种预报方法的有效组合,互相印证,取长补短。该隧道采用的地质预报手段有地质调查、TSP 探测、地质雷达、红外探水、超前钻孔和加深炮孔。

(1)地表调查

在对隧道进口 DK99+777 附近的地表进行踏勘后,发现了两个大规模的溶蚀发育区域 G-2、G-3(图 6-32),位于线路方向(DK99+610～DK99+690)左侧 120m 左右,高程为 1090m

（隧底高程945m），距隧道高差为150m左右。溶蚀发育区域位于山谷盆地中，是个良好的汇水区域。

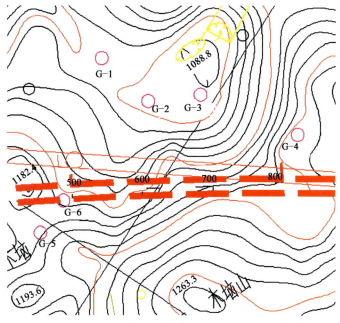

图 6-32 地质平面图

图 6-33 掌子面状况

G-3 溶蚀发育区域是一个延伸几百米的溶洞，枯水季节时溶洞内基本没有水，溶洞深处发育有较大规模的钟乳石等。据访问当地居民，得知雨季时洼地周边降水通过洼地底自然沟汇入该溶洞内，降水时汇入量约为100L/s，消水迅速，溶洞有向线路方向延伸的趋势。

G-5、G-6位于线路方向(DK99+480～DK99+500)右侧附近，处于地表塌陷区域，G-6位于线路旁边，塌陷规模大，延伸长。根据地表溶蚀情况，推测塌陷区域下面发育有溶蚀带。

G-2、G-3、G-6三点在平面上基本处于一条直线上，可以连成一个溶蚀发育群，处于岩溶发育的汇水区。经综合分析，该隧道进口DK99+777处发育的岩溶管道与地表的洼地可能存在连通性，形成了一个岩溶水的通道。隧道施工受此溶蚀群的影响很大，在施工中一定要引起高度重视。

(2) 地质素描

根据掌子面地质素描，DK99+750～DK99+775段岩性为灰岩，岩体较完整，地下水不发育，但岩体中方解石脉开始逐渐增多(图6-33)，表明该段围岩在历史时期受到构造运动和溶蚀作用的影响，岩体裂隙发育，后来的方解石液侵入其中，凝固后便填充在岩体中。由此推断，该段的岩溶裂隙很发育。

图 6-34 所示为 DK99+760～DK99+777 段的掌子面素描，从中可以看出该段地质条件的变化。

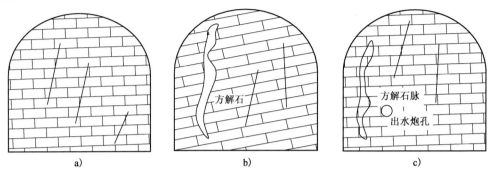

图 6-34　DK99+760～DK99+777 段掌子面素描

DK99+760［图 6-34a）］：该段围岩为灰黑色灰岩，微风化，中厚层状，岩体整体较完整，属硬岩。地下水不发育。洞身方解石脉填充较多，掌子面中间充填一条竖直状方解石脉，宽 10～20cm，产状为 110°/78°。

DK99+771［图 6-34b）］：该段围岩为灰黑色灰岩，微风化，厚层状，岩体整体较完整，属硬岩。地下水不发育。洞身方解石脉填充较多，掌子面左边充填一条竖直状方解石脉，宽 10～15cm，延伸性好，产状为 112°/79°。

DK99+777［图 6-34c）］：该段围岩为灰黑色灰岩，微风化，厚层状，岩体整体较完整，属硬岩。洞身方解石脉大量填充，其中掌子面左侧发育一条竖直状方解石脉，宽 10～20cm，延伸好，产状为 N85°W/85°N。超前炮孔深约 5m，孔内水向外喷出约 3m，水量随时间明显减少，约 10min 后水量枯竭。

（3）TSP 探测

本次预报采用 TSP203plus 系统，预报的范围是 DK99+760～DK99+880。根据 TSP 探测结果（图 6-35）分析，在 DK99+771～DK99+778 段纵、横波出现下降，泊松比明显增加（由 1.76 增大到 1.91），密度、动态杨氏模量显著下降（前者由 2.86g/cm^3 下降到 2.8g/cm^3，后者由 92GPa 下降到 81GPa）。分析判断该段围岩与掌子面基本一致，属硬岩，岩体较破碎，节理裂隙较发育，其中 DK99+776～DK99+778 段附近为一溶蚀破碎带；地下水不发育，DK99+776 附近可能存在线状裂隙水。

（4）地质雷达探测

在 DK99+775 掌子面，采用瑞典 RAMAC/GPR 地质雷达及 100MHz 屏蔽天线，进行雷达超前探测，掌子面上共布置 2 条测线：横测线 1 条，纵测线 1 条（图 6-36），纵横正交。

雷达探测成果图和地质解译图见图 6-37。

预报段落：DK99+775～DK99+805（30m）。

预报结论：掌子面前方雷达波组的反射能量、波形、相位特征反映出该段岩体的异常，推测为溶蚀节理裂隙较发育，其中 DK99+778～DK99+786 段为溶蚀裂隙带，与隧道轴线斜交，掌子面左侧先揭露该溶蚀裂隙带，内有溶蚀裂隙或溶孔及充填物反映；DK99+786～DK99+805 段岩体溶蚀破碎，上述两段有少量岩溶水反映。

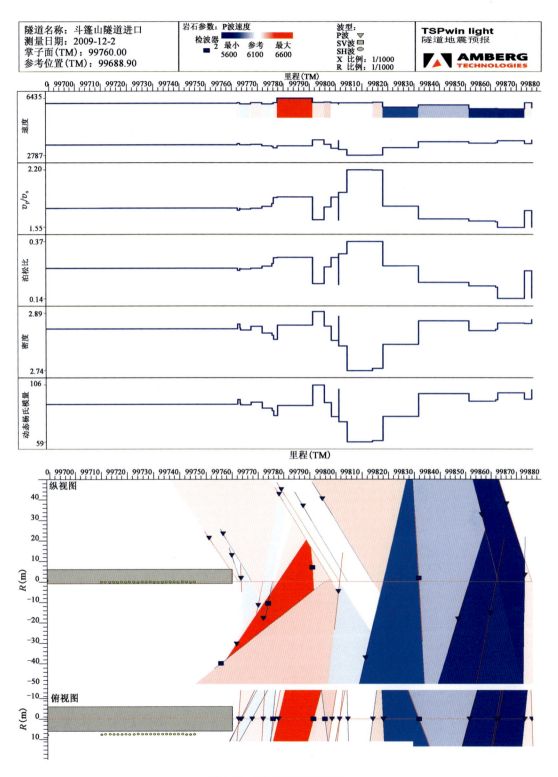

图 6-35　TSP 探测 2D 成果图

(5) 红外探测

在 DK99+760 掌子面进行红外探测，探测范围为前方 30m。

① 由掌子面岩体上均匀布置的 20 个测点的红外辐射场强数值（表 6-10），可知其最大值为 227μW/cm²，最小值为 220μW/cm²，差值为 7μW/cm²，小于允许的安全值 10μW/cm²。

② 根据现场所测左边墙脚、左边墙、拱顶、右边墙、右边墙脚、底板中线的辐射场强值（从掌子面往已开挖段每隔 5m 布置一个测点，见表 6-11），绘制曲线（图 6-38），可以看出：往掌子面方向，靠近掌子面附近红外辐射场强值曲线整体变化不大。

③ 根据上述 ①、② 两种判别方法，结合已开挖揭示的围岩情况，可以判定 DK99+760～DK99+790 段不存在大规模含水体，局部发育少量基岩裂隙水，对岩体稳定性影响不大。

掌子面红外探测记录表（μW/cm²）　　　　　表 6-10

测线＼测点	1 号测点	2 号测点	3 号测点	4 号测点	5 号测点
1 号测线	227	224	226	225	223
2 号测线	221	223	224	224	224
3 号测线	222	223	221	222	222
4 号测线	221	220	221	221	222

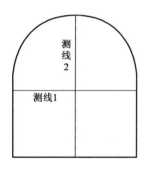

图 6-36　雷达测线布置图

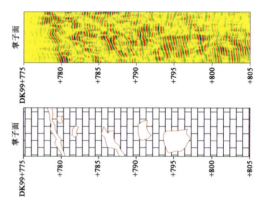

图 6-37　雷达探测成果图及地质解译图

沿隧道走向红外探测数据记录表（μW/cm²）　　　　　表 6-11

序号	里程	左边墙脚	左边墙	顶拱	右边墙	右边墙脚	底板中线
1	DK99+705	220	221	222	221	221	219
2	DK99+710	220	222	222	220	221	219
3	DK99+715	220	221	221	220	220	219
4	DK99+720	219	221	221	219	220	218
5	DK99+725	219	220	221	219	219	218
6	DK99+730	219	221	220	219	218	217
7	DK99+735	217	219	220	220	218	217
8	DK99+740	219	220	220	219	217	218
9	DK99+745	218	220	220	218	217	216
10	DK99+750	219	220	220	217	216	217

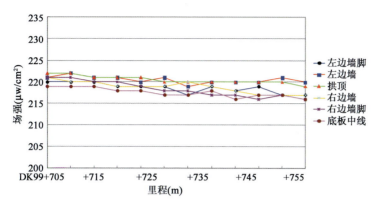

图 6-38　超前红外探测曲线图

(6) 超前地质钻孔

为进一步验证隧道进口 DK99＋775 前方地质情况，采用 MK-5 钻机进行超前地质钻探作业。本次钻探共施作钻孔 3 个(孔位布置及参数如图 6-39 和表 6-12 所示)，总钻进 39.5m。

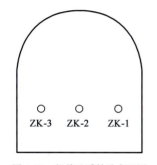

图 6-39　超前地质钻孔布置图

超前地质钻孔参数　表 6-12

参数 孔号	水平偏角	立角	孔深(m)
ZK-1	偏左 5°	上仰 6°	14
ZK-2	0°	上仰 4°	13
ZK-3	偏右 5°	上仰 5°	12.5

ZK-1、ZK-2、ZK-3 钻孔柱状图如图 6-40～图 6-42 所示。

结论：通过钻孔进一步掌握了 DK99＋775～DK99＋788 段的地质情况。该段岩性为白云质灰岩，DK99＋775～DK99＋778 段岩体较完整，属硬岩，节理裂隙较发育；DK99＋778～DK99＋780.5 段为一岩溶溶腔，充填有大量黏土充填物夹碎石，3 个钻孔出水量约为 4.5L/s，无压力；DK99＋780.5～DK99＋788 段岩体较完整，节理裂隙较发育，其间 DK99＋783～DK99＋786 段发育溶蚀破碎带。

(7) 综合结论及实际开挖揭示地质情况

①综合结论：通过对地质调查、TSP 探测、地质雷达和超前钻孔成果的综合分析判断，掌子面前方 DK99＋778～DK99＋780.5 段为一岩溶溶腔，横穿隧道洞身，与地表相通，充填有大量泥夹碎石，地下水较发育，水量约为 5L/s。隧道施工通过该段存在突水、突泥风险。为确保隧道施工安全，建议在施工前疏通隧道排水系统，并准备沙袋作为堵水之用。

②实际开挖揭示地质情况：DK99＋778～DK99＋781 段为溶腔，高不见顶，横穿隧道洞身，往左右边墙方向延伸，在隧道左边墙宽 3～6m，往右边墙方向逐渐变窄为 50～80cm。洞壁溶蚀严重，充填有少量泥夹碎石，洞内发育股状岩溶水，流量 1～2L/s。预报与实际情况相符，预报准确。

钻探日期：2009-12-07				孔口里程:DK99+775		立角：上仰6° 偏角：偏左5°		钻孔编号		ZK-1
地层代号	里程 (m)	深度 (m)	厚度 (m)	柱状图	采样位置	工程地质简述	出水位置	出水量 (L/s)	孔径 (mm)	备注
O₁h+t	DK99 +775 DK99 +778	3.0	3.0			岩体较完整，弱风化，属硬岩，钻进平稳，速度较慢，冲洗液呈灰白色			89	
	DK99 +779.2	4.2	1.2			岩溶溶腔，充填有泥夹碎石，时有卡钻现象，并顺着钻孔有黄泥水流出，钻进快，水量约为15L/s，无压力		15		
	DK99 +782.7	7.7	3.5			岩体较完整，弱风化，属硬岩，钻进平稳，速度较慢				
	DK99 +787.6	12.6	4.9			岩溶溶蚀破碎带，钻进速度不均匀，冲击器声时断时续，并伴有卡钻现象				
	DK96 +789	14.0	1.4			岩体较完整，弱风化，属硬岩，钻进平稳，速度较慢	终孔	15		

图 6-40　ZK-1 钻孔柱状图

钻探日期：2009-12-07				孔口里程:DK99+775		立角：上仰4° 偏角：0°		钻孔编号		ZK-2
地层代号	里程 (m)	深度 (m)	厚度 (m)	柱状图	采样位置	工程地质简述	出水位置	出水量 (L/s)	孔径 (mm)	备注
O₁h+t	DK99 +775 DK99 +778.5	3.5	3.5			岩体较完整，弱风化，属硬岩，钻进平稳，速度较慢，冲洗液呈灰白色			89	
	DK99 +779.5	4.5	1			岩溶溶腔，充填有泥夹碎石，时有卡钻现象，并顺着钻孔有黄泥水流出，钻进快，水量约为15L/s，无压力		15		
	DK99 +783.2	8.2	3.7			岩体较完整，弱风化，属硬岩，钻进平稳，速度较慢				
	DK99 +786.9	11.9	3.7			岩溶溶蚀破碎带，钻进速度不均匀，冲击器声时断时续，并伴有卡钻现象				
	DK99 +788	13.0	1.1			岩体较完整，属硬岩，钻进平稳	终孔	15		

图 6-41　ZK-2 钻孔柱状图

钻探日期：2009-12-07			孔口里程：DK99+775		立角：上仰5° 偏角：偏右5°	钻孔编号		ZK-3	
地层代号	里程(m)	深度(m)	厚度(m)	柱状图	采样位置	工程地质简述	出水位置	出水量(L/s)	孔径(mm)	备注
O₁h+t	DK99+775 DK99+779	4.0	4.0			岩体较完整，弱风化，属硬岩，钻进平稳，速度较慢，冲洗液呈灰白色			89	
	DK99+780.5	5.5	1.5			岩溶溶腔，充填有泥夹碎石，时有卡钻现象，钻进快，并顺着钻孔有黄泥水流出，水量约为15L/s；无压力		15		
	DK99+784.1	9.1	3.6			岩体较完整，弱风化，属硬岩，钻进平稳，速度较慢				
	DK99+786.2	11.2	2.1			岩溶溶蚀破碎带，钻进速度不均匀，冲击器声时断时续，并伴有卡钻现象				
	DK99+787.5	12.5	1.3			岩体较完整，弱风化，属硬岩，钻进平稳，速度较慢	终孔			

图 6-42 ZK-3 钻孔柱状图

图 6-43 开挖揭示的溶洞

八、综合预报实例（八）

1. 工程地质概况

某隧道进口 D3K100+750～D3K100+950 段为1号断层及断层影响带，断层走向与隧道呈 65°左右斜交，倾向大里程方向，角度为 80°～90°，断层上盘为砂页岩地层，下盘为灰岩地层，断层带内岩体破碎。沿断层线地表为一宽大深沟，雨季沟内有山洪汇集排泄，冲洪积物较厚，隧道顶板距沟底 45m 左右，初步分析在断层带可溶岩一侧可能存在发育溶洞，施工中可能发生一定规模的涌水、涌泥，同时围岩易发生坍塌或塌方现象。施工过程中揭示的溶洞发育情况见图 6-43。D3K100+750～D3K100+950 段地质断面图如图 6-44 所示。

2. 超前地质预报实施

(1) TSP 探测

在 D3K100+699 掌子面施作 TSP 探测，预报结果显示，D3K100+744～D3K100+789 段为1号断层影响带，岩体较破碎～破碎，局部岩溶较发育，含岩溶裂隙水。D3K100+789～D3K100+819 段为1号断层破碎带，裂隙发育，岩体破碎，岩溶发育，含岩溶水。为了进一步确认1号断层的影响宽度及前方可能存在的岩溶地质情况，在 D3K100+765 掌子面再施作一

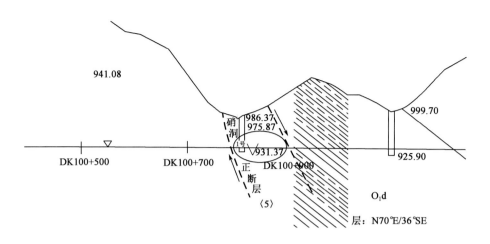

图 6-44　D3K100+750～D3K100+950 段地质断面图

次 TSP 探测,探测结果如下:

①掌子面前方 D3K100+765～D3K100+885 段(120m)围岩纵波速度为 4330～5400 m/s,v_p/v_s 为 1.50～2.04,泊松比为 0.10～0.34,密度为 2.63～2.88g/cm³,静态杨氏模量为 64～106GPa。

②D3K100+765～D3K100+834 段推测为 1 号断层及断层影响带,岩溶发育、岩体溶蚀破碎,含水量丰富,其中 D3K100+782～D3K100+801、D3K100+806～D3K100+810、D3K100+817～D3K100+819 段发育溶洞的可能性较大,施工中存在一定规模涌水、涌泥及塌方的可能。

③D3K100+834～D3K100+885 段推测进入了志留系翁项群组地层,受 1 号断层影响,该段岩体较破碎,但含水量降低,以分散裂隙水为主,岩溶不发育。

TSP 探测 2D 成果图见图 6-45。TSP 探测成果地质解译图见图 6-46。

(2)地质雷达探测

在 D3K100+765 掌子面采用地质雷达进行进一步探测,本次探测共布置 5 条测线,测线总长 52m,具体布置见图 6-47,探测成果见表 6-13。

(3)红外探测

在 D3K100+765 掌子面采用红外线进行探测,探测成果如下。

①本次探测共布置 4 条测线,如图 6-48 所示,每条测线上均匀布置 5 个测点,从左至右、从上到下。由 20 个测点的红外辐射场强数值(表 6-14)可知,其最小值为 330μW/cm²,最大值为 345μW/cm²,差值为 15μW/cm²,大于允许的最小安全值 10μW/cm²。

②根据现场所测左边墙脚、左边墙、拱顶、右边墙、右边墙脚的辐射场强值(表 6-15),绘制曲线(图 6-49),可以看出:往掌子面方向,靠近掌子面附近的红外辐射场强值曲线呈上升趋势。

③根据上述①、②两种判别方法,结合已开挖揭示的围岩情况及地质雷达预报结果,可以判定 D3K100+765～D3K100+789 段存在一定规模的含水体。

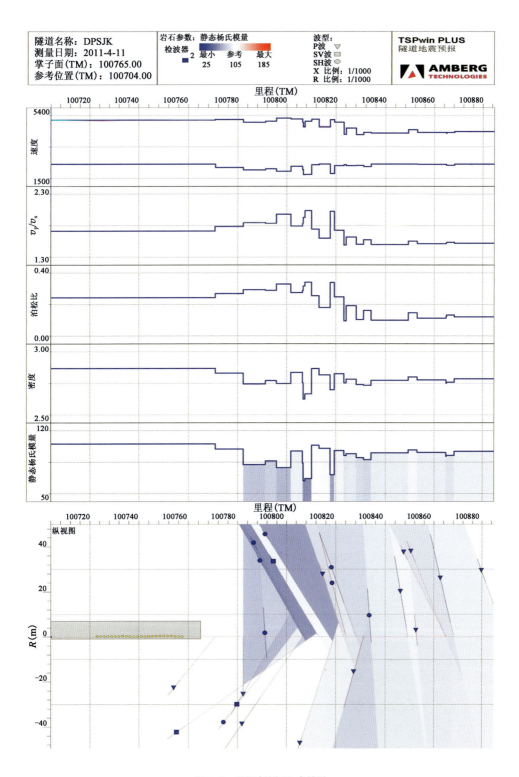

图 6-45 TSP 探测 2D 成果图

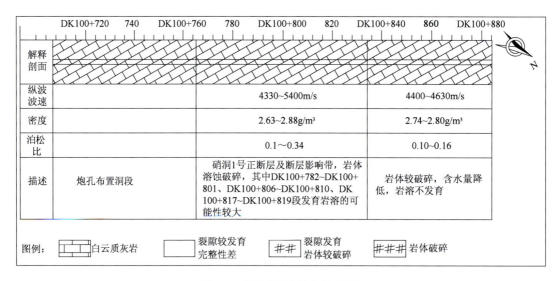

图 6-46 TSP 探测成果地质解译图

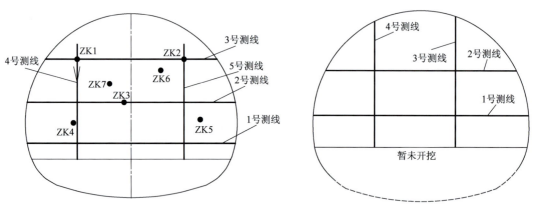

图 6-47 D3K100+765 掌子面雷达测线及超前钻孔布置示意图　　图 6-48 红外探测掌子面测线布置示意图

D3K100+765 掌子面雷达探测成果表　　表 6-13

测线	雷达成果	异常编号	异常里程
1号测线	DK100+765　769　773　777　781　785　DK100+789 左边 ZK4 1号异常　2号异常 4号异常 3号异常 ZK5 右边 DK100+765　769　773　777　781　785　DK100+789	1号异常	D3K100+768～D3K100+770
		2号异常	D3K100+774～D3K100+780
		3号异常	D3K100+774～D3K100+780
		4号异常	D3K100+785～D3K100+788

续上表

测线	雷达成果	异常编号	异常里程
2号测线	ZK3 右边 (DK100+765~DK100+789，含1号异常、2号异常、3号异常、4号异常)	1号异常	D3K100+767~D3K100+770
		2号异常	D3K100+774~D3K100+782
		3号异常	D3K100+775~D3K100+778
		4号异常	D3K100+785~D3K100+788
3号测线	左边ZK1 / ZK2 右边 (DK100+765~DK100+789，含1号异常、2号异常、3号异常、4号异常)	1号异常	D3K100+768~D3K100+778
		2号异常	D3K100+780~D3K100+782
		3号异常	D3K100+784~D3K100+789
		4号异常	D3K100+784~D3K100+788
4号测线	顶拱ZK1 / ZK4底板 (DK100+765~DK100+789，含1号异常、2号异常)	1号异常	D3K100+767~D3K100+778
		2号异常	D3K100+780~D3K100+782
5号测线	顶拱ZK2 / ZK5底板 (DK100+765~DK100+789，含1号异常、2号异常)	1号异常	D3K100+769~D3K100+774
		2号异常	D3K100+778~D3K100+781

掌子面红外探测记录表($\mu W/cm^2$)　　　　　　　　　　　　　　　　表 6-14

测线＼测点	1 号测点	2 号测点	3 号测点	4 号测点	5 号测点
1 号测线	336	336	335	338	335
2 号测线	338	339	336	337	336
3 号测线	340	338	340	341	342
4 号测线	344	343	345	342	341

沿隧道走向红外探测数据记录表($\mu W/cm^2$)　　　　　　　　　　　　表 6-15

序 号	里 程	左边墙脚	左边墙	顶 拱	右边墙	右边墙脚
1	D3K100+720	330	332	331	332	333
2	D3K100+725	335	334	335	333	335
3	D3K100+730	337	336	337	335	336
4	D3K100+735	336	337	338	338	336
5	D3K100+740	335	337	336	337	337
6	D3K100+745	337	338	337	335	335
7	D3K100+750	336	336	335	338	335
8	D3K100+755	338	339	336	337	336
9	D3K100+760	340	338	340	341	342
10	D3K100+765	344	343	345	342	341

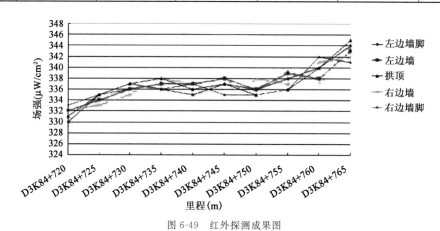

图 6-49　红外探测成果图

(4) 超前地质钻孔

在 D3K100+765 掌子面采用 YGL—100A 型钻机进行超前地质钻探作业,根据雷达探测成果,在雷达探测的异常部位布置 5 个钻孔,钻孔布置见图 6-47。

ZK1 进尺至 6.9m 时钻孔开始出水,水量约为 15L/s。ZK2 进尺至 2.5m 时钻孔开始出水,水量约为 15L/s,进尺至 12m 时返出黄色水,含泥砂。ZK3 进尺至 4.5m 时出水,水质呈黄色,含泥砂,总水量约为 20L/s。ZK4 进尺至 11m 时出水,水质呈黄色,含泥砂,总水量约为

17L/s。ZK5进尺到8m时出水,水量为18L/s。各超前钻孔参数、水流量和压力监测结果分别见表6-16、表6-17。各超前钻孔柱状图见图6-50。

超前钻孔参数一览表　　　　　　　　　　　　表6-16

参数 孔号	水 平 角	立 角	深度(m)
ZK1	左偏1°	上仰10°	30
ZK2	右偏1°	上仰10°	30
ZK3	0°	0°	30
ZK4	向上1°	下倾5°	30
ZK5	向上1°	下倾5°	30

超前水平钻孔水流量和压力监测结果　　　　　　　表6-17

序 号	监测日期	孔位	流量(L/s)	水压力(MPa)	出水量(m³)
1	2011年4月5日	ZK2	7	0.06	604.8
2	2011年4月6日	ZK1	10	0.05	864
3	2011年4月7日	ZK3	13	0.05	1123.2
4	2011年4月8日	ZK4	15	0.05	1296
5	2011年4月9日	ZK5	20	0.05	1728
6	2011年4月10日	ZK3	10	0.05	864
7	2011年4月11日	ZK3	5	0.05	432
8	2011年4月12日	ZK3	2	0.02	172.8

在施工中,下部ZK3、ZK4、ZK5孔出水后,上部ZK1、ZK2孔很快断流,表明掌子面前方赋水介质连通性很好,同时说明地下水原水位在高程945m以上,很快降到943m左右,待ZK5孔终孔8h后观测中部ZK3孔,仅有1/4孔径有流水,说明在钻孔揭露到高程941m部位后,洞身地下水位已稳定在高程942.3m的位置(钻孔位置见图6-47,ZK1、ZK2高程为945m,ZK3高程为942.3m,ZK4、ZK5高程为941m)。其后,在ZK3孔上方左右两侧施钻ZK6、ZK7两孔时,进深30m范围内均无水,进一步表明溶蚀带目前地下水位已稳定在高程942.3m的位置。

(5)针对1号断层开展的其他预报

为了进一步查清1号断层的含水情况,在D3K100+657掌子面采用瞬变电磁仪进行进一步预报,预报成果见图6-51。

从瞬变电磁预报的成果看,D3K100+755～D3K100+807段有一低阻异常体,推测该段为1号断层及断层影响带,其中D3K100+757～D3K100+782段低阻异常明显,推测该段存在涌水、涌泥的可能性较大;D3K100+657掌子面前方斜向上45°距离75～100m处存在一低阻异常,这一距离刚好到地表,该低阻异常应该为地表溶蚀区及覆盖层。

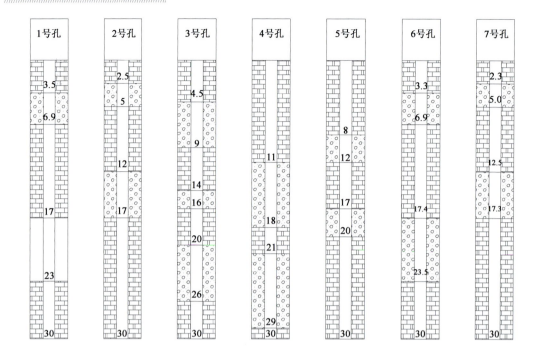

图 6-50　D3K100+765 掌子面超前钻孔柱状图(m)

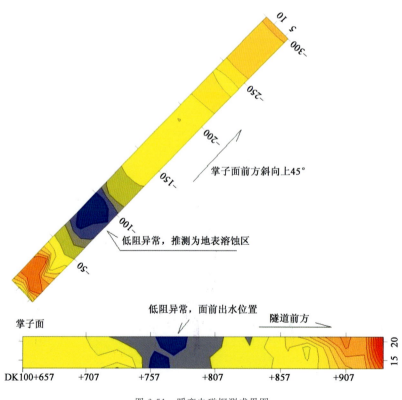

图 6-51　瞬变电磁探测成果图

(6)地表补充调查

地表进行的补充地质调查表明,该段地表有一条小溪从隧道上方穿过,隧道埋深最浅处应为溪底。地表岩溶不发育,局部见溶沟、溶槽、溶蚀宽缝和管道。在隧道轴线右侧65m附近崖脚见1.5m×1.2m溶洞,洞口向下延伸(图6-52),1.5m以下被黏土砂石填充,溶腔边见少量次圆状石块胶结,此现象表明溶腔内曾有地表水往下排泄。隧道轴线左侧20余米民宅旁有一泉眼,为自流水,据前期监测常流量为500~600m³/d。据泉眼附近地貌特征分析,该泉眼应属断层带构造裂隙水和岩溶水的排泄点。

图6-52 地表溶洞

隧道线路左侧泉眼基本断流,当日隧道内已钻两孔的水流量与泉眼前期的常流量基本一致(图6-53)。由于施作了5个钻孔排泄地下水,导致地表在线路右侧30m左右的水田出现两个直径约5m的坍坑(图6-54)。溪流上游有3户民宅,该溪流为下游有400余亩[①]水田的灌溉水源。

图6-53 基本断流的泉眼　　　　图6-54 地表坍坑与隧道轴线位置示意图

3.综合地质分析

结论及建议:综合TSP探测、地质雷达、红外探测、瞬变电磁、超前地质钻孔及地表补充地质调查等成果判断,该段岩性为灰黑色中~厚层白云质灰岩,其中在D3K100+768~D3K100+795段局部发育管道型溶洞,以黏土充填为主,夹少量碎石,岩溶水较发育。具体分析如下。

①D3K100+765前方岩性为灰黑色中~厚层白云质灰岩,岩性较单一,尽管处在1号断层带上,岩体较破碎,但溶蚀带与地表水(溪流)无直接联系,主要为溶蚀裂隙和溶蚀管道。目前,掌子面钻孔出水量约为15L/s,且相对较稳定。根据洞身纵剖面地层岩性组合,在断层上盘(大里程方向一侧)为相对隔水层(碎屑岩地层)。

---

① 1亩≈666.6m²。

②隧道开挖过程中,该管道(破碎带)在水平方向上将于隧道右边墙先揭露,在垂直方向将于隧道顶板先揭露。

③沿隧道横向岩溶管道(破碎带)贯穿于整个隧道,纵向推测大于6m。

④建议隧道全断面进行超前支护,同时进行超前帷幕注浆堵水处理,在采取超前处理工程措施后建议分部短进尺开挖。

⑤目前探明的为 D3K100+765～D3K100+795 段,当处理开挖至 D3K100+788 处时,要进行下一轮的超前地质钻探及物探工作。

掌子面揭示溶洞示意图见图 6-55。D3K100+765 掌子面前方岩溶发育示意图见图 6-56。

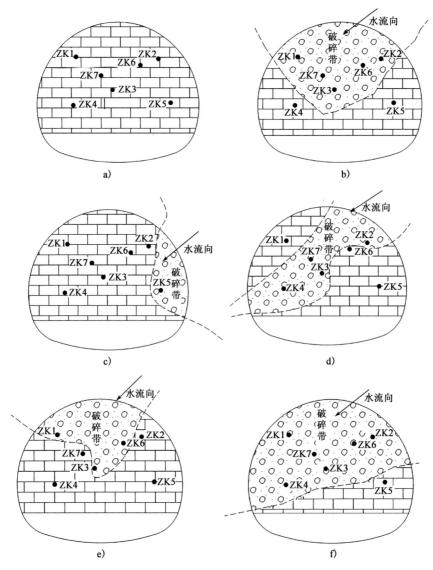

图 6-55　掌子面揭示溶洞示意图

a)DK100+765 断面示意图;b)DK100+770 断面示意图;c)DK100+775 断面示意图;
d)DK100+780 断面示意图;e)DK100+785 断面示意图;f)DK100+790 断面示意图

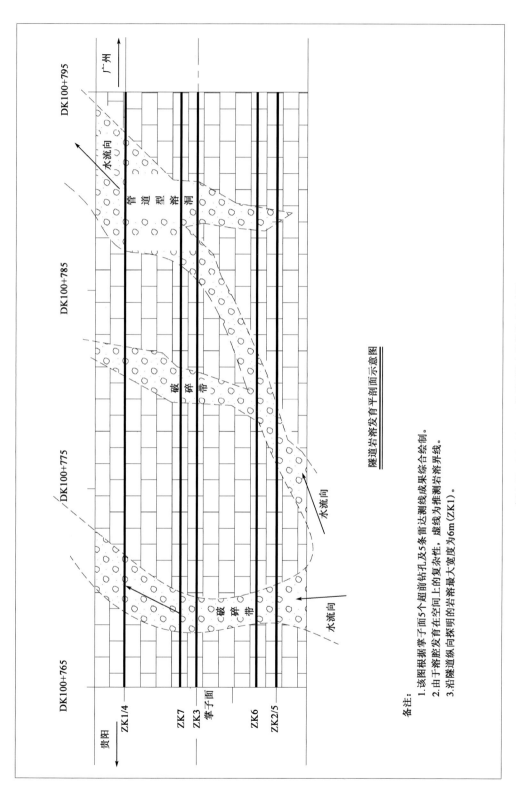

图 6-56 D3K100+765掌子面前方岩溶发育示意图

九、综合预报实例(九)

1. 设计地质概况

某隧道地层岩性以白云质灰岩、白云岩,夹灰岩、泥质白云岩为主,偶夹页岩。全隧处于岩溶水水平循环带内,且洞身岩溶中等～强烈发育,有遇大型岩溶管道涌水、突泥的可能。根据地表物探探测成果,局部洞身有裂隙密集带、溶蚀破碎带或溶洞发育,D3K92+860～D3K92+930段洞身拱顶上方有可能为溶蚀破碎带或溶洞。隧道地质纵断面见图6-57。

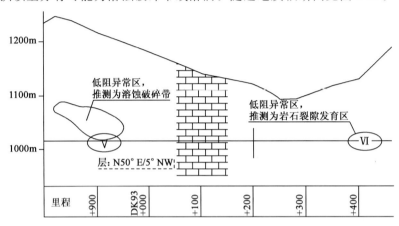

图 6-57 隧道地质纵断面图

2. 超前地质预报实施

(1) TSP 探测

在掌子面 D3K93+032 施作一次 TSP 探测,探测成果见图 6-58。

根据 TSP 探测成果,结合设计地质资料分析判断:D3K92+998～D3K93+032 段围岩岩体较完整,属硬岩,仅在 D3K93+022～D3K93+028 段裂隙发育,可能发育裂隙水。D3K92+957～D3K92+998 段岩体整体较破碎,属较硬岩,节理裂隙较发育,其中 D3K92+984～D3K92+993 段可能为溶蚀破碎带,D3K92+988 附近推测线状或股状出水。D3K92+912～D3K92+957 段围岩岩体较完整,属硬岩,地下水不发育,仅局部存在线状出水。

(2) 地质雷达探测

在 D3K93+012 掌子面施作雷达探测一次,探测成果如图 6-59、图 6-60 所示。

探测结论:掌子面前方 D3K92+982～D3K93+012 段岩体整体较破碎,溶蚀作用强烈发育,隧道右侧发育有溶腔与小型溶槽的可能性极大,岩溶水发育,围岩稳定性较差。

(3) 红外探测

D3K93+012 掌子面前方 30m 范围红外探测结果如下。

①由掌子面岩体上均匀布置的 20 个测点的红外辐射场强数值(表 6-18)可知,其最大值为 279μW/cm²,最小值为 267μW/cm²,差值为 12μW/cm²,大于允许的安全值 10μW/cm²。

②根据现场所测左边墙脚、左边墙、拱顶、右边墙、右边墙脚、底板中线的辐射场强值(从掌子面往已开挖段每隔 5m 布置一个测点)(表 6-19),绘制曲线(图 6-61),可以看出:往掌子面方向,红外辐射场强值曲线变化较大,局部呈上升趋势。

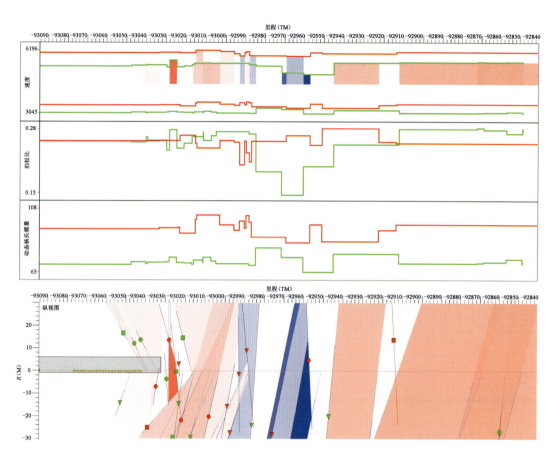

图 6-58 TSP 探测 2D 成果图

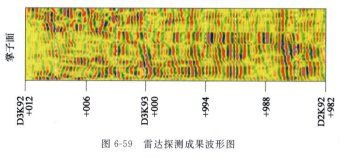

图 6-59 雷达探测成果波形图

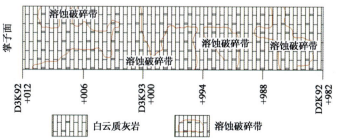

图 6-60 雷达探测成果地质解译图

③根据上述①、②两种判别方法,结合已开挖揭示的围岩情况,可以判定 D3K92+982～D3K93+012 段地下水较发育,存在大规模含水体的可能性较大,局部发育股状水。

掌子面红外探测记录表($\mu W/cm^2$)　　　　　　　　　　　表 6-18

测线＼测点	1 号测点	2 号测点	3 号测点	4 号测点	5 号测点
1 号测线	273	268	271	268	272
2 号测线	275	271	270	275	279
3 号测线	269	278	272	270	269
4 号测线	273	267	277	268	270

沿隧道走向红外探测数据记录表($\mu W/cm^2$)　　　　　　　表 6-19

序号	里程	左边墙脚	左边墙	顶拱	右边墙	右边墙脚	底板中线
1	D3K93+067	270	268	270	268	271	271
2	D3K93+062	275	270	270	272	271	270
3	D3K93+057	269	270	265	268	269	265
4	D3K93+052	273	268	271	268	272	268
5	D3K93+047	275	271	271	271	272	270
6	D3K93+042	269	270	272	270	269	270
7	D3K93+037	270	267	270	268	270	267
8	D3K93+032	269	270	268	272	269	268
9	D3K93+027	271	268	271	268	272	271
10	D3K93+022	271	271	270	275	271	268

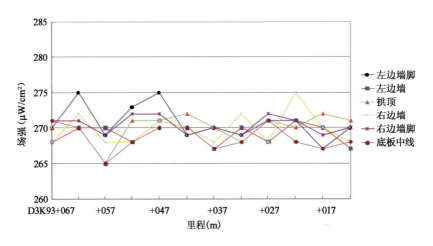

图 6-61　红外探测成果图

探测结论:根据已开挖揭示的围岩情况结合探测成果,初步判定 D3K93+016～D3K93+046 段有存在较大规模含水体的可能。

(4)超前地质钻孔

为进一步探明D3K93+040前方地质情况,采用YGL—100钻机进行超前地质钻探作业。超前地质钻孔参数见表6-20,超前地质钻孔布置如图6-62所示。HJZ-CK-1~HJZ-CK-4钻孔状态图见图6-63~图6-66。

超前地质钻孔参数 表6-20

孔号\参数	水平偏角(°)	立角	孔深(m)
HJZ-CK-1	0	0°	80
HJZ-CK-2	0	0°	40
HJZ-CK-3	0	0°	77
HJZ-CK-4	0	上倾6°	63

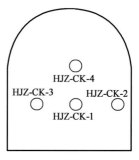

图6-62 超前地质钻孔布置图

探测结论:探测段地层岩性为灰白色白云岩,岩体在D3K93+008~D3K93+040段较完整,局部较破碎,出水量约为15m³/h;D3K92+960~D3K93+008段溶蚀裂隙发育,溶蚀破碎;HJZ-CK-1钻孔内总出水量约为50m³/h;HJZ-CK-3钻孔内总出水量为2~3m³/h。

(5)综合地质分析

综合分析各种探测成果,掌子面前方D3K92+982~D3K93+012段岩体整体较破碎,溶蚀作用强烈发育,隧道右侧发育有小型溶槽,岩溶裂隙水发育,围岩稳定性较差。

3. 实际开挖揭示情况

D3K92+912~D3K93+032段围岩岩体整体较完整,属硬岩,其中D3K92+988~D3K92+998段岩体较破碎,溶蚀裂隙较发育,发育股状水,总出水量约为20m³/h,水质清。

十、综合预报实例(十)

1. 设计地质概况

隧区地处苗岭山脉腹部,主山体呈东西走向,支脉向南北方向展布,线路与主山体走向一致。区内地貌受构造及岩性控制明显,兼有溶蚀、剥蚀类型,属低中山山地地貌。地形起伏大,相对高差为350~750m,山高坡陡,峡谷深切,山势雄伟,峰峦叠嶂。

地层岩性:基岩主要为厚层状白云岩夹灰岩,浅灰色、灰色,隐晶至细晶结构,岩质坚硬、岩性较脆,岩体总体较完整,局部偶夹泥质白云岩及页岩。

地质构造:区域上隧区处于黄丝背斜之次级构造——邦水穹窿的西北侧,地层单斜,岩层产状较平缓,局部略有扭曲,未发现明显穿过洞身的断裂构造。

据地表调查及钻探资料分析:岩溶弱~中等发育,洞身有遇溶洞、溶腔的可能性。地下水以岩溶裂隙水为主,但不排除遇大型岩溶管道水的可能。

2. 地质预报

(1)TSP探测

根据TSP探测成果(图6-67),掌子面前方P1K82+906~P1K83+006范围内,围岩总体表现为溶蚀裂隙较发育。其中P1K82+936~P1K82+951及P1K82+971~P1K82+989段岩溶裂隙相对发育,施工存在岩溶水突出的风险。

钻探日期：2010-06-01			孔口里程：DK93+040		立角：上仰0° 偏角：偏左0°		钻孔编号		HJZ-CK-1	
地层代号	里程(m)	深度(m)	厚度(m)	柱状图	采样位置	工程地质简述	出水位置	出水量(m³/h)	孔径(mm)	备注
O_1t	DK93+040	0	0			岩性为灰白色白云岩，溶蚀较破碎，微风化，节理裂隙较发育，属硬岩，钻进平稳，速度较缓，有卡钻现象，钻6m处有水出现，水质清晰，水量量约为2m³/h	DK93+036			
	DK93+005	35	35.0							
	DK92+992	48	13.0			灰白色白云岩，溶蚀较破碎，弱风化，属硬岩，有卡钻现象。当钻进42m处时，多次钻进无法进行，钻孔内喷出黄色泥巴水，水量约为10m³/h，有压力。观察30min左右，水质逐渐变清，孔内累计水量约为20m³/h	DK92+998	2	108	
	DK92+960	80	32.0			48~80m岩性为灰白色白云岩，溶蚀较破碎，微风化，属硬岩，钻进平稳，速度较快，节理不发育，岩溶水较发育，钻进48m处水量增大，累计水量约为50m³/h，压力大	DK92+992	50		

图 6-63　HJZ-CK-1 钻孔柱状图

钻探日期：2010-06-03			孔口里程：DK93+040		立角：上仰0° 偏角：偏左0°	钻孔编号		HJZ-CK-2	
地层代号	里程 (m)	深度 (m)	厚度 (m)	柱状图	采样位置	工程地质简述	出水位置	出水量 （m³/h）	孔径 (mm)	备注
O_1t	DK93 +040	0	0	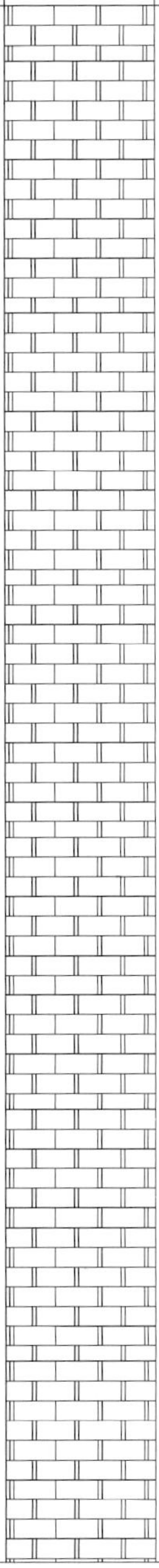		0～40m岩性为灰白色白云岩，岩体较完整，微风化，属硬岩，钻进平稳，速度较慢，节理裂隙不发育，冲洗液呈灰白色，地下水不发育			108	
	DK93 +000	40	40							

图 6-64 HJZ-CK-2 钻孔柱状图

钻探日期：2010-06-04				孔口里程：DK93+040		立角：上仰0° 偏角：偏左0°		钻孔编号		HJZ-CK-3
地层代号	里程 (m)	深度 (m)	厚度 (m)	柱状图	采样位置	工程地质简述	出水位置	出水量 (m³/h)	孔径 (mm)	备注
O_1t	DK93 +040	0	0	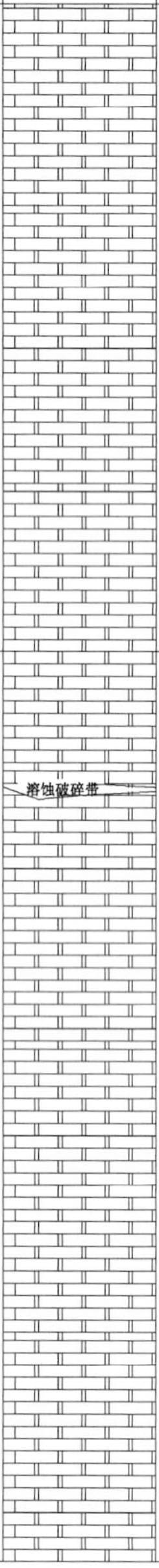		0～45m岩性为灰白色白云岩，溶蚀较破碎，微风化，属硬岩，钻进平稳，速度缓慢，节理裂隙较发育，冲洗液呈灰白色				
	DK92 +995	45	45	溶蚀破碎带		45～77m处岩性为灰白色白云岩，溶蚀较破碎，有卡钻现象，钻进48m处有水出现，水质清晰，孔内水量约为2m³/h，有压力	DK92 +992	3	108	
	DK92 +963	77	40							

图 6-65　HJZ-CK-3 钻孔柱状图

钻探日期：2010-06-04				孔口里程：DK93+040		立角：上仰0° 偏角：偏左0°	钻孔编号		HJZ-CK-4	
地层代号	里程(m)	深度(m)	厚度(m)	柱状图	采样位置	工程地质简述	出水位置	出水量(m³/h)	孔径(mm)	备注
O_1t	DK93+040	0	0	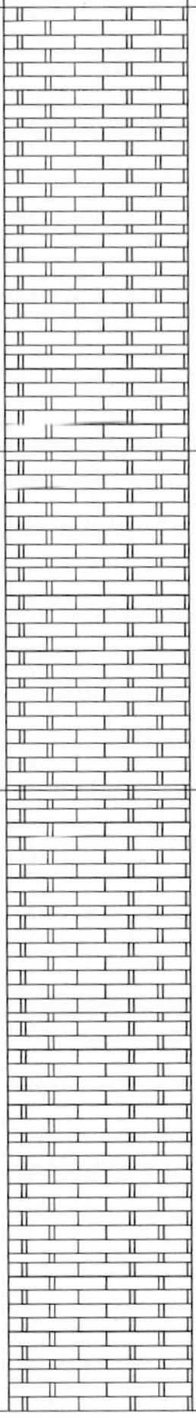		岩性为灰白色白云岩，溶蚀较破碎，微风化，属硬岩，钻进平稳，冲洗液呈灰白色			108	
	DK93+020	20	20			岩性为灰白色白云岩，溶蚀较破碎，微风化，属硬岩，钻进缓慢，有卡钻现象，冲洗液呈灰白色				
	DK93+005	35	15							
	DK92+977	63	28			岩性为灰白色白云岩，溶蚀破碎，卡钻现象严重，冲洗液呈灰白色				

图 6-66　HJZ-CK-4 钻孔柱状图

（2）地质雷达探测

地质雷达探测成果图及地质解译图分别见图 6-68、图 6-69。

探测结论：掌子面前方 P1K82+906～P1K82+936 段岩体破碎，溶蚀作用强烈发育，掌子面中部可见岩溶发育，为泥质填充，大股状出水，涌水量在 10～12m³/h 之间。其中 P1K82+906～P1K82+909 段推测岩溶发育，岩体破碎，富水，溶腔为泥质填充；P1K82+911～P1K82+913 段为溶蚀破碎带，发育有小型溶腔的可能性较大，此外在 P1K82+915 处发育有一小型溶槽，泥质填充，富水；P1K82+918～P1K82+935 段岩体整体较破碎，右侧极可能发育一大型岩溶管道。

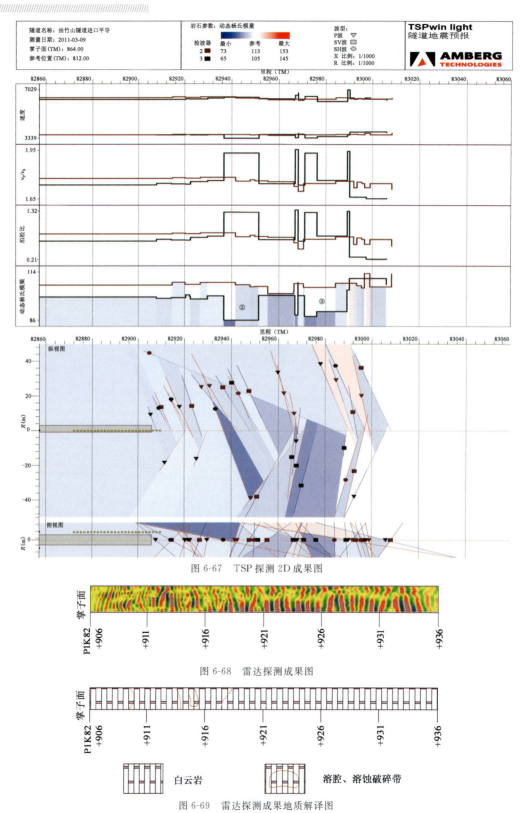

图 6-67　TSP 探测 2D 成果图

图 6-68　雷达探测成果图

图 6-69　雷达探测成果地质解译图

施工措施建议：雷达探测结果显示，掌子面前方溶蚀作用强烈，建议围岩级别为Ⅳ级，其中在P1K82+907～P1K82+913段按照Ⅴ级支护。岩溶发育危及施工安全，建议立即停止掌子面施工，在对掌子面进行钻孔探测后再行施工。

（3）红外探测

在P1K82+906掌子面采用红外探测对掌子面前方30m范围进行探测。

①由掌子面岩体上均匀布置的20个测点的红外辐射场强数值（表6-21）可知，其最大值为$231\mu W/cm^2$，最小值为$220\mu W/cm^2$，差值为$11\mu W/cm^2$，大于允许的安全值$10\mu W/cm^2$。

掌子面红外探测记录表（$\mu W/cm^2$）　　表6-21

测线＼测点	1号测点	2号测点	3号测点	4号测点	5号测点
1号测线	228	223	221	226	221
2号测线	226	229	225	223	225
3号测线	225	226	228	230	229
4号测线	220	223	224	224	231

②根据现场所测左边墙脚、左边墙、拱顶、右边墙、右边墙脚、底板中线的辐射场强值（从掌子面往已开挖段每隔5m布置一个测点）（表6-22），绘制曲线（图6-70），可以看出：往掌子面方向，红外辐射场强值曲线起伏较大，超过正常场。

沿隧道走向红外探测数据记录表（$\mu W/cm^2$）　　表6-22

序号	里程	左边墙脚	左边墙	顶拱	右边墙	右边墙脚	底板中线
1	P1K82+851	201	215	208	209	211	209
2	P1K82+856	208	211	218	226	226	226
3	P1K82+861	211	223	209	211	216	216
4	P1K82+866	216	218	225	226	224	226
5	P1K82+871	225	219	213	214	215	214
6	P1K82+876	217	224	224	225	224	225
7	P1K82+881	207	209	212	229	232	230
8	P1K82+886	227	215	225	223	224	225
9	P1K82+891	216	215	231	212	204	206
10	P1K82+896	226	232	224	225	223	223

③根据上述①、②两种判别方法，结合已开挖揭示的围岩情况，可以判定P1K82+906～P1K82+936段可能存在大规模含水体，地下水发育，施工过程中发生突涌水的可能性大。

（4）超前地质钻孔

为进一步探明P1K82+906前方地质情况，采用TEC—14钻机进行超前地质钻探作业。本次钻探共施作钻孔3个，总进尺81m。超前地质钻孔参数及布置见表6-23、图6-71。

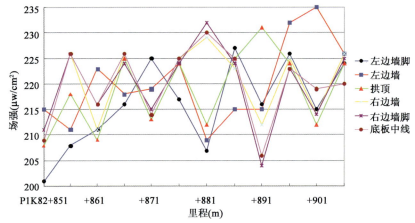

图 6-70 红外探测成果图

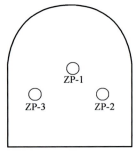

图 6-71 钻孔布置图

超前地质钻孔参数 表 6-23

参数 孔号	水平偏角	立角	孔深(m)
ZP-1	0°	上 10°	30
ZP-2	左 10°	0°	30
ZP-3	右 10°	0°	21

ZP-1 钻孔:全孔岩性均为灰白色白云岩。0~3m 岩体较破碎,钻进平稳,无卡钻现象,进尺较快。钻至 2m 处出水,水量约为 10m³/h,水质清,有压力。3~30m 岩体较完整,钻进速度缓慢,水量无变化,水质清,有压力。其中 5~6m、12~14m 岩体破碎,进尺较快。

ZP-2 钻孔:全孔岩性均为灰白色白云岩。0~14m 岩体较破碎,钻进平稳,进尺较快,无卡钻现象。钻至 4m 处出水,水量约为 10m³/h。4~5m 处发育一溶腔,宽度约为 1m,有泥土充填。14~30m 岩体较完整,岩质较硬,钻进缓慢,无卡钻现象,其中钻至 16m 处水质变浑,为灰黑色,至 19m 处水质变清。

ZP-3 钻孔:全孔岩性均为灰白色白云岩。0~19m 岩体较破碎,钻进平稳,进尺较快,无卡钻现象,冲洗液为灰白色。其中钻至 4m 处出水,水量约为 15m³/h,水质浑,为黄色,4~5m、10~11m、14~15m、16~17m 处分别发育一溶腔,宽 1m,有泥土充填。钻至 14m 处,水量增大,约为 20m³/h,质浑,灰黑色,有压力。19~21m 岩体较完整,岩质较硬,钻进缓慢,无卡钻现象。终孔后,水质变清。

ZP-1~ZP-3 钻孔柱状图见图 6-72~图 6-74。

超前地质钻孔结论:

P1K82+906~P1K82+936 段岩性为白云岩,其中 P1K82+906~P1K82+925 段岩体较破碎~破碎,溶蚀作用发育,地下水发育,P1K82+910、P1K82+917、P1K82+921、P1K82+924 四处水量均约为 20m³/h。P1K82+925~P1K82+936 段岩性为白云岩,岩体较完整,地下水不发育。

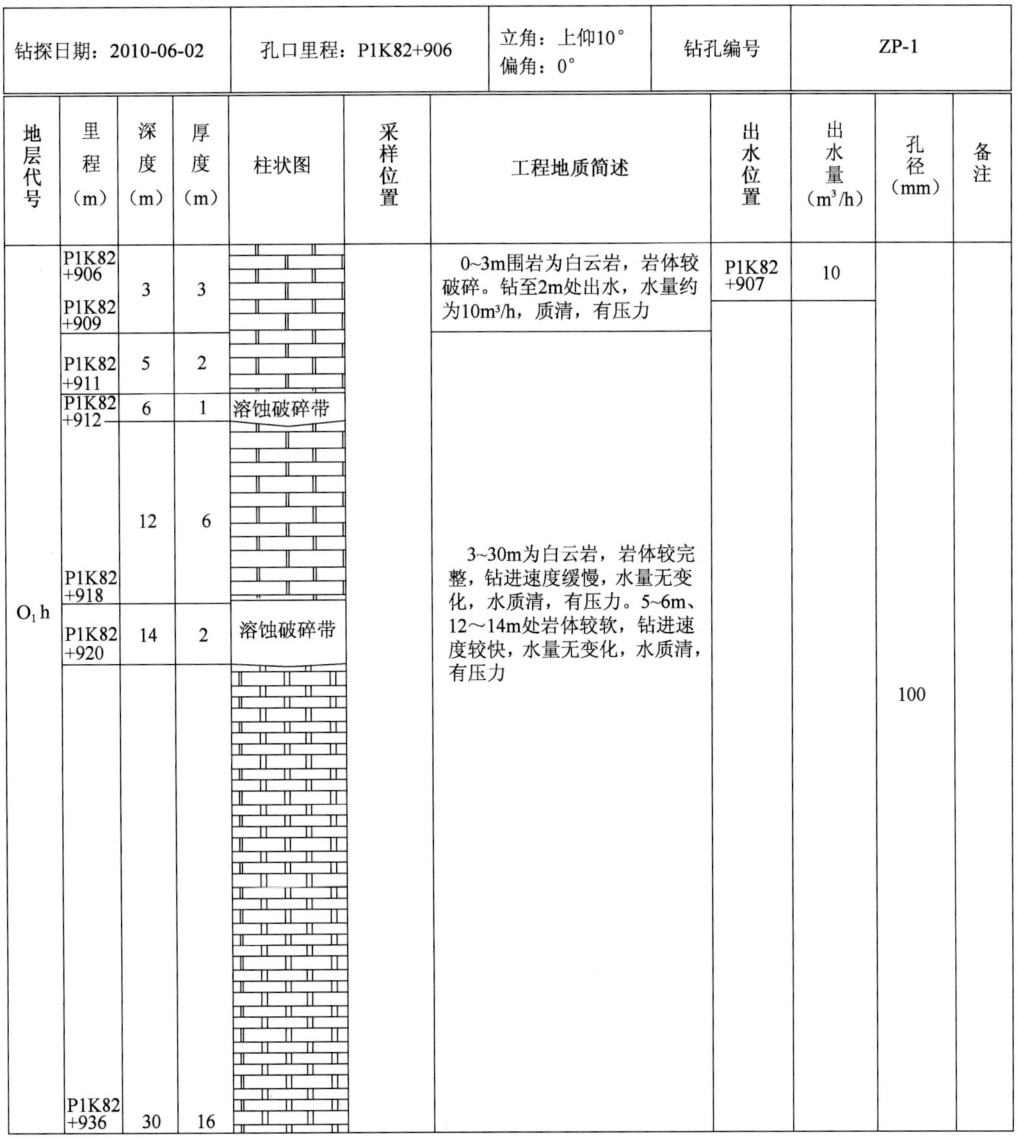

钻探日期：2010-06-02				孔口里程：P1K82+906		立角：上仰10° 偏角：0°		钻孔编号		ZP-1	
地层代号	里程(m)	深度(m)	厚度(m)	柱状图	采样位置	工程地质简述	出水位置	出水量(m³/h)	孔径(mm)	备注
O₁h	P1K82+906	3	3			0~3m围岩为白云岩，岩体较破碎。钻至2m处出水，水量约为10m³/h，质清，有压力	P1K82+907	10	100	
	P1K82+909									
	P1K82+911	5	2							
	P1K82+912	6	1	溶蚀破碎带						
		12	6			3~30m为白云岩，岩体较完整，钻进速度缓慢，水量无变化，水质清，有压力。5~6m，12~14m处岩体较软，钻进速度较快，水量无变化，水质清，有压力				
	P1K82+918									
	P1K82+920	14	2	溶蚀破碎带						
	P1K82+936	30	16							

图 6-72 ZP-1 钻孔柱状图

P1K82+910～P1K82+911段发育溶蚀管道，富水，直径约为1m。P1K82+916～P1K82+917段隧洞左侧发育溶蚀管道，富水，直径约为1m。P1K82+920～P1K82+923段隧洞左侧发育一溶洞，洞径大于3m，洞内富水，有泥沙充填，开挖该范围易出现突水涌砂，施工时应予以特别重视。

(5) 地表补充调查

P1K82+906出水掌子面位于隧道埋深约400m处，其对应的地表附近，山丘集中，三条季节性冲刷河沟交汇，且斜跨洞身，并在局部河段有突然断流现象（未在隧道正上方），但未发现明显落水洞，只测得断流沟两侧两组代表性岩层产状为30°∠10°、355°∠3°，推断掌子面附近可能有断层与隧道轴线相交。P1K82+906洞顶地表情况见图6-80～图6-82。

钻探日期：2010-06-03		孔口里程：P1K82+906		立角：0° 偏角：右偏10°		钻孔编号		ZP-2	
地层代号	里程(m)	深度(m)	厚度(m)	柱状图	采样位置	工程地质简述	出水位置	出水量(m^3/h)	孔径(mm)	备注
O_1h	P1K82+906	0	0			0~14m岩体较破碎，钻进平稳，进尺较快，无卡钻现象，钻至2m处出水，水量约为10m^3/h，质清，有压力。钻至4m处出水，水量约为10m^3/h，4~5m处发育一溶腔，宽度约为1m，有泥土充填。10m处出水，水量约为10m^3/h，质清，有压力	P1K82+908	10	100	
	P1K82+910	4	4	溶腔			P1K82+910	10		
	P1K82+911	5	1							
	P1K82+920	14	9				P1K82+916	10		
						14~30m岩体较完整，岩质较硬，钻进缓慢，无卡钻现象，其中钻至16m处水质变浑，为灰黑色，至19m处水质变清				
	P1K82+936	30	16							

图 6-73 ZP-2 钻孔柱状图

(6)综合地质分析

根据地表补充地质调查及各种探测手段探测成果分析(各种探测方法见图 6-75～图 6-81)，推断掌子面前方 P1K82+906～P1K83+006 段，围岩总体表现为溶蚀裂隙发育。P1K82+910～P1K82+911 段发育溶蚀管道，富水，宽约 1m。P1K82+916～P1K82+917 段隧洞左侧发育溶蚀管道，富水，宽约 1m。P1K82+920～P1K82+923 段隧洞左侧发育一溶洞，洞径大于 3m，洞内富水，有泥砂充填，该范围隧道施工易出现突水涌砂，应予以特别重视。P1K82+906～P1K82+936 段推测地质图见图6-82。P1K82+936～P1K82+951 及 P1K82+971～P1K82+989 段岩溶水发育。

P1K82+906附近地表为沟谷等岩溶负地形,岩体岩溶裂隙发育,地表水与地下水水力联系紧密。

钻探日期:2010-06-05		孔口里程:P1K82+906		立角:0° 偏角:右偏10°		钻孔编号		ZP-3		
地层代号	里程(m)	深度(m)	厚度(m)	柱状图	采样位置	工程地质简述	出水位置	出水量(m³/h)	孔径(mm)	备注
O₁h	P1K82+906	0	0			0~19m岩体较破碎,钻进平稳,进尺较快,无卡钻现象,冲洗液为灰白色。其中钻至4m处出水,水量为15m³/h,水质浑,为黄色,4~5m处发育一溶腔,宽约为1m,有泥土充填。钻至10m处出水,水量约为15m³/h,水质浑,灰黑色。10~11m处发育一溶腔,宽度约为1m,有泥沙充填。钻至14m处出水,水量约为20m³/h,质浑,灰黑色,有压力。14~15m发育一溶腔,宽度约为1m,有泥沙充填。钻至16m处出水,水量约为20m³/h,质浑,灰黑色,有压力。16m~17m处发育一溶腔,宽约为1m,有泥沙充填。终孔后,水质变清	P1K82+910	15	100	
	P1K82+910	4	4	溶腔						
	P1K82+911	5	1							
	P1K82+916	10	5	溶腔			P1K82+916	15		
	P1K82+917	11	1							
	P1K82+920	14	3	溶腔			P1K82+920	20		
	P1K82+921	15	1							
	P1K82+922	16	1	溶腔			P1K82+922	20		
	P1K82+923	17	1							
	P1K82+925	19	2							
	P1K82+927	21	2			19~21m岩体较完整,岩质较硬,钻进缓慢,无卡钻现象				

图 6-74 ZP-3 钻孔柱状图

图 6-75 P1K82+906掌子面超前炮孔出水

图 6-76 超前地质钻孔出水

图 6-77 ZP-2 钻孔施工过程中水量及压力在 17m 处明显增大

图 6-78 洞内水流流速、流量测定

图 6-79　P1K82+906 洞顶地表沟谷

图 6-80　P1K82+906 洞顶地表地貌形态

图 6-81　P1K82+906 洞顶地表岩石溶蚀情况

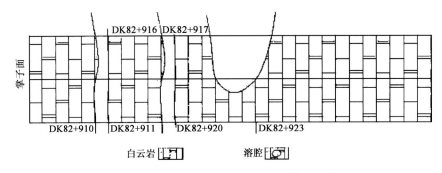

图 6-82　P1K82+906～P1K82+936 段推测地质图

(7) 预报结论及施工措施建议

鉴于掌子面前方溶蚀破碎带发育,地下水发育,水压较大,为保证钻爆施工的顺利进行和施工安全,施工建议采取如下措施:

①P1K82+906～P1K82+936 段采用注浆止水预加固处理。注浆前,先施作止浆墙。为保证合理的扩散半径,可采用双液浆。

②P1K82+906～P1K82+936 段按Ⅴ级围岩施作。

③加强观测,及时收集、分析数据,发现异常情况立即采取紧急避险措施。

④待 P1K82+906～P1K82+936 段处理后,在 P1K82+926 附近进行下一次地质雷达探测,探测范围包括掌子面、边墙和底板;在 P1K82+931 附近进行下一次超前钻孔,探明P1K82+936～P1K82+951 及 P1K82+971～P1K82+989 段岩溶富水情况,以确定后续施工方案。

施工注意事项如下。

①对全体人员进行风险告知,闲杂人等不准进入平导。

②对洞内安全应急设施进行排查,规范、完善逃生设备。清理排水沟淤积物,使得流水通畅。

③组织人员对掌子面实施 24h 监控,并不间断地对水的流量、流速及压力进行测试比较,发现异常情况立及查明原因,确定安全后再进行施工。

④注浆完成,须对注浆效果钻孔验证后,再进行开挖作业。

3. 实际开挖揭示地质情况

P1K82+906～P1K82+929 段为灰黑色白云岩,薄～中厚层,弱风化,属硬岩。P1K82+906～P1K82+929 段岩体较破碎,溶蚀裂隙较发育,局部发育。其中 P1K82+910 隧道拱顶处发育一小型溶洞,宽、高各约 1.5m,泥质充填;P1K82+916 隧道拱顶处发育一小型溶洞,宽、高各约 1m,泥质充填;P1K82+920～P1K82+923 段隧道拱顶处发育一小型溶洞,宽、高分别约为 3m,2m,泥质充填。

P1K82+906 隧道拱顶处存在股状出水,水质清,水量较大,为 10～15m³/h。P1K82+912 附近右边墙角发育股状出水,水质清,无压力,水量约为 10m³/h;底板涌水,水质清,有压力,水量约为 35m³/h。P1K82+920 附近隧道拱顶左侧股状出水,水质清,无压力,水量约为 5m³/h。

十一、综合预报实例(十一)

1. 设计地质概况

某隧道全长约 1200m,设计地质概况为:洞身围岩以中厚层夹薄层状白云岩、灰岩为主,夹泥质白云岩、页岩;线路左侧地表为一大型沟槽,区域性正断层通过该沟槽,沟槽内见多个落水洞发育。洞身岩体受断层影响强烈,产状极不稳定,节理裂隙发育,岩体破碎。

该区域岩溶发育,地表普见溶洞、漏斗、洼地等岩溶形态,洞身岩溶强烈发育。设计地质纵断面图见图 6-83。

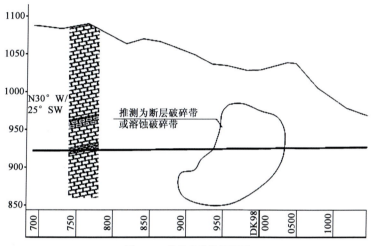

图 6-83 设计地质纵断面图

2. 地表补充调查

DK97+863~DK97+913 段对应地表为溶蚀坡面洼地地貌,山体自然坡度约为 20°,绝对高程为 1048~1066m。该段隧道轨面高程约为 920m,隧道埋深 128~146m。坡面植被发育,多为低矮乔木林和杂草,偶见基岩出露。经现场调查发现在 DK97+715 右侧 180m 和 DK97+860 左侧 60m 处分别发育溶洞(图 6-84),溶洞总体垂直向下发育。其中 DK97+860 左侧 60m 处溶洞,与隧道目前探明的溶洞区平面投影距离仅为 60m。

图 6-84 DK97+860 左侧 60m 处发育溶洞

3. 实际开挖揭示地质情况

掌子面开挖至 D3K97+863，在施作加深炮孔时，右侧拱脚处突出泥砂（图 6-85）。

图 6-85　D3K97+863 掌子面右侧拱脚涌水、突泥

采用地质雷达在掌子面进行进一步探测，探测显示掌子面前方岩溶强烈发育，岩溶水富集，施工中有遇大型岩溶管道突水、突泥的风险，雷达探测成果见图 6-86。

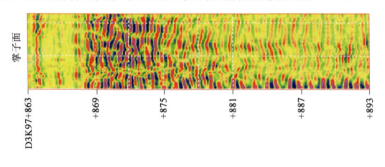

a)

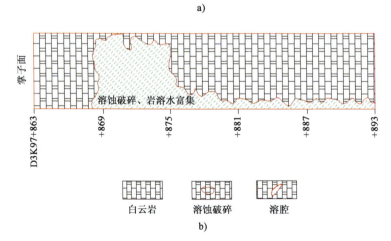

b)

图 6-86　地质雷达探测成果图
a)地质雷达探测剖面图；b)解译成果图

在雷达探测的基础上,采用 YGL－100A 型履带式多功能工程钻机在掌子面进行超前地质钻探作业(图 6-87),钻孔分两批进行,每批 5 个。

第一批钻孔钻探结果表明,该岩溶体的发育方向集中在右下侧掌子面,趋向右边墙发育;由钻孔 ZK-2 与 ZK-4 判断横向宽度在 10～14m;由钻孔 ZK-1 与 ZK-2 推断纵向长度在 15～20m,由于钻孔 ZK-1 通过溶腔发育地段后未钻进到完整岩体,判断该溶腔长度可能大于 20m;由钻孔 ZK-1 与 ZK-4 判断溶腔发育高度在 4～5m。主要充填物为含泥沙的岩溶水,夹少量砾石。

图 6-87　D3K93＋863 掌子面钻孔情况

在第一批钻孔探测的基础上,根据探测的岩溶发育情况,布置第二批钻孔,累计布置钻孔 10 个,钻孔布置见图 6-88。

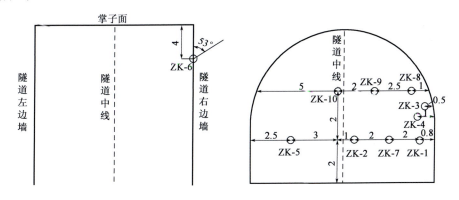

图 6-88　超前地质钻孔布置图(尺寸单位:m)

通过两次超前地质钻孔探测(钻探揭露岩溶情况见表6-24),准确探明了掌子面前方岩溶发育情况。岩溶具体发育情况为:D3K97+869~D3K97+895段主要发育在掌子面右中侧部位,以黏土充填为主,夹少量碎石,岩溶水极发育,刚揭露岩溶时水量很大,随时间推移水量有所变小。岩溶具体发育状况见图6-89。

超前地质钻孔揭露岩溶情况汇总表　　　　表6-24

钻孔编号	孔深(m)	揭露溶洞位置	溶腔充填物	钻进出水	终孔出水
ZK-01	22	D3K97+868.5~D3K97+885	主要以淤泥质黏土、粉细砂充填为主,含少量砾石,次棱角状	130m³/h	60~80m³/h,出水20d后孔被充填物堵塞,现停流
ZK-02	44	D3K97+878~D3K97+884		50~60m³/h	5m³/h,孔很快被充填物堵塞,现停流
ZK-03	10	D3K97+868~D3K97+872.5		50~60m³/h	50m³/h,水质浑
ZK-04	24	D3K97+871.5~D3K97+872.5、D3K97+873~D3K97+877.5		20~30m³/h	5~10m³/h,现停流
ZK-05	40	未揭露溶洞	无	无水	无水
ZK-06	45	D3K97+869.5~D3K97+870.1、D3K97+881~D3K97+882	主要以淤泥质黏土、粉细砂充填为主,含少量砾石,次棱角状	15~20m³/h	50~80m³/h,水质浑
ZK-07	45	D3K97+869.5~D3K97+870.1		15~18m³/h	终孔后很快堵塞,现停流
ZK-08	45	D3K97+873.5~D3K97+887、D3K97+891~D3K97+895		15~40m³/h	18~30m³/h,2d后停流
ZK-09	46	D3K97+879~D3K97+884.5、D3K97+891~D3K97+897.5		15~20 m³/h	10~15m³/h,1d后停流
ZK-10	45	D3K97+886~D3K97+889		无水	无水

4. 施工措施建议

根据已探明的岩溶发育情况,为确保隧道施工安全,建议采取以下施工措施。

(1)在掌子面D3K97+863施作3m厚的C20混凝土止浆墙(D3K97+860~D3K97+863)。

(2)在D3K97+854~D3K97+860上导段施作φ42mm径向注浆小导管,纵向间距与原格栅钢架间距一致,即0.8m,环向间距为1m。

(3)对D3K97+854~D3K97+860上导段已施工的格栅钢架进行拆除,目的是预留φ108mm大管棚操作室。

(4)在D3K97+860处施作φ108mm大管棚导向墙。D3K97+860~D3K97+908段采用φ108mm大管棚预支护通过,管棚单根长为48m,环向间距为0.4m,共计38根。

(5)D3K97+863~D3K97+908段采用全断面帷幕注浆通过。

(6)本段衬砌背后环向盲管加密至3~5m一道,并与边墙泄水孔相连。

(7)施工时短进尺开挖,加强围岩观测及超前地质预报,如有异常及时通知相关单位,以便及时处理。

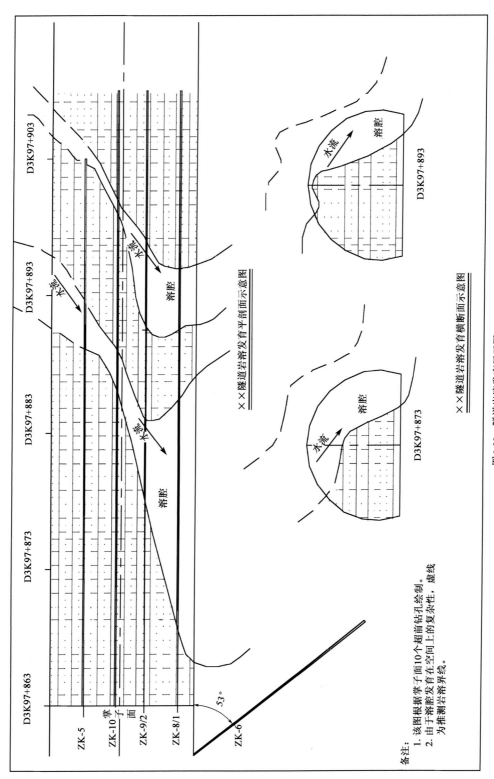

图6-89 隧道岩溶发育展示图

附录

附录 A 地质年代表

地质年代			国际代号		距今年数(百万年)	构造运动	主要特征
代(界)	纪(系)	世(统)					
新生代 (C_z)	第四纪	全新世	Q	Q_4	2~3	喜马拉雅运动	地球发展成现代地势,发生过多次冰川运动,除岩浆岩外,均为松软沉积岩。出现人类
		更新世		Q_{1-3}			
	新近纪	上新世	N	N_2	25		地球表面初具现代轮廓,我国多数地区为陆地沉积的岩层及火山岩系,如内陆盆地沉积的红色岩层等。哺乳动物发达,显花植物茂盛
		中新世		N_1			
	古近纪	渐新世	E	E_3	70	燕山运动	
		始新世		E_2			
		古新世		E_1			
中生代 (M_z)	白垩纪	晚白垩纪	K	K_2	135		后期地壳运动剧烈,岩浆活动广泛,海水大部退出内陆,多形成内地盆地沉积的砂岩、页岩并夹煤层。爬行动物称雄,裸子植物茂盛
		早白垩纪		K_1			
	侏罗纪	晚侏罗纪	J	J_3	180	印支运动	
		中侏罗纪		J_2			
		早侏罗纪		J_1			
	三叠纪	晚三叠纪	T	T_3	225	海西运动	
		中三叠纪		T_2			
		早三叠纪		T_1			
古生代 (P_z)	晚古生代 (P_{z2})	二叠纪	晚二叠纪	P	P_2	280		我国海陆变迁频繁,华北普遍缺失泥盆纪和早石炭纪沉积,后多为海陆交互沉积的底层,主要是砂岩、页岩、灰岩,广泛夹有煤层;华南多为浅海沉积,主要为石炭岩,在二叠纪晚期为海陆交互沉积,夹有煤层。主要生物为孢子植物和两栖类

代(界)	纪(系)	世(统)	国际代号		距今年数	构造运动	主要特征
古生代 (P_z) 晚古生代 (P_{z2})	二叠纪	早二叠纪	P	P_1	280	海西运动	
	石炭纪	晚石炭纪	C	C_3			
		中石炭纪		C_2			
		早石炭纪		C_1	350		
	泥盆纪	晚泥盆纪	D	D_3			
		中泥盆纪		D_2			
		早泥盆纪		D_1	400	加里东运动	
早古生代 (P_{z1})	志留纪	晚志留纪	S	S_3			我国大部处于浅海环境,主要沉积物是石灰岩和页岩,华北缺失晚奥陶纪及志留纪地层。海生无脊椎动物繁盛
		中志留纪		S_2			
		早志留纪		S_1	440		
	奥陶纪	晚奥陶纪	O	O_3			
		中奥陶纪		O_2			
		早奥陶纪		O_1	500		
	寒武纪	晚寒武纪	∈	$∈_3$			
		中寒武纪		$∈_2$			
		早寒武纪		$∈_1$	600	蓟县运动 吕梁运动	
元古代 (P_t)	晚 (P_{t3})	震旦纪	Z		800		海侵广泛,岩石一般未变质或轻微变质,有藻类化石,可能是地球上最早出现的生物
	中 (P_{t2})						
	早 (P_{t1})				2500	五台运动	
太古代 (A_r)					3800		由于经历了剧烈的地壳运动,岩层普遍变质,形成片岩、片麻岩系。没有发现生物痕迹
地球初期发展阶段					4600		

附录 B 地层符号

（一）界的符号

| C_z | 新生界 | | P_z | 古生界 | | Ar | 太古界 |

| M_z | 中生界 | | Pt | 元古界 | | M | 年代不明的变质岩 |

（二）亚界的符号

| P_{z2} | 上古生界 | | Pt_2 | 中元古界 | | Ar_1 | 下太古界 |

| P_{z1} | 下古生界 | | Pt_1 | 下元古界 |

| Pt_3 | 上元古界 | | Ar_2 | 上太古界 |

（三）系的符号

- Q　第四系（黄色）
- J　侏罗系（蓝色）
- S　志留系（靛青色）
- R　第三系（橙色）
- T　三叠系（紫色）
- O　奥陶系（深蓝色）
- N　上第三系（淡橙色）
- P　二叠系（棕色）
- ∈　寒武系（橄榄绿色）
- E　下第三系（深橙色）
- C　石炭系（灰色）
- Z　震旦系（蓝灰色）
- K　白垩系（草绿色）
- D　泥盆系（褐色）

(四)统的符号

Q_4	全新统		J_1	下侏罗统	S_2	中志留统
Q_3	上更新统 ⎫		T_3	上三叠统	S_1	下志留统
Q_2	中更新统 ⎬ 更新统(Q_p)		T_2	中三叠统	O_3	上奥陶统
Q_1	下更新统 ⎭		T_1	下三叠统	O_2	中奥陶统
N_2	上新统 ⎫		P_2	上二叠统	O_1	下奥陶统
N_1	中新统 ⎬ 上第三系		P_1	下二叠统	ϵ_3	上寒武统
E_3	渐新统 ⎫		C_3	上石炭统	ϵ_2	中寒武统
E_2	始新统 ⎬ 下第三系		C_2	中石炭统	ϵ_1	下寒武统
E_1	古新统 ⎭		C_1	下石炭统	Z_3	上震旦统(Z^a)①
K_2	上白垩统		D_3	上泥盆统	Z_2	中震旦统
K_1	下白垩统		D_2	中泥盆统	Z_1	下震旦统(Z^b)
J_3	上侏罗统		D_1	下泥盆统		
J_2	中侏罗统		S_3	上志留统		

(五)阶、群、组、段的符号

阶为全国性或大区域的地层单位,它的符号在统的符号后面加阶名汉语拼音第一个正体小写字母表示。例如:

$$石炭系下统\begin{cases}大塘阶 & C_{1d}\\岩关阶 & C_{1y}\end{cases}$$

$$泥盆系上统\begin{cases}锡矿山阶 & D_{3x}\\佘田桥阶 & D_{3s}\end{cases}$$

$$泥盆系中统\quad 东岗岭阶\quad D_{2d}$$

---

① 括号内适用于震旦系两分的区域。

群是地方性的地层单位,它的符号在相当界、系或统的符号后面加两个汉语拼音小写斜体字母(第一个是拼音的头一个字母,第二个是拼音最接近的子间字母)表示。例如:

$$白垩系\quad 东湖群\quad K_{dn}$$
$$侏罗系下统\quad 武昌群\quad J_{1wc}$$
$$上元古界震旦亚界\quad 板溪群\quad P_{twc}$$

组亦为地方性的地层单位,它的符号在系或统的符号之后加汉语拼音第一个小写斜体字母表示。如果同一个统内,组名第一个字母有重复时,则时代较老的组用一个字母,时代较新的组,在第一个字母之后再加一个最接近的子音字母。例如:

$$下第三系\quad 方家河组\quad E_f$$

二叠统上统 $\begin{cases} 长兴组\quad P_{2c} \\ 龙潭阶\quad P_{2l} \end{cases}$

寒武系下统 $\begin{cases} 石龙洞组\quad \epsilon_{1sh} \\ 石牌组\quad \epsilon_{1sp} \\ 水井沱组\quad \epsilon_{1s} \end{cases}$

震旦系上统 $\begin{cases} 灯影组\quad Z_{bdn} \\ 陡山沱组\quad Z_{bd} \end{cases}$

(六)相邻地层的表示符号

| $\epsilon-0$ | 表示寒武系和奥陶系的邻接部分
| $\epsilon+0$ | 表示寒武系和奥陶系的总和
| P_{1-2} | 表示下二叠统和上二叠统的邻接部分
| P_{1+2} | 表示下二叠统和上二叠统的总和
| D_2/D_3 | 表示属于中泥盆统或上泥盆统

(七)侵入体的年代符号

各类侵入体,均用构造岩浆旋回表示其时期,用相应岩性符号表示岩浆岩种类。如各时期花岗岩的符号如下:

| γ_6 | 新生代花岗岩(喜马拉雅期)
| γ_5 | 中生代花岗岩(燕山期、印支期)
| γ_4 | 晚古生代花岗岩(华力西期)
| γ_3 | 早古生代花岗岩(加里东期)
| γ_2 | 元古代花岗岩
| γ_1 | 太古代花岗岩
| γ_{5-6} | 中生代—新生代花岗岩
| γ_5^3 | 白垩纪花岗岩(燕山晚期)
| γ_5^3 | 侏罗纪花岗岩(燕山早期)
| γ_5^{2-3} | 侏罗—白垩纪花岗岩(燕山早期—晚期)
| γ_5^1 | 三叠纪花岗岩(印支期)
| γ_{4-5} | 晚古生代—中生代花岗岩
| γ_{3+4} | 古生代花岗岩
| γ_{2-3} | 元古代—早古生代花岗岩
| γ_{1-2} | 太古代—元古代花岗岩
| γ | 时代不明花岗岩

附录 C 第四系沉积成因分类符号

符号	名称	符号	名称
al	冲积层	ch	化学沉积层
pl	洪积层	t	生物堆积层
dl	坡积层	ca	洞穴堆积层
el	残积层	la	泻湖沉积层
col	崩积层	det	三角洲沉积层
sl	滑坡、错落堆积层	sh	滨海沉积层
eol	风积层	q	弃土
gl	冰碛层	ml	人工填筑土
fgl	冰水沉积层	Pd	素填土
h	沼泽沉积层	Md	杂填土
l	湖泊沉积层	Ad	冲(吹)填土
m	海相沉积层	pr	成因不明的第四系沉积层
mc	海陆交互沉积层	al+pl	两种成因混合的沉积层（冲积与洪积）
v	火山堆积层		

附录 D 土和岩石图例

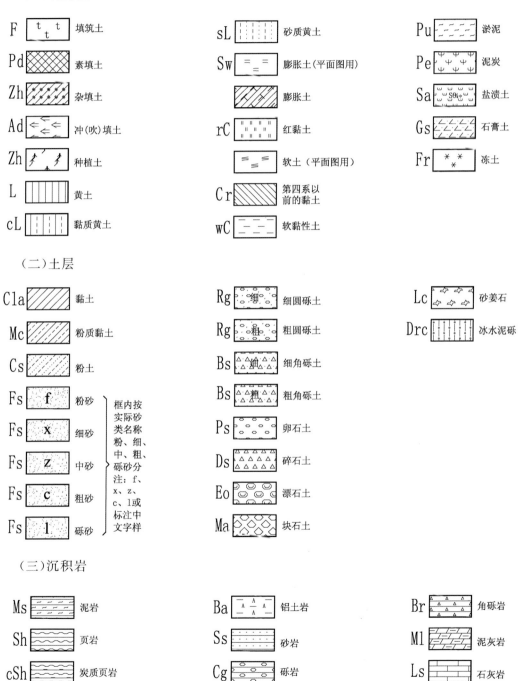

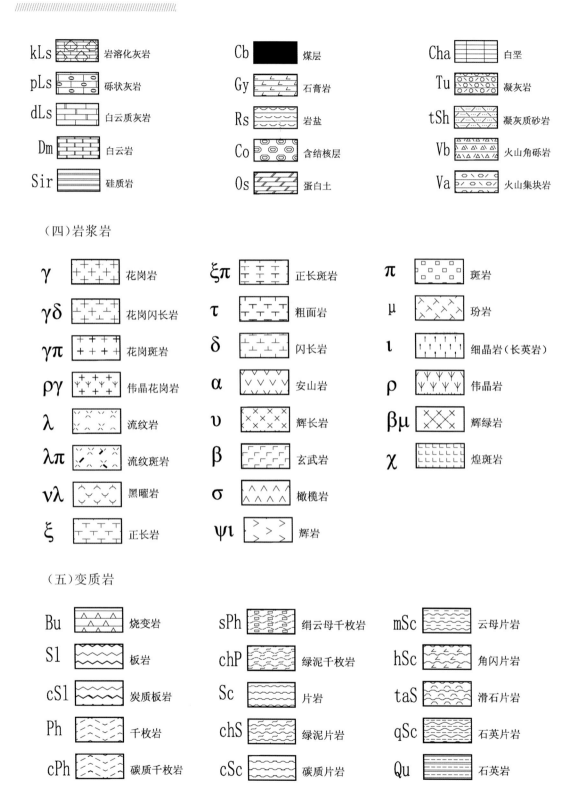

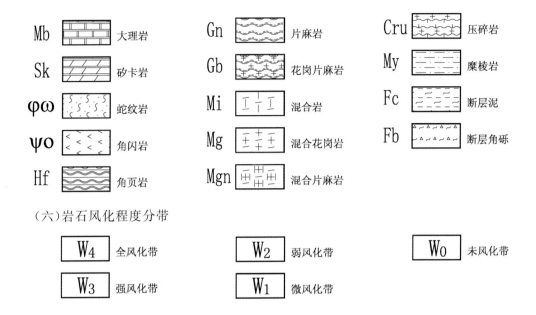

(六)岩石风化程度分带

附录 E 全新活动断裂分级

断裂分级	指标	活动性	平均活动速率 v （mm/a）	历史地震震级 M
I	强烈全新活动断裂	中晚更新世以来有活动，全新世活动强烈	$v>1$	$M\geqslant 7$
II	中等全新活动断裂	中晚更新世以来有活动，全新世活动较强烈	$1\geqslant v\geqslant 0.1$	$6\leqslant M<7$
III	微弱全新活动断裂	全新世有微弱活动	$v<0.1$	$M<6$

附录 F 矿物硬度表

矿物名称	滑石	石膏	方解石	萤石	磷灰石	长石	石英	黄玉	刚玉	金刚石
硬度	1	2	3	4	5	6	7	8	9	10

注：在野外工作中，还可以用指甲(2~2.5)、铜片(3~3.5)、普通玻璃(5~5.5)及钢刀刃(6~6.5)等，来测定矿物的硬度。

附录 G 岩土体工程分级基本条件

围岩节理发育程度划分 　　　　　　　　　　　　　　　　　　　　　　　　附录 G-1

等级	基本特征
节理不发育	节理(裂隙)1~2组,规则,为原生型或构造型,多数间距在1m以上,多为密闭,岩体被切割成巨块状
节理较发育	节理(裂隙)2~3组,呈X形,较规则,以构造型为主,多数间距大于0.4m,多为密闭,部分微张,少有充填物,岩体被切割成大块状
节理发育	节理(裂隙)3组以上,不规则,呈X形或"米"字形,以构造型或风化型为主,多数间距小于0.4m,大部分微张,部分张开,部分为黏性土充填,岩体被切割成块(石)碎(石)状
节理很发育	节理(裂隙)3组以上,杂乱,以风化型和构造型为主,多数间距小于0.2m,微张或张开,部分为黏性土充填,岩体被切割成碎石状

节理宽度分级 　　　　　　　　　　　　　　　　　　　　　　　　　　　　附录 G-2

分级名称	节理宽度 b (mm)
密闭节理	$b<1$
微张节理	$1 \leqslant b<3$
张开节理	$3 \leqslant b \leqslant 5$
宽张节理	$b>5$

风化程度分级 　　　　　　　　　　　　　　　　　　　　　　　　　　　　附录 G-3

风化程度	野外特征
未风化	岩质新鲜,未见风化痕迹
微风化	组织结构基本未变,仅节理面有铁锰质渲染或矿物略有变色,有少量风化裂隙
中等风化	组织结构部分破坏,矿物成分发生变化,节理面附近的矿物风化成土状,风化裂隙发育,岩体被切割成20~50cm的岩块,锤击易碎,用镐难挖掘,岩心钻方可钻进
强风化	组织结构大部分破坏,矿物成分已显著变化,含大量黏土质黏土矿物,风化裂隙很发育,岩体被切割成碎块,干时可用手折断或捏碎,浸水或干湿交替时可较迅速地软化或崩解,用镐或锹可挖掘,干钻可钻进
全风化	组织结构已全部破坏,矿物成分已全部改变并风化成土状,镐或锹易挖掘,干钻易钻进,具可塑性

岩体按结构类型划分 　　　　　　　　　　　　　　　　　　　　　　　　　附录 G-4

岩体结构类型	岩体地质类型	结构体形状	结构面发育情况	岩土工程特征	可能发生的岩土工程问题
整体状结构	巨块状岩浆岩和变质岩,巨厚层沉积岩	巨块状	以层面和原生、构造节理为主,多呈闭合型,间距大于1.5m,一般为1~2组,无危险结构	岩体稳定,可视为均质弹性各向同性体	局部滑动或坍塌,深埋洞室的岩爆

续上表

岩体结构类型	岩体地质类型	结构体形状	结构面发育情况	岩土工程特征	可能发生的岩土工程问题
块状结构	厚层状沉积岩，块状岩浆岩和变质岩	块状、柱状	有少量贯穿性节理裂隙，结构面间距为0.7～1.5m，一般为2～3组，有少量分离体	结构面互相牵制，岩体基本稳定，接近弹性各向同性体	局部滑动或坍塌，深埋洞室的岩爆
层状结构	多韵律薄层、中厚层状沉积岩，副变质岩	层状、板状	有层理、片理、节理，常有层间错动	变形和强度受层面控制，可视为各向异性弹塑性体，稳定性较差	可沿结构面滑塌，软岩可产生塑性变形
碎裂状结构	构造影响严重的破碎岩层	碎块状	断层、节理、片理、层理发育，结构面间距为0.2～0.5m，一般在3组以上，有许多分离体	整体强度很低，并受软弱结构面控制，呈弹塑性体，稳定性很差	易发生规模较大的岩体失稳，地下水加剧失稳
散体状结构	断层破碎带，强风化及全风化带	碎屑状	构造和风化裂隙密集，结构面错综复杂，多充填黏性土，形成无序小块和碎屑	完整性遭到极大破坏，稳定性极差，接近松散体介质	易发生规模较大的岩体失稳，地下水加剧失稳

附录 H 岩土施工工程分级

级	分类	岩土名称及特征	钻1m所需时间 液压凿岩台车、潜孔钻机（净钻分钟）	钻1m所需时间 手持风枪湿式凿岩合金钻头（净钻分钟）	双人打眼（工天）	岩石单轴饱和抗压强度（MPa）	开挖方法
Ⅰ	松土	砂类土，种植土，未经压实的填土					用锹挖，脚蹬一下到底的松散土层，机械能全部直接铲挖，普通装载机可满载
Ⅱ	普通土	坚硬的、可塑的粉质黏土，可塑的黏土，膨胀土，粉土，Q_3、Q_4黄土，稍密、中密角砾土、圆砾土，松散的碎石土、卵石土，压密的填土，风积沙					部分用镐刨松，再用锹挖，脚连蹬几次才能挖动。挖掘机、带齿尖装载机可满载，普通装载机可直接铲挖，但不能满载
Ⅲ	硬土	坚硬的黏性土、膨胀土，Q_1、Q_2黄土，稍密、中密碎石土、卵石土，密实的圆砾土、角砾土，各种风化成土状的岩石					必须用镐先全部刨过才能用锹挖。挖掘机、带齿尖口装载机不能满载；大部分采用松土器松土方能铲挖装载
Ⅳ	软石	块石土、漂石土，含块石、漂石30%～50%的土及密实的碎石土、卵石土，岩盐；各类较软岩、软岩及成岩作用差的岩石：泥质岩类、煤、凝灰岩、云母片岩、千枚岩	<7	<0.2		<30	部分用撬棍及大锤开挖或挖掘机、单钩裂土器松动，部分需借助液压冲击镐解碎或部分采用爆破法开挖
Ⅴ	次坚石	各种硬质岩：硅质页岩、钙质岩、白云岩、石灰岩、泥灰岩、玄武岩、片岩、片麻岩、正长岩、花岗岩	≤10	7～20	0.2～1.0	30～60	能用液压冲击镐解碎，大部分需用爆破法开挖
Ⅵ	坚石	各种极硬岩：硅质砂岩、硅质砾岩、石灰岩、石英岩、大理岩、玄武岩、闪长岩、花岗岩、角岩	>10	>20	>1.0	>60	可用液压冲击镐解碎，需用爆破法开挖

注：1. 软土（软黏性土、淤泥质土、淤泥、泥炭质土、泥炭）的施工工程分级，一般可定为Ⅱ级；多年冻土一般可定为Ⅳ级。
2. 表中所列岩石均按完整结构岩体考虑，若岩体极破碎、节理很发育或强风化时，其等级应按表对应岩石的等级降低一个等级。

附录 I 隧道围岩分级

(一)隧道围岩基本分级

围岩基本分级应由岩石坚硬程度和岩体完整程度两个因素确定。岩石坚硬程度和岩体完整程度应采用定性划分和定量指标两种方法综合确定。

隧道围岩分级表　　　　　　　　　　　　　　　　附录 I-1

级别	围岩主要工程地质条件		围岩开挖后的稳定状态（坑道跨度5m时）	围岩弹性纵波速度 v_p (km/s)
	主要工程地质特征	结构特征和完整状态		
I	硬质岩石(饱和抗压极限强度 R_b>60MPa)：受地质构造影响轻微,节理不发育,无软弱面(或夹层)；层状岩层为厚层,层间结合良好	呈巨块状整体结构	围岩稳定,无坍塌,可能产生岩爆	>4.5
II	硬质岩石(R_b>30MPa)：受地质构造影响较重,节理较发育,有少量软弱面(或夹层)和贯通微张节理,但其产状及组合关系不致产生滑动；层状岩层为中层或厚层,层间结合一般,很少有分离现象,或为硬质岩石偶夹软质岩石	呈大块状砌体结构	暴露时间长,可能会出现局部小坍塌,侧壁稳定,层间结合差的平缓岩层,顶板易坍落	3.5～4.5
	软质岩石(R_b≈30MPa)：受地质构造影响轻微,节理不发育；层状岩层为厚层,层间结合良好	呈巨块状整体结构		
III	硬质岩石(R_b>30MPa)：受地质构造影响严重,节理发育,有层状软弱面(或夹层),但其产状及组合关系尚不致产生滑动；层状岩层为薄层或中层,层间结合差,多有分离现象,或为硬、软质岩石互层	呈块(石)碎(石)状镶嵌结构	拱部无支护时可产生小坍塌,侧壁基本稳定,爆破震动过大易坍塌	2.5～4.0
	软质岩石(5MPa≤R_b≤30MPa)：受地质构造影响较严重,节理较发育；层状岩层为薄层、中层或厚层,层间结合一般	呈大块状砌体结构		
IV	硬质岩石(R_b>30MPa)：受地质构造影响很严重,节理很发育；层状软弱面(或夹层)已基本被破坏	呈碎石状压碎结构	拱部无支护时可产生较大的坍塌,侧壁有时失去稳定	1.5～3.0
	软质岩石(5MPa≤R_b≤30MPa)：受地质构造影响严重,节理发育	呈块(石)碎(石)状镶嵌结构		
	土：略具压密或成岩作用的黏性土及砂性土；一般钙质、铁质胶结的碎、卵石土、大块石土；黄土(Q_1、Q_2)	前两种土呈大块状压密结构,最后一种土呈巨块状整体结构		
V	石质围岩位于挤压强烈断裂带内,裂隙杂乱,呈石夹土或土夹石状	呈角(砾)碎(石)状松散结构	围岩易坍塌,处理不当会出现大坍塌,侧壁经常小坍塌,浅埋时易出现地表下沉(陷)或坍至地表	1.0～2.0
	一般第四系的半干硬～硬塑的黏性土及稍密～潮湿的一般碎、卵石土圆砾、角砾土及黄土(Q_3、Q_4)	非黏性土呈松散结构,黏性土及黄土呈松软结构		

续上表

级别	围岩主要工程地质条件		围岩开挖后的稳定状态（坑道跨度5m时）	围岩弹性纵波速度 v_p(km/s)
	主要工程地质特征	结构特征和完整状态		
Ⅵ	石质围岩位于挤压极强烈的断裂带内，呈角砾、砂、泥松软体		围岩极易坍塌变形，有水时土砂常与水一起涌出，浅埋时易坍至地表	<1.0（饱和状态的土<1.5）
	软塑状黏性土及潮湿的粉细砂等	黏性土呈易蠕动的松软结构，砂性土呈潮湿松散结构		

岩石坚硬程度的划分　　　　　　　　　　　　　　　　　　　　　　　　附录 I-2

岩石类别		单轴饱和抗压强度 R_c(MPa)	代表性岩石
硬质岩	极硬岩	$R_c>60$	未风化或微风化的花岗岩、片麻岩、闪长岩、石英岩、硅质灰岩、钙质胶结的砂岩或砾岩等
	硬岩	$30<R_c\leq60$	弱风化的极硬岩；未风化或微风化的熔结凝灰岩、大理岩、板岩、白云岩、灰岩、钙质胶结的砂岩、结晶颗粒较粗的岩浆岩等
软质岩	较软岩	$15<R_c\leq30$	强风化的极硬岩；弱风化的硬岩；未风化或微风化的云母片岩、千枚岩、砂质泥岩、钙泥质胶结的粉砂岩和砾岩、泥灰岩、泥岩、凝灰岩等
	软岩	$5<R_c\leq15$	强风化的极硬岩；弱风化～强风化的硬岩；弱风化的较软岩和未风化或微风化的泥质岩类；泥岩、煤、泥质胶结的砂岩和砾岩等
	极软岩	$R_c\leq5$	全风化的各类岩石和成岩作用差的岩石

岩体完整程度的划分　　　　　　　　　　　　　　　　　　　　　　　　附录 I-3

完整程度	结构面特征	结构类型	岩体完整性指数 K_v
完整	结构面1～2组，以构造型节理或层面为主，密闭型	巨块状整体结构	$K_v>0.75$
较完整	结构面2～3组，以构造型节理、层面为主，裂隙多呈密闭型，部分为微张型，少有充填物	块状结构	$0.55<K_v\leq0.75$
较破碎	结构面一般为3组，以节理及风化裂隙为主，在断层附近受构造影响较大，裂隙以微张型和张开型为主，多有充填物	层状结构，块石、碎石状结构	$0.35<K_v\leq0.55$
破碎	结构面大于3组，多以风化型裂隙为主，在断层附近受构造作用影响大，裂隙宽度以张开型为主，多有充填物	碎石角砾状结构	$0.15<K_v\leq0.35$
极破碎	结构面杂乱无序，在断层附近受断层作用影响大，宽张裂隙全为泥质或泥夹岩屑充填，充填物厚度大	散体状结构	$K_v\leq0.15$

(二)隧道围岩分级修正

围岩级别应在围岩基本分级的基础上，结合隧道工程的特点，考虑地下水状态、初始地应力状态等必要的因素进行修正。

地下水状态的分级

附录 I-4

级别	状态	渗水量[L/(min·10m)]
I	干燥或湿润	<10
II	偶有渗水	10～25
III	经常渗水	25～125

地下水影响对隧道围岩分级修正

附录 I-5

地下水状态分级 \ 围岩基本分级	I	II	III	IV	V	VI
I	I	II	III	IV	V	—
II	I	II	IV	V	VI	—
III	II	III	IV	V	VI	—

初始地应力场评估基准

附录 I-6

初始地应力状态	主要现象	评估基准(R_c/σ_{max})
极高应力	硬质岩:开挖过程中时有岩爆发生,有岩块弹出,洞壁岩体发生剥离,新生裂缝多,成洞性差	<4
	软质岩:岩芯常有饼化现象,开挖过程中洞壁岩体有剥离,位移极为显著,甚至发生大位移,持续时间长,不易成洞	
高应力	硬质岩:开挖过程中可能出现岩爆,洞壁岩体有剥离和掉块现象,新生裂缝较多,成洞性较差	4～7
	软质岩:岩芯时有饼化现象,开挖过程中洞壁岩体位移显著,持续时间较长,成洞性差	

注:R_c 为岩石单轴饱和抗压强度(MPa);σ_{max} 为最大地应力值(MPa)。

高地应力影响对隧道围岩分级修正

附录 I-7

应力状态 \ 基本分级	I	II	III	IV	V	VI
极高应力	I	II	III 或 IV[①]	V	VI	—
高应力	I	II	III	IV 或 V[②]	VI	—

注:①围岩岩体为较破碎的极硬岩、较完整的硬岩时定为 III 级,围岩岩体为完整的较软岩、较完整的软硬互层时定为 IV 级。
②围岩岩体为破碎的极硬岩、较破碎及破碎的硬岩时定为 IV 级,围岩岩体为完整或较完整的软岩、较完整或较破碎的较软岩时定为 V 级。

参考文献

[1] 刘志刚,赵勇.隧道隧洞施工地质技术[M].北京:中国铁道出版社,2001.

[2] 赵永贵,刘浩,孙宇,等.隧道地质超前预报研究进展[J].地球物理学进展,2003,18(2).

[3] 赵永贵.中国工程地球物理研究的进展与未来[J].地球物理学进展,2002,17(2).

[4] 毛建平.秦岭特长隧道施工地质超前预报技术的应用[J].世界隧道,1998(4).

[5] 龚固培.超前地质预报在北京八达岭高速公路隧道施工中的应用[J].世界隧道,2000(5).

[6] 何发亮,李苍松.隧道施工期地质超前预报技术的发展[J].现代隧道技术,2001,8(3).

[7] 蔡美峰.地应力测量原理和技术[M].北京:科学出版社,2000.

[8] 孙钧.山岭隧道工程的技术进步[J].西部探矿工程,2000(1).

[9] 肖书安,G Sattel.瑞士Vereina隧道工程中的地质超前预报测量[J].广东公路交通(增),1998(54).

[10] 曾昭璜.隧道地震反射法超前预报[J].地球物理学报,1994,37(2):268-271.

[11] 徐林生.川藏公路二郎山隧道高地应力与岩爆问题研究[D].成都:成都理工大学,1999.

[12] 张志龙.邵怀高速公路雪峰山隧道岩爆与大变形问题预测研究[D].成都:成都理工大学,2002.

[13] 陈剑平,肖树芳,王清.随机不连续面网络计算机模拟原理[M].长春:东北师范大学出版社,1995.

[14] 肖尚斌.蒲石河抽水蓄能电站厂房节理三维网络模拟及围岩稳定性研究[D].长春:长春科技大学,1997.

[15] 王良.多种超前地质预报方法在隧道施工中的应用[J].金属矿山,2001(11).

[16] 黄成光.公路隧道施工[M].北京:科学出版社,2002.

[17] 王梦恕.隧道工程近期需要研究的问题[J].隧道建设,2000(2):1-5.

[18] 徐干成,白洪才,郑颖人.地下工程支护结构[M].北京:中国水利水电出版社,2001.

[19] 蔡美峰.岩石力学与工程[M].北京:科学出版社,2002.

[20] 黄培元.隧道施工容易产生的一些问题及质量控制[J].东北公路,2002,5(4):85-90.

[21] 陈建平.新奥法的实质与存在的问题[J].河港工程,2002(1):76-80.

[22] 牟瑞芳.论隧道工程围岩稳定性及其可控制性[J].铁道学报,1996,18(4):82-88.

[23] 陈万业,董兰凤.地下洞室施工理论与技术进展[J].西北水电,2002(2):47-50.

[24] 朱永全.隧道稳定性位移判别准则[J].中国铁道科学,2001,22(6):80-83.
[25] 杨会军,王梦恕.隧道围岩变形影响因素分析[J].铁道学报,2006,28(3):92-96.
[26] 张倬元.工程地质分析原理[M].北京:地质出版社,1981.
[27] 钟世航,孙宏志,王荣,等.陆地声呐法在隧道施工时预报断层、溶洞的效果[J].隧道建设(增),2007(8):21-25.
[28] 何发亮,李苍松,陈成宗.隧道地质超前预报[M].成都:西南交通大学出版社,2006.
[29] 袁真秀,王洪勇.在圆梁山隧道高压富水区应用的超前地质预报技术[J].现代隧道技术,2003(5):54-58.
[30] 刘正峰.水文地质手册[M].长春:银声音像出版社,2005.
[31] 袁真秀.红外探测技术在圆梁山隧道的应用效果分析[J].隧道建设,2004(5):6-8.
[32] 王洪勇,张继奎,李志辉.长大隧道红外辐射测温超前预报含水体方法研究与应用实例分析[J].物探化探计算技术,2003(1):11-17.

编后记

隧道超前地质预报技术是随着铁路隧道建设高潮的到来应用于隧道与地下工程的，主要解决隧道工程建设过程中遇到的复杂地质问题，保证施工安全。伴随这一目的，近三十年来，铁路各设计院、科研机构均进行了理论与实践研究，超前地质预报技术也成为一种应用型技术。

中铁隧道勘测设计院有限公司在各兄弟单位研究成果的基础上，通过各铁路复杂隧道建设中超前地质预报的实践总结，形成了一套完整的超前地质预报理论与应用模式。本次调动全院力量，集合了全体人员的智慧，编辑本书，希望能够为隧道与地下工程界超前地质预报技术人员提供参考。

超前地质预报技术的核心工作内容是：充分收集已有的地质资料—预判地质灾害体特征—建立预报模式—选择具体的预报方法组合—预报结果分析—验证—对不同类型灾害体做施工预案。

作为隧道施工工序的一个重要组成部分、保证施工安全的排头兵，超前地质预报技术在不同的地区、不同的隧道、千变万化的地质条件下，具体工作内容不是一成不变的。希望本书的出版能为广大工程技术人员提供参考，科学地开展超前地质预报工作，在实践中根据实际地质条件，确定各项预报手段的适合性组合并在应用中调整，注重新技术、新设备的发明使用，丰富和发展超前地质预报技术。

编　者

2011年12月于天津

征 稿 启 事

人民交通出版社是隧道及地下工程领域图书出版数量最多的专业出版机构,在业内拥有极好的口碑和影响力,多年来出版了一大批水准较高、影响深远、品质优秀的著作,对于推动我国隧道及地下工程领域的发展发挥了重要作用。

值我国隧道及地下工程领域关键技术著作《隧道超前地质预报技术指南》一书出版之际,为进一步推动该领域的图书出版工作,更好地为广大技术人员服务,进而推动行业整体技术水平的提高,现面向广大专家学者征稿。征稿范畴包括:中国隧道及地下工程重大建设项目技术总结系列、中国隧道及地下工程修建关键技术研究书系、隧道及地下工程实用施工系列图书(包括施工技术、施工组织、造价管理等方面的指南、工具书及专项技术图书)。选题方向也可不局限于此。

联系人:杜琛
电话:(010)85285927
E-mail:dc@ccpress.com.cn

人民交通出版社近年来出版的隧道及地下工程领域图书选列如下:

书系/书名	著作者
1.国家重点图书出版规划项目	
中国隧道及地下工程修建技术	王梦恕
2.中国隧道及地下工程修建关键技术研究书系	
山区高速公路隧道施工关键技术	洪开荣
富水砂卵石地层盾构施工技术	杨书江
深圳地铁盾构隧道技术研究与实践	刘建国
富水复杂地质浅埋暗挖隧道修建技术	刘建国
深圳地铁5号线BT模式建设管理研究与实践	陈湘生
现代隧道施工通风技术	杨力鑫
软弱围岩隧道稳定性变形控制技术	朱永全
隧道施工高瓦斯防治指南	张立坤
隧道超前地质预报技术指南	张先锋等
隧道与地下工程测量技术标准(待出版)	张先锋等
水下隧道钻爆法修建技术指南(待出版)	张先锋等
水下隧道盾构法修建技术指南(待出版)	张先锋等
沉管隧道修建技术指南(待出版)	张先锋等
地铁暗挖车站设计手册(待出版)	张先锋等
3.穿越 中国重大隧道及地下工程建设项目技术总结	
广州地铁三号线工程设计研究与实践	农兴中
广州地铁三号线北延段盾构隧道工程施工技术研究	王 晖
广州地铁二/八号线拆解段盾构隧道工程施工技术研究	钟长平
深圳地铁2号线工程创新与实践	陈湘生
4.图集/画册	
深圳地铁2号线工程影像纪实	
广州地铁设计研究院建院二十周年优秀作品汇编	

更多相关信息及网上购书,请关注 www.jtbook.com.cn。